英格兰
都铎王朝

波罗的海

普鲁士
公爵领

波兰王国

伦敦

格拉沃利讷
1558

阿姆斯特丹

安特卫普

布鲁塞尔

斯德丁

吕贝克

汉堡

勃兰登堡

柏林

布雷斯劳

西里西亚

波西米亚

布拉格

摩拉维亚

普雷斯堡

布雷斯特

巴黎

奥尔良

莱茵河王
权伯爵领

符腾堡

洛林

上王权
伯爵领

巴伐利亚

奥格斯堡

慕尼黑

维也纳

匈牙利王国

布达

南特

法国
瓦卢瓦王朝

贝桑松

瑞士联邦

巴塞尔

奥地利大公
领地

蒂罗尔

大西洋

波尔多

日内瓦

弗朗什孔泰

比科卡 1522

萨伏依
公爵领

米兰

米兰公爵领

威尼斯共和国

威尼斯

奥斯曼帝国

圣塞瓦斯蒂安

纳瓦拉

布尔戈斯

图卢兹

马赛

热那亚

卢卡

锡耶纳
共和国

佛罗伦萨共和国

亚得里亚海

潘普洛纳

萨拉戈萨

巴塞罗那

科西嘉岛

撒丁岛

教皇国

罗马

加里利亚诺河
1503

那不勒斯

切里尼奥拉
1503

阿拉贡

巴伦西亚

帕尔马

那不勒斯王国

卡斯蒂利亚

默西亚

卡塔赫纳

地中海

巴勒莫

西西里岛

阿尔及尔

贝贾亚

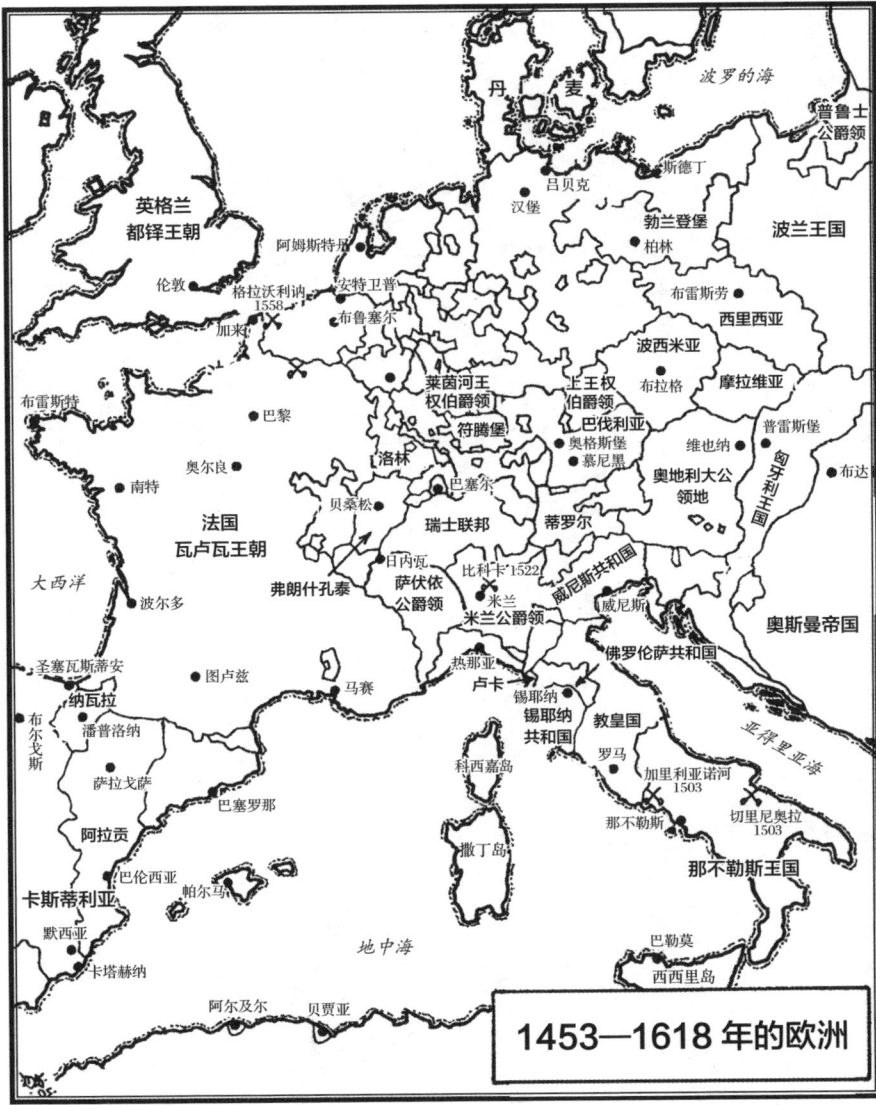

1453—1618 年的欧洲

1483—1571 年的西地中海海战

波斯尼亚

陆上豪夺

威尼斯

热那亚

罗马

尼斯巴岛

尼斯

马赛

土伦

卡尔维

巴塞罗那

巴利阿里群岛

比斯开湾

西班牙

马拉加

加的斯

卡塔赫纳

奥兰

阿尔及尔

北非

突尼斯

地中海

马耳他

西西里

墨西拿

奥特朗托

普雷韦扎

勒班陀

发罗拉

拉古萨

扎拉

达尔马提亚

的黎波里

杰尔巴岛

1566—1600 年的荷兰暴动

郎明根 1568.7.21

格罗宁根

弗里斯兰

海利盖莱 1568.5.23

德伦特

阿尔克马尔 1573

须得湖

艾瑟尔河

上艾瑟尔

哈勒姆 1573

阿姆斯特丹

荷

兰

聚特芬 1583

海尔德兰

莱顿 1573

乌得勒支

代尔夫特

鹿特丹

布里勒

乌得勒支

神 圣

利珀河

莫克尔海德 1574.4.14

马斯河

米德尔堡

泽

兰

布雷达 1580

直 辖 地 区

鲁尔河

弗利辛恩

上海尔德斯

胡斯 1572

布拉班特

罗 马

安特卫普 1585

格拉沃利讷 1578

马斯特里赫特 1579

科隆

加来

布鲁日 1584

林堡

亚琛

辛菌河

根特 1584

佛兰德斯

布鲁塞尔 1585

列

日

主

教

区

列日

伊珀尔

图尔奈 1581

让布卢 1578.1.31

帝

蒙斯

那塞尔

那慕尔

阿图瓦

桑布尔河

卢森堡

国

阿拉斯

康布雷

埃诺

文艺复兴时期的战争艺术

从君士坦丁堡陷落到三十年战争爆发

[英] 史蒂芬·特恩布尔（Stephen Turnbull） 著　李达 译

江苏凤凰文艺出版社
JIANGSU PHOENIX LITERATURE AND ART PUBLISHING, LTD.

图书在版编目（CIP）数据

文艺复兴时期的战争艺术：从君士坦丁堡陷落到三
十年战争爆发 /（英）史蒂芬·特恩布尔
(Stephen Turnbull) 著；李达译 . —— 南京：江苏凤凰
文艺出版社，2019.11
书名原文：The Art of Renaissance Warfare: From
the Fall of Constantinople to the Thirty Years War
ISBN 978-7-5594-4172-0

Ⅰ . ①文… Ⅱ . ①史… ②李… Ⅲ . ①战争史 – 欧洲
– 1453–1618 Ⅳ . ① E509

中国版本图书馆 CIP 数据核字 (2019) 第 241888 号

文艺复兴时期的战争艺术：
从君士坦丁堡陷落到三十年战争爆发

[英] 史蒂芬·特恩布尔（Stephen Turnbull） 著　　李 达 译

责任编辑　王　青

特约编辑　朱章凤

装帧设计　王　星

出版发行　江苏凤凰文艺出版社

　　　　　南京市中央路 165 号，邮编：210009

网　　址　http://www.jswenyi.com

印　　刷　重庆共创印务有限公司

开　　本　787mm × 1092 mm 1/16

印　　张　15.5

字　　数　280 千字

版　　次　2019 年 11 月第 1 版　2019 年 11 月第 1 次印刷

书　　号　ISBN 978-7-5594-4172-0

定　　价　79.80 元

目 录

CONTENTS

引言: 文艺复兴与革命

1438 年，一个名叫佩罗·塔富尔（Pero Tafur）或佩德罗·塔富尔（Pedro Tafur）的西班牙旅行者，在宏伟的君士坦丁堡与市民们一同经历了目送奥斯曼苏丹率军从城外经过的紧张气氛：[1]

> 我留在城中时，那个奥斯曼首领来到了黑海岸边的某处，而他返回时要经过君士坦丁堡。尊主（Despot）和佩拉（Pera）的居民们担心奥斯曼人要占据这些地区，他们纷纷准备作战。奥斯曼首领从城墙外通过，当天在紧挨着城墙的地方发生了一些小冲突，而后他便带着大批部队与随从离开了。我有幸见到了他在战场上的模样，也得以遥望他的穿着。[2]

事实上，幸运的塔富尔见证了 1453 年大围攻前，奥斯曼军队最后一次途经君士坦丁堡城下。1453 年，那个具有决定性意义的一年，这支庞大的军队返回并包围了这座城市。最终，维持了超过一千年的拜占庭帝国就此戏剧性地终结了。君士坦丁堡的陷落，成了世界史上传统意义上的重大事件之一。新的篇章已经开启，它以极为戏剧性的方式，宣告了属于侠义骑士的中世纪就此终结。艺术和军事上全面创新的时代——文艺复兴时期，即将到来。[3]

关于君士坦丁堡陷落的意义，当代人的看法有所不同。当代的学者们，不是和佩罗·塔富尔一样站在城墙上感受那个神秘帝国带来的威胁，而是在地图上注意到，早在这次围攻发生的 50 年之前，奥斯曼帝国的版图就已经从安纳托利亚半岛的中部延伸到了匈牙利边境，夺取了保加利亚和希腊北部的大部分领土。如果使用颜色来区分地图上的领土，更能直观地感受到君士坦丁堡的不值一提。属于奥斯曼帝国的颜色已经连成一个整体，其间仅有少量例外的小点代表着各个贸易区，比如热那亚人控制的佩拉，而君士坦丁堡以及曾经辉煌的拜占庭帝国所控制的土地，除了代表这座城市的一个点之外，已经所剩无几。

本书所讨论的，便是从君士坦丁堡陷落到三十年战争爆发之间战争形式的变化。鉴于战争的变化几乎时时刻刻都在发生，选择一个时间作为一个时代的分界点，难免会有武断之嫌，因此必须要进行解释。我选择讨论的时期起止，与 J. R. 黑尔所撰写的经典作品《文艺复兴时期欧洲的战争与社会，1450—1620》（ *War and Society in Renaissance Europe 1450 - 1620* ）涉及的年代基本相同。[4] 我在此前的作品《骑士的胜利》（ *The Knight Triumphant* ）中已经讨论了英法百年战争，因此我和黑尔选择了同一个时间节点，作为欧洲东部中世纪的终结。[5] 选择结束本书的时间点时，我同样借鉴了黑尔，如他所说："从西班牙到波兰，从瑞典到意大利，国与国之间的猜忌让形势紧张至极，以致1618 年波希米亚的一次暴动就带来了三十年战争，一场前所未有的灾难。" [6] 因此这篇作品所讨论的时代，以欧洲最漫长的一次战争的结束为开始，以欧洲最血腥的一次战争的开始为结束。

1453—1618 年，是一个过渡与创新的时代。或许可以说，这一时期的军事技术和军事思想都在进步，而道德则在退步。这个时代也为一系列的军事改革提供了舞台。"军事改革"这个说法，尽管如今已经司空见惯，但当 1955 年这个说法首次用于归纳古斯塔夫·阿道夫制定的一系列军事规章制度与创新时，本身也算是一个创新。[7] 此后的一些研究反对这一观点，认为这一军事改革发生在 16 世纪，而不是 17 世纪。也有人极大地延长了变革发生的时间，认为这一时期长达近三个世纪。[8] 这一研究的困难之处在于，若是执着于寻找军事改革发生的确切起止点，往往会忽视不断变革的大背景。

我将探究一系列次第发生的历史事件中军事学发展的证据，确定在这一次漫长的军事改革（1453 年之前已经开始，1618 年之后仍未结束）中，变革在哪些时期突然加速。装甲骑士是变革发生的最鲜活范例，全身得到重甲保护的他们将继续在战场上拼杀多年，并逐渐转变为骑兵。军事与技术的其他方面，同样发生着变化。这些可以作为军事改革证据的变化，一些在 1453 年时已经发生了，一些则已发展到了某一阶段。然而，所有能够搜集到的证据，都必须要经过谨慎的研究分析才能成为结论。比如，军队规模的增加往往被视为军事改革发生的证据，但纸面上的部队人数，真的能够当作战场上实际的部队规模吗？同样，17 世纪初的军队操典要求步兵完成高度精确的动作，可将训练场换成混乱的战场之后，这些系统的操作还能够精确完成吗？另外，在战场上，许多貌似过时的军队依然可能取得成功，比如波兰骑兵成功完成对"新式"步兵的冲锋，理论上笨拙而僵硬的西班牙大方阵击败成排的火枪手。

本书所讨论的近两个世纪，见证了火药武器的大发展，而真正的变革正潜藏于其中。事实上，火器早在 15 世纪初便已取得了成功：勃艮第公爵全力推动火器创新，奥斯曼帝国的火炮也在 1430 年的塞萨洛尼基和 1446 年的科林斯地峡展现了威力。[9] 君士坦丁堡在奥斯曼火炮的轰击中陷落，是同时代火器取得的最大成功。然而，攻城火炮的整体效率究竟如何？火炮的使用显然促进了防御工事的发展，比如棱堡，这是一种能够提供更加有效的防护，同时也能利用火炮防守的防御工事。不败的攻城武器遇到了对手，尽管只是暂时的。如此一来，此后的攻城战时间或许会更久，但最终结果仍旧相差无几。因此，军事上的创新，再度改变了军事行动的过程，而非结果。在绝大多数的情况下，守城者或投降，或被解救，但任何一般规律都可能被打破。在 1581 年的普斯科夫（Pskov）围城战中，一座当时已经过时的堡垒，却在以骑兵作为机动封锁线的围城者面前，挡住了军事改革的大势。无论如何，如果不盲从的话，军事改革确实是个便利的概念，而这一概念将在接下来的章节中作为线索，贯穿两场大战之间的近两个世纪中，仿佛无休止的一系列战争。

年表

1487	西班牙人围攻马拉加
	斯托克原野之战爆发
1492	格拉纳达陷落
1494	法国国王查理八世入侵意大利
1495	福尔诺沃之战爆发
	塞米纳拉之战爆发
1499	瑞士联邦与哈布斯堡王朝爆发施瓦本战争
1502	巴莱塔之战爆发
1503	侠义骑士巴亚尔参与"十三人之战"
	切里尼奥拉之战爆发
	加里利亚诺河之战爆发
1509	西班牙夺取贝贾亚与的黎波里
	康布雷同盟围攻帕多瓦
1510	杰尔巴岛之战爆发
	费拉拉之战爆发
1512	法军围攻布雷西亚
	拉文纳之战爆发
1513	诺瓦拉之战爆发
	第二次吉内加特之战（"马刺之战"）爆发
1514	匈牙利农民暴动
1515	马里尼亚诺之战爆发
1516	海雷丁围攻阿尔及尔
1520	苏莱曼大帝即位
	金锦原会晤

1521	奥斯曼帝国夺取贝尔格莱德
1522	比科卡之战爆发
	奥斯曼军队第二次围攻罗德岛
1524	巴亚尔战死拉塞西亚
1525	帕维亚之战爆发
1526	莫哈奇之战爆发
1528	布莱斯·德·蒙吕克在福尔尚迪佩讷之战中受伤
1529	海雷丁·巴巴罗萨夺取阿尔及尔
	奥斯曼军队围攻维也纳
1532	奥斯曼军队围攻金茨
1535	西班牙夺取突尼斯
1537	奥斯曼帝国掠夺意大利
1538	普雷韦扎之战爆发
1543	奥斯曼军队围攻塞克什白堡
1544	切雷索莱之战爆发
	布洛涅夜袭
1547	米尔贝格之战爆发
1552	奥斯曼军队围攻埃劳
1554	锡耶纳围城战爆发
1557	圣康坦之战爆发
1558	法军夺取蒂永维尔
	伊凡雷帝入侵利沃尼亚
1559	《卡托—康布雷奇和约》签订

1560	埃尔梅斯之战爆发
1562	德勒之战爆发
1565	奥斯曼军队围攻马耳他岛
1566	奥斯曼军队围攻锡盖特堡
	苏莱曼大帝逝世
1567	圣但尼之战爆发
1568	海利盖莱之战爆发
1569	蒙孔图尔之战爆发
1570	奥斯曼军队围攻尼科西亚
	布莱斯在拉巴斯唐受伤
1571	法马古斯塔陷落
	勒班陀海战爆发
1572	奥兰治的威廉在布里勒登陆
	胡斯解围
	聚特芬被围
	纳尔登被围
1573	西班牙人围攻拉罗谢尔
	哈勒姆围城战结束，西班牙人最终获胜
	西班牙人围攻阿尔克马尔
1574	莫克尔海德之战爆发
	西班牙人再度围攻莱顿
1576	发生"西班牙人之怒"事件，安特卫普惨遭洗劫
	斯特凡·巴托里成为波兰国王
1578	让布卢之战爆发

1580	弗朗索瓦·德·拉·努埃被囚禁
1581	普斯科夫围城战爆发
1584	奥兰治的威廉遇刺身亡
	安特卫普围城战爆发
1585	安特卫普陷落
1587	库特拉之战爆发
1589	纳瓦拉的亨利继承法国王位,史称"亨利四世"
1590	伊夫里之战爆发
1591	弗朗索瓦·德·拉·努埃去世
1592	帕尔马公爵去世
1593	锡萨克之战爆发
1596	凯赖斯泰什之战爆发
1597	蒂伦豪特之战爆发
1600	尼乌波特之战
	奥斯曼军队围攻卡尼萨
1605	基希霍尔姆之战爆发
1606	《席特瓦托洛克条约》签订
1609	荷兰独立战争第一阶段结束
1610	克卢希诺之战爆发
1618	布拉格发生"第二次扔出窗外事件"

感谢乔·特恩布尔

（Jo Turnbull，1950—2002）

为本书所做的贡献

双城记

如今，君士坦丁堡的陷落已经不再被视为中世纪与文艺复兴时期的严格分界点了。尽管如此，为充分理解这一时代的变革，1453 年君士坦丁堡的陷落依然至关重要。为此，必须理解其在军史上的重要意义。仅仅宣称奥斯曼帝国的火炮击垮了君士坦丁堡的中世纪城墙，远不足以解释全部问题。即使1453 年攻破君士坦丁堡成功宣告了军事革新的开始，但仅仅三年后，同一支军队在相同指挥官的率领下，使用同样的武器，却以失败告终了。因此，有必要把 1456 年的贝尔格莱德围城战和君士坦丁堡围城战一同讨论。

驶向拜占庭

尽管君士坦丁堡陷落在后世看来意义重大，但必须指出的是，在 1453 年时，君士坦丁大帝建造的"新罗马"早已不复当年了。君士坦丁堡政府的影响力以及控制的领土，近乎完全被限制在了那依然宏伟的城墙之内，对外交流则几乎完全依靠海路。博斯普鲁斯海峡对面的土地已经落入奥斯曼帝国手中，其首都埃迪尔内（曾经的亚德里亚堡，于 1361 年被攻破）就在色雷斯，君士坦丁堡的西面。仅从土地面积而言，如此狭小的地域似乎没必要费力夺取，也没必要费心关注，君士坦丁堡陷落之前许多人如此宣称。毕竟在 1204 年，第四次十字军东征期间，这座城市惨遭劫掠。在西欧看来，拜占庭帝国仿佛一个衰老的亲属，活得太久了。

因此，1453 年君士坦丁堡的陷落并没有被视作突发事件，人们早料到了这一天，而那些为之悲伤的人，正是曾经漠不关心的人。既世故又虔诚的同时代人，认为上帝保住这座城市这么久，只是为了保护其中的圣物而已。事实上，对君士坦丁堡最后一战的态度,那些拒绝前来援助拜占庭帝国的人已经说得很明白了,圣物也显得无关紧要了。那些乐观而浪漫的人则把君士坦丁堡视作永恒的罗马,认为这里曾抵御了一系列围攻,也必然能击退未来的敌人。1422年,使用了火炮的奥斯曼军队被城中民兵击退,传闻圣母出现在君士坦丁堡城墙之上,这使基督徒大受鼓舞。[1]

除了虔诚的信仰之外,让他们继续保持乐观态度的,还有君士坦丁堡仿佛足以抵御军事进步的坚实城防,以及对奥斯曼军力的低估——这一幻觉甚至持续到了君士坦丁堡陷落后的几个世纪。[2] 在1439年的佛罗伦萨会议中,拜占庭皇帝约翰八世的官员估计,十字军只需一个月就能征服奥斯曼人在欧洲控制的土地,再过一个月就能夺取圣地![3]1452年,埃尼亚斯·西尔维乌斯(Aeneas Sylvius),此后的教皇庇护二世,在演讲中向听众们宣称:"奥斯曼人不善战、羸弱、娇气,精神和肉体都缺乏阳刚,他们夺取的土地可以轻易收复。"[4]

然而这些鼓动军队援助君士坦丁堡,击退"羸弱、娇气"的奥斯曼人的乐观态度,并没有得到行动回应。人们没有忘记,在1396年的尼科波利斯,十字军就是在所谓"不善战"的奥斯曼人面前遭遇惨败的。此后,每当有人讨论发动十字军解救君士坦丁堡时,往往都会极大地高估愿意参与十字军的领主数量。"好人"腓力(Philip the Good),1419—1467年的勃艮第公爵,是有限的几个实际派出部队前去对抗奥斯曼人的领主之一,他称得上是一名"完美的十字军战士"。腓力出生于1396年,这正是十字军发动尼科波利斯战役的那一年,他的祖父"勇敢的"腓力(Philip the Bold)组织军队,他的父亲"无畏的"约翰(John the Fearless)率部出征,而"好人"腓力一生都希望展示自己的骑士精神。[5]

另外,和其他潜在的十字军领主不同,"好人"腓力获得了奥斯曼帝国领土情况的确切情报。1421年,他派出拉努瓦的吉耶贝尔(Guillebert de Lannoy)巡游君士坦丁堡、俄罗斯、罗德岛、耶路撒冷和克里特岛。吉耶贝尔收集的情报,大多是边境线两侧的军事力量对比,以及边境线上的堡垒的具体情况。[6]尽管获得了情报,十字军远征依然停留在纸面上,直到1441年,一支勃艮第舰队才在图瓦西的若弗鲁瓦(Geoffroy de Thoisy)的率领下驶入地中海。这支舰队的主要目的不是支援君士坦丁堡,而是前往罗德岛,援助那里的耶路撒冷圣约翰医院骑士团抵御埃及马穆鲁克王朝的进攻。若弗鲁瓦的舰队在地中海航行时，拜占庭皇帝的求援信送到了勃艮第。作为回应，"好人"腓力在威尼斯雇用了另一批舰船。1444 年，这支舰队和若弗鲁瓦的舰队会合，支援以匈牙利陆军为主的，对奥斯曼帝国的进攻。勃艮第舰队的任务简单而重要，即阻止奥斯曼军队通过博斯普鲁斯海峡的北端进入黑海。恶劣的天气和奥斯曼炮兵的火力打击迫使舰队撤退，奥斯曼军队得以在瓦尔纳（Varna）集结，将十字军全歼，使基督徒遭受了自尼科波利斯之后最惨痛的失败。

因此，当拜占庭皇帝约翰八世于 1448 年 10 月逝世之后，他的继承人在面对帝国历史上最大的挑战时，将孤立无援。不过，也有一些截然相反的躁动。1451 年 5 月初，奥斯曼苏丹穆罕默德二世（Mehmet Ⅱ）计划夺取君士坦丁堡的消息传到了蒙斯（Mons）。勇敢的骑士——"好人"腓力与他的金羊毛骑士们，当时正在举行一年一度的庆典，收到消息的他认为这正是展现骑士精神的绝好机会。腓力热忱地派出使节前往法国、奥地利、英格兰和匈牙利，准备发起一次大规模的十字军远征，解救君士坦丁堡。他得到了一些回应，然而在 1453 年 3 月时，腓力本人被他领地内的叛乱拖住了。于是，在 1453 年 5 月，当穆罕默德二世的围城部队封锁君士坦丁堡时，"好人"腓力正在根特（Ghent）城下围攻他的敌人。

君士坦丁堡陷落

这座由君士坦丁大帝于公元 324 年建为首都的城市，位于马尔马拉海岸边、博斯普鲁斯海峡的出口处，该海峡连通着黑海。今天的伊斯坦布尔（君士坦丁堡），位于一片易守难攻的三角形海岬，北面有易于防卫的天然港口，即金角湾。君士坦丁堡天然防线上的薄弱之处位于陆地一侧，因此东罗马帝国的皇帝们在这里建造了，或许是中世纪最出色的防御工事。其最长的一段城墙——狄奥多西城墙，于公元 5 世纪建造，几乎抵御住了一千来年的所有攻城者（见彩图 1）。城墙大致为南北走向，总长度约为 4 英里，主城墙内外还各有一道防御墙。这些坚实而略显陈旧的城墙与围绕城市的海堤相接，组成了完整的防御体系。尽管 1422 年遭到围攻之后，城墙进行了整修，但帝国已无力对其进行全面改建，以应对 15 世纪中期时火炮带来的新挑战。况且，已成孤岛的君士坦丁堡政府，财政上早已困窘不堪，无力支付如此庞大的开销。[7]

君士坦丁堡围城战由奥斯曼苏丹穆罕默德二世亲自指挥。"征服者"穆罕默德因他的军事天赋成为最伟大的奥斯曼苏丹之一，同时代人记录下了他对军事的热衷。[8]计划周密的他在意军事行动的每一个细节，据说他亲自绘制君士坦丁堡的布防图，安排炮兵和攻城武器的具体阵地，他清楚围城战的每一个细节，也影响着每一个细节。为此，早在几个月之前他就来到了君士坦丁堡的城墙之下。他全面孤立这座城市，欲要夺取拜占庭帝国在黑海沿岸控制的全部残余土地。最重要的是，他决心完全掌控海洋。在此前的围城战中，君士坦丁堡能够不断获得来自海洋的补给品，而在最近的瓦尔纳之战中，奥斯曼陆军却只能靠热那亚舰船才能穿越博斯普鲁斯海峡。于是，苏丹决定在接下来的围城战中从这两方面削弱君士坦丁堡。

在博斯普鲁斯海峡的亚洲一侧，奥斯曼帝国建造了安纳多卢—希萨要塞（Anadolu Hisar）。1452年，穆罕默德二世在对面的欧洲一侧建造了另一座城堡，起初称之为"切断海峡"或"切断咽喉"，此后则被简单地称为"鲁梅里—希萨"（Rumeli Hisar）或"欧洲要塞"。新要塞让奥斯曼帝国的火炮能够完成一个此前无法实现的任务——轰击出入黑海的所有舰船。1452年11月，一艘威尼斯人的桨帆船就被鲁梅里—希萨要塞射出的炮弹击沉。从此，海上援助君士坦丁堡的日子结束了。

1453年3月，一支奥斯曼舰队在加里波利集结，随后高傲地驶入马尔马拉海。与此同时，一支奥斯曼陆军也在色雷斯集结。这次没有勃艮第舰船阻拦，奥斯曼舰队顺利通过了君士坦丁堡外的海堤，陆军更是接近其城墙，这让城中之人惊恐不已。鲁梅里—希萨要塞已经展示了奥斯曼火炮的威力，这些恐怖的武器即将在城下发威。

几乎有关君士坦丁堡陷落的所有记述都强调了火炮的作用。[9]早在即位之初，穆罕默德二世便下令他的兵工厂制造重炮。尽管穆罕默德二世并不像早年那些仰慕者所说，是火炮战术的大革新者，但他对火炮颇为热心，也很早就意识到攻城炮对未来的战争意义重大。他向来热衷研究西欧有关防御工事与攻城武器的著述，他的身边也有来自欧洲的幕僚，他们的存在让后世人声称，苏丹是靠着来自欧洲的叛徒才攻破了君士坦丁堡。举一个众所周知的故事（出自编年史作家杜卡斯的记述）。[10] 匈牙利火炮专家乌尔班向拜占庭皇帝提出为他铸造火炮来守城。由于皇帝无法支付他开出的薪酬，也无从获得制造火炮的原材料，只能让他黯然离开。乌尔班就此放弃拜占庭帝国，前去觐见苏丹。苏丹反问乌尔班，能否建造足以摧毁君士坦丁堡城墙的重炮。乌尔班宣称他的火炮能够击穿巴比伦的城墙，穆罕默德二世随即拿出大笔钱财雇用了他，是他在君士坦丁堡索要的酬金的四倍。

三个月之内，乌尔班便制造了鲁梅里—希萨要塞上那门击沉航船的重炮，这次射击效果绝佳，穆罕默德二世随即下令乌尔班建造口径为这门重炮两倍的火炮，用于击穿城墙。随后建造的怪兽巨炮，需要 50 头牛拉动、700 人负责操纵。巨炮在埃迪尔内铸造，试验射击时：

> ……公告员宣布了这个消息……告知人们即将有巨响传来，以免居民被突然震聋，或使怀孕的妇女早产。[11]

这一声巨响，几英里外都听得到。炮弹飞行了一英里后砸入土中，弹坑几乎有六英尺深。乌尔班的巨炮与其他火器随后被艰难地运到君士坦丁堡，总共动用了 70 头牛以及 1000 名劳动力。

苏丹听从麾下火炮手的建议，将攻城炮布置在城墙最脆弱也最易攻击的区域，目标包括城市西北角的布雷契耐（Blachernae）城墙，以及城墙中央的罗曼努斯城门（今托普卡匹门）。炮击持续了 55 天，造成了大规模的破坏。一枚炮弹击中目标后能发挥多大的威力？编年史家克里托乌罗斯（Kritovoulos）留下了一段精彩的记述：

> 石弹以极大的力量与极快的速度击中城墙，立即将城墙击垮，而石弹也碎成不计其数的碎片四散飞溅，杀死了当时旁边的所有人。[12]

拜占庭守军也用自己的火炮还击，但他们遭遇了一系列问题，最严重的问题之一，是中世纪城墙高耸的平台，并不足以承受其上布置的火炮。希俄斯的莱昂纳德指出，君士坦丁堡最大的一门守城炮只能停止使用，以防开炮的震

14

动损坏城墙，而哈尔孔迪拉斯（Chalkondylas）甚至写道，城墙上的火炮射击时造成的损害甚至超过了奥斯曼一方的炮击。[13] 因此，他们无法有效利用火炮。苏丹的情况截然相反，可以随意调动火炮在能造成最大破坏的区域使用，因此实现了在其他情况下几乎毫无可能的战果。攻破君士坦丁堡城墙的关键在于明智谨慎地使用火炮，而不仅仅是使用火炮本身。

4月20日，守城一方感受到了这次围城战中为数不多的好运，三艘冒险闯过奥斯曼海军封锁的运输船驶入了金角湾。这个天然良港配有横江铁索，这成了拜占庭帝国控制的最后一块水域。然而两天之后，守军的欣喜变为绝望，穆罕默德二世布置了精妙绝伦的军事工程，他在博斯普鲁斯海峡与流入金角湾的一条水流之间布置了木质轨道，利用辛苦的人力拖拽，使80艘奥斯曼舰船出现在了铁索的另一侧。①

此时攻城者可以从更近的位置发动攻击了，然而匈牙利援军即将抵达的消息也已传来。这促使穆罕默德二世决定，在5月29日，星期二的清晨，发动水陆并进的总攻。[14] 拜占庭皇帝将他的部队集中在外城墙与内城墙之间，他决心背水一战，因此等军队就位之后，就下令关闭所有内城墙的城门。奥斯曼征召部队率先发起进攻，但被守军击退，随后进攻的安纳托利亚步兵也被击退。

但最终，奥斯曼新军还是夺取了外城墙。君士坦丁堡方面，自总指挥官受伤撤往内城后，守军的抵抗就迅速被瓦解了。随着皇帝在英勇的反突击之中阵亡，君士坦丁堡陷落。奥斯曼帝国的军事力量，终于消除了地图上那个让他们尴尬了许久的小点。

新十字军

君士坦丁堡陷落之后，欧洲各国的态度迅速由此前的漠不关心转变为惊恐与懊悔。在众多说法之中，一些人徒劳地希望，获取君士坦丁堡就能彻底满足这位年轻苏丹的野心，然而他们的幻想很快就破灭了。夺取世界上最伟大的

---

① 译注：马尔马拉海一侧水流相对复杂，但金角湾一侧水流平缓，攻城者可以在这里，从战舰上对城墙发起强攻。1204年，十字军攻破君士坦丁堡，就是靠威尼斯人强攻突破了金角湾一侧的海堤。

城市之后，"征服者"穆罕默德，似乎变得不可战胜。

西欧一些人开始号召十字军收复君士坦丁堡，在这些人中表现最积极的，正是勃艮第公爵"好人"腓力。1454 年 2 月，腓力参加了金羊毛骑士大会，此次盛宴的主菜是使用宝石装点的一只雉鸡。在这场"雉鸡之宴"上，腓力宣布他准备加入收复君士坦丁堡的十字军，进行远征。金羊毛骑士们追随他们的领袖，其中一人发誓，若不和萨拉森人决斗，就决不再在周六入睡；另一人则声称，如果他不与奥斯曼人作战，就不在右手上戴护手。但热情在酒醒之后就渐渐消退了，直到 1455 年 2 月，十字军出发已不像一年前那样迫切时，一个埃诺（Hainault）的骑士还在写信给腓力，以腿疾为由请求免于参加远征。[15]

我们有理由认为，"好人"腓力是严肃对待这次远征的。1454 年，他的儿子，未来的勃艮第公爵——"大胆"查理，给他父亲治下每一块领土的当局写信，宣布发动十字军，收复君士坦丁堡并解放其他国家，特别是正遭受奥斯曼帝国威胁的匈牙利。1456 年，详细的远征计划已经制订出来，在讨论部队组成部分时，特别提及了火炮，声称需要"5000—6000 名火炮手、木匠、石匠、铁匠、开路者、工兵和其他工匠，他们要带好工具，并装备上长枪，以便在必要时参与作战"。同一份文件还提到，"由 4 匹马、1 名重装骑兵与他的仆役、1 名按前文要求装备好的侍从以及 1 名弩手组成一支'骑枪队'，总共有 300 队"[16]。

然而，"好人"腓力并没有加入前往君士坦丁堡的十字军，或者任何其他十字军，所有出发的尝试或被推迟，或被取消，或被削减人数。1464 年，为支持教皇庇护二世发动的远征，腓力派他的私生子安东尼指挥 3000 人出征。他们从斯勒伊斯（Sluys）出发，但当他们抵达马赛集结更多舰船时，得知了热切号召远征的教皇逝世的消息，远征就此取消。次年，腓力的继承人查理对法国的图谋，让勃艮第此前发动十字军的热情转向了一个截然不同的方向。而当"好人"腓力于 1467 年去世时，由勃艮第公爵引领十字军收复君士坦丁堡的理念，已经彻底消失了。

围攻贝尔格莱德

西欧尚在商议时，东欧已经行动了起来。1454 年，匈牙利的摄政者，匈雅提·亚诺什（John Hunyadi）率领部队渡过多瑙河，在塞尔维亚的克鲁舍瓦茨（Krusevac）击败了奥斯曼部队。匈雅提几十年来一直坚持抵抗奥斯曼帝国的进军，曾经参与过 1444 年的瓦尔纳之战。

这一次，他乘胜突入保加利亚。然而对"征服者"穆罕默德而言，这次挫败不过是个小插曲。1455 年，他返回塞尔维亚，夺取科索沃的新布尔多（Novo Brdo）城堡，并占据了那里珍贵的金银矿。之后，他继续北上，叩打匈牙利的大门、多瑙河上的关键堡垒——贝尔格莱德。[17]

贝尔格莱德可以说是缩小版的君士坦丁堡。这座城市建筑在形状类似的陆岬上，多瑙河与萨瓦河环绕在其周围，恰如马尔马拉海与金角湾之于君士坦丁堡。两条河流，为其包围的 4 公里长、5 公里宽、高出河面约 130 英尺的陆地，提供了三个方向的防护。贝尔格莱德也有陆墙，但如今已无遗迹存留，无法和君士坦丁堡城墙进行直观对比。不过存留至今的中世纪城市堡垒的部分城墙，证明当时的贝尔格莱德确有良好的城防体系（见彩图 2）。1456 年的城市外墙一直从多瑙河河畔延伸到萨瓦河河畔，与高处的城市堡垒通过一条木桥相接。

在记述贝尔格莱德围城战的文字资料中，有一份因为讨论了围攻失败的原因而意义重大。塞尔维亚人康斯坦丁·米哈伊洛维奇（Konstantin Mihailovic），身为奥斯曼军队的一员参与了这一战并得以幸存，从而完成了他的作品——《新军回忆录》。[18] 他或许并不属于奥斯曼新军，更可能是作为支援人员参与此战。米哈伊洛维奇首先评论了战役之初的一个重要决定。抵达城外之后，苏丹召开军事会议，讨论夺取该城的最佳手段，对此各方提出了不同意见。苏丹麾下最出色的军官之一，卡拉贾（Karaja）帕夏，强烈反对强攻贝尔格莱德。卡拉贾帕夏提醒这位年轻的苏丹，他的父亲、上一任苏丹在 1440 年时猛攻了这座城市 6 个月，却无果而终。为了防止这样的盲动再次发生，他建议自己的君主用少量部队封锁这里，主要担负警戒任务，而奥斯曼帝国的主力部队则破坏多瑙河、萨瓦河和德拉瓦河之间的地区，让这座城市和君士坦丁堡一样，得不到外来支援。[19] 然而苏丹不肯接受这些劝说，不过按照米哈伊洛维奇的说法，他还是谨慎地打算派部队到多瑙河对岸屯驻，布置炮兵阵地以阻拦可能的援军。最后这个计划并没有实施，因为其他军官们声称这并无必要，并说服了他。[20] 围攻就此开始，坚定反对强攻的卡拉贾帕夏成了盲动的最早受害者之一，炮火轰击之下崩落的一块石块打在了他的头上，他当场身亡。[21]

和在君士坦丁堡时一样，"征服者"穆罕默德对他的炮兵颇为信任，而且他也有充足的火器。他在这一战中实际动用的火炮数量，各种说法存在差异，大约动用了300门炮，其中包括22门大口径攻城炮，一名见证者声称该炮有27英尺长。[22] 许多火炮是奥斯曼帝国在塞尔维亚设置的火炮工厂中铸造的，大批工匠从欧洲赶来此地工作。穆罕默德二世再度展现了使用火炮的技巧，而非随意使用。他集中轰击贝尔格莱德的陆墙，火炮在这里可以贴近射击，造成真正恐怖的破坏。

从围攻者的记载来看，很明显，在贝尔格莱德攻城战中，火炮造成的破坏远远超过当年的君士坦丁堡攻城战。火炮轰击持续了12天，据说炮声顺着南风甚至传到了近100英里外的塞格德（Szeged）。城墙上留下了恐怖的缺口。然而事实上火炮造成的人员杀伤相当有限，因为城上的哨兵通过敲钟来警示炮弹降临，城中人听到钟声随即进行躲避。接连不断的轰击，终究还是让守军无力有效修复火炮造成的破坏，他们历经一番辛劳完成的临时修复很快又会被火炮轰开。在对这次围城战的记载中，匈雅提·亚诺什称，最后发起总攻时，城中只剩下几个残破的塔楼了，大部分城墙被轰塌，贝尔格莱德"已经不再是城堡，而是平地了"。[23]

就在此时，形势突然发生了变化，情况与君士坦丁堡围城战截然不同。此前，城市已经被孤立，而且几乎被盟友抛弃，但当贝尔格莱德的城墙变为瓦砾场，驻军只剩下能够坚持48小时的食物和补给品时，一支援军抵达战场。这支部队的指挥官正是匈雅提·亚诺什，他首先出兵打破穆罕默德二世在多瑙河上有意安排的封锁线。匈雅提的舰队顺流而下，经过5个小时的奋斗后切断了连接苏丹舰船的铁链。匈牙利军胜利入城，给贝尔格莱德带来了补给与信心。米哈伊洛维奇声称，苏丹想要继续炮轰贝尔格莱德两个星期，但他的将军们再度说服了他，要他立即进攻，依靠新军的勇猛强行攻取城市。驻军放手一搏，放任奥斯曼军队通过了坍塌的城墙，来到城区。攻城者以为这座城市已被放弃，便开始四处劫掠，结果遭到守军发起的突然袭击，双方在瓦砾上展开了血战。最终，奥斯曼军队被赶出了他们在壕沟中的前进营地，随后守军投入大量引火物将其焚毁。

次日，贝尔格莱德围城战的决定性时刻到来。由于追随匈雅提·亚诺什的士兵前来的，还有大批农民、教士、工匠和流浪汉，于是年老的修道士约翰·卡佩斯特拉诺（John Capistrano）便以振聋发聩的布道促使他们前来守城。战斗间歇中，少数平民违背匈雅提的命令，前去掠夺阵亡的奥斯曼士兵的财物。溜出城的人越来越多，以致被他们当作在世圣人尊崇的卡佩斯特拉诺也无法阻拦他们。卡佩斯特拉诺就此抛掉了所有的谨慎，在高处举起十字旗，带领这群乌合之众冲向奥斯曼军队的封锁线。得知他们前来，奥斯曼士兵纷纷后退，穆罕默德二世不得不亲自前来重整队伍。匈雅提意识到此时正是总攻良机，他下令全军向敌人发起冲锋。"征服者"穆罕默德被迫参与混战，结果腿上受伤被护卫带走，不情愿地开始了之前看来绝无可能的溃逃。

贝尔格莱德围城战如此出乎意料地结束了，整个欧洲都为这个奇迹欢庆，然而实际情况颇为复杂。首先，因新布尔多城堡的胜利而变得骄傲自大的苏丹，急于报复克鲁舍瓦茨的战败，仓促地对贝尔格莱德发动了进攻，而没有隔断这座城市的外界支援。其次，苏丹因为自己的不情愿或他人的错误判断而不肯分兵屯驻到多瑙河对岸，结果让英勇的匈雅提率领援军安然抵达了战场。在双方看来，这都是上天的旨意。米哈伊洛维奇写道："然而最大的悲哀，便是真主没有把贝尔格莱德交给奥斯曼人。"[24] 尽管人力和火力都处于绝对优势，最后的战果却是弱势的守军岿然不动，强势的攻方大败而走。由此可见，即使拥有攻城炮这种革命性武器，依然不能完全保证胜利。

火药与长枪

第二章

  爱丁堡堡垒中的"蒙斯梅格"炮（Mons Meg），可谓"大而无当"的绝佳范例。1457年，勃艮第公爵"好人"腓力将这门巨炮赠送给苏格兰国王詹姆斯二世。[1]就像暹罗国王送给国宾的白象一样，虽是稀世之宝，却也需要巨大的开销，收到礼物的客人难免尴尬。"蒙斯梅格"炮体型巨大、难以运输，开火时还十分缓慢，"好人"腓力将这门巨炮送出时，它基本已经过时了。

  "蒙斯梅格"炮以一种独特的方式，记录了军事观念的一次变革。在君士坦丁堡和贝尔格莱德围城战中，坍圮的城墙展现了巨炮的威力。然而"好人"腓力已经意识到，巨炮相比更小型的青铜炮存在明显不足，所以才会将其府库之中理论上威力最大的巨炮送走。勃艮第统治者们的超凡远见并不只限于火炮，"好人"腓力和他的继承人"大胆"查理，称得上是步兵组织、军服和多兵种协同等一系列军事改革的最初推动者。在旁观者眼中，这些发展或许会让勃艮第就此称霸欧洲，然而这一切并没有发生，先进的勃艮第军队被一种看上去更原始的兵种一次又一次地击败。一群平平无奇的步兵，在1477年彻底消灭了勃艮第政权。

勃艮第的火炮

  勃艮第公爵向来是火器发展的先驱者。在付华萨（Froissart）的记载中，1363—1404年在位的"大胆者"腓力二世，于1377年首次成功地将火炮运用于奥德鲁伊克（Odruik）围城战中。他的继承人们追随着他的脚步继续前行。[2]勃艮第公爵在火炮方面的成就，一定程度上源自他们与法国国王的持续对立。法国炮兵自1453年由比罗（Bureau）兄弟接手后，发展到英法百年战争末期时，已经成为法军击败英军的重要依仗之一，其技术上的进步虽有详细记录，却也严格保密。勃艮第公爵的另外一个优势，则是他们控制着列日（Liège）等一系列金属冶炼中心。1404—1419年在位的勃艮第公爵"无畏的"约翰，其军械库中或许有4000支火门枪。至于大型火器，"大胆"查理在1466年围攻迪南（Dinant）时使用的火炮，迫使这座曾经击退17次围攻的坚城——那时的围城者还没有火炮——在一个星期的炮击之后便投降了。事实上，这场胜利来之不易，围城者在短短几天之中便发射了502发大型炮弹、1200发小型炮弹，以致怒气不息的查理决定报复市民，将他们绑在一起扔进河中溺死。要知道，使用火炮，在耐心之外，还需要巨额的资金支持。

勃艮第公爵采纳并重视火炮技术，这与许多同时代权贵的态度截然相反。1472年围攻博韦（Beauvais）的科尔德（Cordes）男爵，只有两门火炮，围城期间也仅仅开了两炮；1453年，因为炮手的失误，火星引爆了周围敞开的火药，根特的部队因此惊恐溃逃。[3]除了意外频发之外，在野战中使用火炮，效率和威力都无法和轰击城墙时相比。比如，在蒙莱里（Montlhéry），勃艮第的火炮布好了阵势，却仅仅向法军进行了10次齐射；而在布鲁斯泰姆（Brusthem），树木和篱笆妨碍了火炮射击。[4]

在15世纪的最后二十几年中，勃艮第人意识到在围城战中，一批较小的青铜炮的效率要大于一两门巨炮。一个重要的影响因素是运输。早期的火炮要使用专门的车辆，耗费大量畜力运输，而装卸与准备射击又需要大量人力，奥斯曼帝国在君士坦丁堡使用的巨炮就是其中典型。轻型火炮可以使用常备的炮架，于是勃艮第的炮架设计，就成了此后所有欧洲炮架设计的原型。但即使有了这一创新，炮兵在战场上依然行动缓慢。1475年围攻诺伊斯（Neuss）时，勃艮第人带着重炮在敌人的监视下安然涉水通过莱茵河，就是因为皇帝的炮兵此时背向莱茵河，来不及调转方向。[5]

"蒙斯梅格"这门著名的巨炮，建成于1449年，出厂时的重量为15366磅，长15英尺，口径18英寸。[6]这门巨炮于1457年运抵苏格兰，可能参与了1460年的罗克斯堡（Roxburgh）围城战，而在这一战中，苏格兰国王詹姆斯二世因为一门火炮炸膛最终伤重不治。尽管过于笨拙，苏格兰人依然在使用"蒙斯梅格"炮，特威德河（Tweed）河畔的诺勒姆（Norham）城堡上，一个巨大的空洞见证了这门巨炮在 1497 年轰击时产生的威力。但在 1513 年，苏格兰入侵英格兰并以惨败告终的弗洛登（Flodden）之战中，"蒙斯梅格"炮没有随军出征。此后，它成了王室礼炮，并在 1680 年最后一次使用时将炮管炸出了一个洞。与此同时，勃艮第公爵不但在火炮的发展上继续前进，也出乎所有人预料地彻底走下了政治舞台。苏格兰尚在使用早已过时的"蒙斯梅格"炮时，理当使用先进火炮的勃艮第公爵却在 1477 年遭遇惨败之后，消失在了历史之中——火炮遇到了尚无法匹敌的敌人！

瑞士崛起

瑞士在 1476 年以及在此前后的一系列战斗中的戏剧性胜利，让勃艮第遭受了意料之外的屈辱，至今瑞士人仍津津乐道。每个瑞士人在童年时就会学到的一首短诗，精炼地总结了 1476—1477 年发生的几件大事：

> "大胆"查理，
>
> 在格朗松失去财富，
>
> 在穆尔滕失去勇气，
>
> 在南希失去生命。

"大胆"查理是第四位，也是最后一位勃艮第公爵。[7] 他于 1433 年出生于原公爵领首府第戎（Dijon），等查理于 1467 年即位时，公爵的属地已经向北大为拓展，不规则的边界线囊括了低地、布拉班特（Brabant）和佛兰德斯（Flanders）。对于父亲拯救君士坦丁堡并出兵对其进行光复的计划，查理一直都是坚定的支持者。另外，他完全继承了历代勃艮第公爵对火炮的热忱，也清楚如何高效地使用这些武器。1475 年围攻诺伊斯时，一位编年史家称："蛇炮（culverin）的炮弹如同雨点一般落在人群之中，景象凄惨至极。"[8] 查理的努力获得了回报，他即位没几年便夺取了卢森堡和洛林。

1469 年之后，勃艮第开始威胁到瑞士。"瑞士"一词最初用来指代 13 纪末出现的以乌里（Uri）、施维茨（Schwyz）和翁特瓦尔登（Unterwalden）为核心的松散联邦。三者之中，施维茨名望最高，因此在 1315 年的莫尔加滕

（Morgarten），当他们地位低微的长枪兵击败了一批骑士之后，源自施维茨的"瑞士"一词便开始被整个联邦采用。1469 年时，瑞士联邦已经活跃起来，并开始有所图谋。瑞士联邦希望能彻底脱离神圣罗马帝国获得独立，于是开始进行成规模的掠夺。此时，瑞士联邦的领导者是伯尔尼（Bern），而伯尔尼希望向北、向西，向勃艮第公爵控制的领土扩张。

瑞士人早年使用的主要武器是斧戟，这是一种集合长棍、枪尖和斧刃的武器，可以劈砍、刺击和钩割。对敌人而言，这是一件致命的武器，但对使用者而言，它笨重迟缓、难以使用，因此当以步兵为主的瑞士联邦准备离开他们的山谷故乡，进入适合使用骑兵的地形时，就必须换用其他武器。新的选择，就是超长枪，这种武器或许是从意大利引入的。瑞士军队于 1425 年从卢塞恩（Lucerne）出发时，据称有四成人使用了超长枪。

◎ 瑞士超长枪方阵，戟兵处于中间

23

超长枪由瑞士军中经验最丰富的士兵使用，他们必须能够和身边的战友协同，也必须能在骑士向他们发起冲锋时保持镇定。这些人庇护着弩手一类的部队，如同巨大的刺猬一般将尖刺指向外侧。装甲最精良的超长枪兵配置在最外侧，超长枪的末端抵在地上，释放冲击力，他们的目标通常是骑士的坐骑。

如此使用超长枪的瑞士人，很快就因为击垮骑兵、羞辱精锐骑士而声名远播。落单的超长枪兵，仅有有限的护甲和笨拙的武器，可谓脆弱至极，因此瑞士人从不会单打独斗，而是结成有组织的队列，各部队自成体系。同时代人提到，瑞士超长枪方阵在战场上能够在诡异的寂静中完成阵形变换。方阵中央是和前人一样使用长戟的士兵，他们主要负责在骑兵落马，或者方阵进入肉搏战时进行格斗杀伤。时机合适时，超长枪兵会展开队形，让第二梯队的长戟兵杀出；并且，他们从不留活口。

1474 年 4 月，阿尔萨斯（Alsace）反叛勃艮第公爵的统治，当地居民处死了他们憎恶的领主皮埃尔·哈根巴赫（Hagenbach）。瑞士与这次反叛关系甚密，因此他们和"大胆"查理之间的军事对决难以避免。次年，当查理需要在领土中耗费大量军力，应对同时出现的叛乱时，瑞士人发起了他们计划已久的军事行动。直到瑞士人抵达纳沙泰尔湖（Neuchâtel）湖畔的埃斯塔瓦耶（Estavayer）时，他们才遭到值得一提的抵抗。[9]对围城者而言幸运的是，埃斯塔瓦耶有大批市民使用城上坠下的绳索逃亡，而他们使用的绳索还留在城墙之上。在绳索的帮助下，瑞士人顺利入城，并开始展开屠杀——这是瑞士—勃艮第战争中一系列屠杀的开端。埃斯塔瓦耶遭到了系统性的掠夺，城中纺织业使用的机械全部被掠走。这样的行为在 15 世纪的战争中称不上罕见，但瑞士人对埃斯塔瓦耶的蹂躏，还是遭到了伯尔尼政府的训斥，它指责士兵们犯下的暴行"或许会让上帝和圣人报复我们"。这句话可谓一语成谶，唯一不同的是，前来报复的是并不是全知全能的上帝，而是颇为世俗的勃艮第公爵。

格朗松的财富

瑞士人进军日内瓦湖畔的莫尔日（Morges）时，洛桑（Lausanne）和日内瓦为避免遭受掠夺，出钱赎买城市安全。此时其他瑞士部队的行动，也有效地切断了勃艮第公爵交给意大利雇佣兵守护的需要翻越阿尔卑斯山的补给线。然而，对"大胆"查理而言，境况并非完全不利，他于 1475 年 11 月夺取了洛林公爵领的首府南希（Nancy）。这对勃艮第公爵而言意义重大，深受鼓舞的查理决定尝试收复战略要地——位于纳沙泰尔湖南端的格朗松城堡，而夺取格朗松是瑞士联邦此前最重要的战果。格朗松城堡建成于 1279 年，此后由一代代格朗松男爵统治。这个家族的一位女性成员还在英格兰的历史上留下了重要一笔，她就是索尔兹伯里（Salisbury）伯爵夫人凯瑟琳，她在丈夫去世后成了英格兰国王爱德华三世的情人。正是因为她的袜带在舞会上滑落，才让国王说出了那句不朽的口号，创立了嘉德骑士团。

1476 年 2 月 18 日，"大胆"查理率领 2 万人进攻格朗松。勃艮第军队在湖面与陆地的封锁密不透风，以致援军坐船趁夜驶入纳沙泰尔湖时无法贴近，他们高喊并摇晃长枪，但距离太远的城中守军对此一无所知。守军坚持了 10 天，最终在 2 月 28 日向勃艮第公爵投降。此时，城垛已经被勃艮第的火炮击毁，守军有限的粮食也已经耗尽。按照瑞士一方的记载，守军遭到了欺骗，以为周边的城堡已经陷落并被屠城，而他们只要投降就能保证人身安全。守军别无选择，他们已经断粮，相当一部分火药也已被攻城者的炮火摧毁，只得向查理的部队投降。然而，数百名围城战的幸存者或被投入湖中溺亡，或被吊在湖岸边的核桃树上吊死。

瑞士联邦援救格朗松的部队于 2 月 28 日在纳沙泰尔集结，却在两天后得知为时已晚。这支部队约有 18000 人，其中伯尔尼的部队规模最大，达 7000 人。得知瑞士人集结到纳沙泰尔湖的北侧时，"大胆"查理率部向北进发，没有继续在湖泊南面行动。距离格朗松几英里处有一座重要的小城堡沃马尔居（Vaumarcus），它控制着纳沙泰尔湖与奥贝尔山（Mont Aubert）之间的狭窄道路。勃艮第人迅速夺取沃马尔居并在此驻军，增加了抵御瑞士军队的进攻据点。两军此时的距离仅有 12 英里。[10]

瑞士人或许希望借进攻沃马尔居，诱使查理前来决战，于是他们在 3 月 1 日夜间发起了袭击。勃艮第守军取得了胜利，至于瑞士人是否有意如此则不得而知。随后，"大胆"查理将军营转移到距离沃马尔居两英里的孔西斯（Concise）。在这个村庄的田野上，并未以这个村庄命名的格朗松之战即将展开。封锁了沃马尔居之后，瑞士军队的前锋兵分两路进军孔西斯：一路从高处通过奥贝尔山上的林地，另一路从低处沿湖进军。[11]

瑞士人最初的进攻是出于战术安排，还是某些部队擅自行动，目前史学界仍有争议。无论意图如何，他们和勃艮第的斥候进行了简短交手。而后在当天上午，走出林地的瑞士前锋部队发现，勃艮第全军正在山地与下方的平原上行军。瑞士人立即守住高地，并向后方紧急求援，等待大部队到来。

与此同时，尚未注意到瑞士军队贴近的勃艮第军队仍在行军。他们分成三个纵列前进：一路沿湖岸进军，一路通过平原，一路在森林的边缘行进。突然之间，瑞士人的前锋出现在了他们的视野之中。查理命令稍作后退，希望借此进行包抄，而后他发动了几次不成功的进攻，其中包括至少一次骑兵冲锋，但被超长枪兵组成的枪阵击退。

查理要如何冲破坚实的长枪方阵，击败其中的长戟兵呢？一个可能的方案是使用勃艮第精良的火炮。青铜炮管的长度足以在射击时保证一定的精准度，炮架之上精细的机械结构可以对火炮仰角进行调整。这些火炮的射程可达800码。然而在格朗松，使用火炮存在困难。瑞士人位于高坡之上，俯瞰勃艮第人的阵地，加农炮无法满足所需仰角，而且查理的部队也仍在和瑞士人交战，后方的勃艮第炮手不敢随意射击。查理至少需要再度撤走部分部队，但对他而言不幸的是，命令前线部队进行战术后退，在其他士兵看来意味着总撤退，恐慌情绪很快就会蔓延，错误的撤退很可能演变成溃逃。正在此时，瑞士主力部队赶来支援他们的战友，阿尔卑斯长号声与令人胆寒的战吼宣告了他们的到来，混乱进一步加剧。

愈发畏惧的勃艮第士兵，在对方发动冲锋之前便纷纷调头逃跑，但瑞士人没有冲锋，他们在杀伤了数百名查理的士兵之后，便放其离去了。这个出乎预料的决定，源自瑞士人在勃艮第军营中的发现。爱慕虚荣的"大胆"查理本打算在这里建造新堡垒，因此瑞士人在军营中找到了不计其数的财宝箱，另外还有被遗弃的武器、火炮、旗帜和帐篷。同时代的任何一支军队都不可能放弃如此巨大的财富，瑞士人很快陷入了疯狂的掠夺之中，他们将会获取堪称史无前例的丰厚战利品。挂毯、书籍、圣骨匣、金银器、珠宝、钻石、金币以及"大胆"查理本人的宝座与镶珍珠的帽子，也被一同夺走，它们被拆解、隐匿或装上大车。瑞士人的管理方式是，战利品要集中起来等待战后分配，而众多士兵却私藏了大批财宝。在接下来的二十几年中，这笔庞大的战利品，引起了瑞士联邦各领主间的一系列法律争议，却也让他们得以安然维持开支。[12]

然而，还是有一批瑞士士兵放弃了抢夺，前去解下吊在格朗松城外核桃树上的同伴们的尸体。城堡之中只剩下 30 名勃艮第士兵，他们被撞开城门冲进城中的瑞士人扔下城垛摔死，只有一位提出自己能够换取大笔赎金的贵族免于被杀。沃马尔居的勃艮第驻军很快得知了孔西斯大路上的惨败，他们在夜间悄然从瑞士人的封锁线中溜走，而瑞士士兵，或许因为忙着撬下圣骨匣上的宝石，没有注意到他们。

穆尔滕的屠杀

由于大量战利品的拖累，在格朗松取得大胜的瑞士人无法立即乘胜追击，而瑞士联邦的松散组织，也让态势极为有利的他们无法在战略上进一步获利。瑞士人决定在胜利之后解散，各自返回，于是主动权又交到了勃艮第公爵手中。"大胆"查理迅速卷土重来。5 月 9 日，他检阅了准备出征的部队，尽管他的几位幕僚劝说他不要草率。此时他的军队存在许多问题，混杂的雇佣军部队也时常互相争执。3 月的时候，英格兰雇佣兵和意大利雇佣兵直接展开械斗，双方都有不少伤亡。同时代的一位敏锐的编年史家写道："英格兰人心高气傲，不知尊重为何物，自以为比其他任何民族都要优越。"查理检阅部队一个星期之后，他雇用的格兰弓箭手便在军营周围哗变，他们高举长弓，索要薪水。英语水平极佳的公爵亲自前去，说服了他们，甚至让他们跪下来请求他的原谅。

查理集结的勃艮第新军约有22000 人，其中包括 2100 名重骑兵、5700名弓箭手。从洛桑方向进攻伯尔尼，他可以选择两条道路：其一是弗里堡（Fribourg），其二是穆尔滕 / 莫拉（Mürten/ Morat）。两条道路上都有防御据点。查理选择了后一条路，因此需要围攻穆尔滕湖畔那座防御工事有限的城镇。尽管查理几乎失去了全部火炮，但他依然极为自信。毕竟，围攻格朗松时他大获全胜，只是在野战中战败而已。

6 月 11 日，勃艮第公爵查理抵达目的地，对穆尔滕展开了声势浩大的围攻。由于城中有火炮，攻城者在夜间挖掘了壕沟。6 月 17 日，勃艮第军队在周边山丘上设置了炮兵阵地。在所谓的"多米尼克林地"（Bois Dominigue）

这个绝佳的制高点,查理欣然地观看着城墙之上被炮弹砸出的一个又一个大洞。但6月18日,勃艮第军队的猛攻在一番血战之后被守军击退。和格朗松不同,城中人做好了抵抗围攻的物资准备与心理准备。格朗松守军被全部屠杀的事实,足以让穆尔滕守军坚持抵抗。勃艮第围攻者把记载此事的信件绑在弓箭上,射进城中,这一行为更加激怒了守军。[13]

也是在此时,"大胆"查理进行了一次严重失误的战略盲动。他没有将部队集中在穆尔滕,而是在分兵封锁穆尔滕之后,派出余下的部队继续进军伯尔尼。在通往伯尔尼的一处渡口,勃艮第部队被三度击退,更严重的是,他的进军刺激其他瑞士政权动员部队前来,加急赶往穆尔滕。[14]

"大胆"查理的回应是,于6月21日在穆尔滕城外结成阵线,准备抵御瑞士人的进攻。他选择了易于防守的阵地———一处灌木丛后面,他将重骑兵集结到右翼,将残余的勃艮第炮兵布置在左翼。而灌木丛的末端与一处洼地之间,有一处宽约100码的缺口。见攻击没有发生,查理就此认定瑞士人打算进行消极防守,便放松了警惕。当天夜间的暴雨延续到了第二天,这让他愈发坚信瑞士人不会进攻了。然而事实上,瑞士人拖延进攻的原因,不过是他们仍在集结部队。苏黎世的部队在三天之中急行军90英里,抛下掉队者,于6月21日,星期五的下午抵达伯尔尼。仅仅休息了几个小时之后,他们又连夜行军,在星期六的上午参加了战斗。但暴雨、饥饿与困倦,让瑞士士兵的体力大打折扣。一队侦察骑兵奉命前去侦察勃艮第人的阵地,而被大雨淋湿的大军继续前进,他们一路穿过茂密的树林,中途仅因按照传统在战前为几位显赫的年轻贵族举行骑士受封典礼而短暂地停驻过一次。(见彩图3)

尽管侦察兵带来了侦察报告,"大胆"查理依然坚信瑞士人不会进攻。他的部队虽然在一天前结成了防守阵形,但此时已经散开了。在公爵的随军司库官留下的可信记述中,在那个性命攸关的星期六,上午10点,查理正在进行一个至关重要的任务——为他的部下支付薪酬(见彩图4)。在瑞士援军进攻之前,数以百计的意大利与英格兰雇佣兵推推搡搡,拥挤着领取他们的军饷,这样一个栩栩如生的画面,或许与实际情况也相差无几。事实上,司库官记载称,一名负责发饷的职员拿到大笔钱财准备分发时,距离开战仅有一个小时了。他用自己的马匹驮运这笔钱,战争爆发后,他"和其他人一样仓促离开了,这笔钱此后也无从找寻"。

就在查理分发军饷时，瑞士军队在距离勃艮第军队半英里的树林中突然杀出，当时那道灌木丛后面的勃艮第军阵之中，士兵早已所剩无几，于是瑞士部队在20分钟之后便完全展开了。英格兰弓箭手的射击以及侧翼的火炮轰击，让瑞士人的进攻暂时受阻，但勃艮第的阵线很快就崩溃了。孤立的骑兵部队进行的松散突击，也在瑞士人的枪阵面前纷纷溃散。

一位见证者写道，目瞪口呆的查理，此时才刚刚穿上铠甲。他的不少士兵甚至完全没有做好作战准备，就在营帐之中被杀。和格朗松之战一样，恐慌情绪迅速扩散，诱发了溃败；但和格朗松之战不同的是，瑞士人没有忙于掠夺，而是忙于杀戮。当穆尔滕守军打开城门时，勃艮第士兵彻底成了丧家之犬，仓皇逃命。数以百计的士兵被赶到湖边，或被砍杀，或被沉重的盔甲束缚坠入湖底。一些人藏在树丛中，或游过两英里的距离，得以逃出生天，但也有许多人在湖中被箭矢或枪弹所杀。更多士兵被赶到一处，如同屠宰场的牲畜一般被逐个割喉处死。只有营中的女性免于死亡，但胜利者逼迫她们赤身裸体，接受士兵们的羞辱。

穆尔滕之战，瑞士人仅仅损失了400人，死伤大多发生在战斗之初灌木丛中的交战。勃艮第的伤亡或许高达2万人，许多士兵被俘后被冷血地屠戮。格朗松的战利品世所罕见，穆尔滕的屠杀也是同样罕见，可以说是15世纪最血腥的战斗之一。

南希的结局

尽管他的部队损失惨重，"大胆"查理还是活了下来，并第三次，也是最后一次，与瑞士人决战。这一战发生在洛林公爵领的首府南希，勃艮第公爵于1475年夺取此地。公爵在格朗松和穆尔滕的惨败，激起了洛林当地人的叛乱，结果在1476年8月时，洛林地区臣服于勃艮第公爵的城市只剩下了南希。8月，洛林公爵勒内（Rene）对南希进行了散漫的围攻。在第一轮交锋之中，勃艮第守军取得了胜利，他们安排一位信使故意被围攻者抓住，让他们看到"大胆"查理正率部前来解救南希的假消息。围攻者果然中计，纷纷逃走，还留下了六大车的阿尔萨斯葡萄美酒。相比格朗松的损失，这样的补偿意义索然，而且也只是获得了暂时的喘息之机，洛林公爵随后再度集结部队，重新开始围攻。

9月25日，"大胆"查理率领解围部队出发，但此时他已无力回天了。随着英格兰弓箭手哗变，绝望的南希守军已经无条件投降了。此时，洛林的土地已全部丢失，查理的幕僚坚定地请求他暂时认输，退回卢森堡越冬。然而，大胆的公爵无视了他们的忠告，从10月开始围攻南希。他的冒险也确有一定的理由，毕竟洛林公爵此时没有足够的盟军与他对抗，但查理在格朗松围城战中的行为，让南希守军坚定了抵抗决心——为守城流尽最后一滴血，总比投降之后被吊死好。

"大胆"查理估计他的敌人缺乏和勃艮第公爵决战的热情，事实也确实如此。然而到12月15日时，已有6000名瑞士志愿兵在巴塞尔（Basel）集结起来。与此同时，天气愈发寒冷，南希围城战的攻守双方，境况都变得艰难起来。守军开始捕杀猫、狗、老鼠充饥。平安夜，400名勃艮第士兵被冻死在了阵地之上。一个勃艮第骑士宣称，"大胆"查理应当被塞进火炮之中，轰进南希城里，口出不逊的他因此被吊死。

和在穆尔滕时一样，"大胆"查理依然拒绝相信敌人在向他进军，但他们确实在前进，即使严寒拖慢了他们的脚步。瑞士志愿军于12月19日离开巴塞尔，在渡过莱茵河时，一名醉酒士兵落水，同伴们试图解救他时弄翻了渡船，一些人因此溺亡。瑞士军队的主力于12月26日出发，他们通过阿尔萨斯，一路上袭击犹太人的聚居区，掠夺他们的财产。不久之后，洛林公爵的其他盟友也纷纷赶来，奥地利公爵西吉斯蒙德（Sigismund）、巴塞尔主教与斯特拉斯堡（Strasbourg）主教，相继打出了自己的旗帜。

直到1477年1月5日，查理才终于相信，一支解围部队正向着他的围城部队前进。他将大部分部队撤离了南希周边的围城阵地，在敌人必经之路上展开防御阵形。在这里，查理率领饥寒交迫、疲惫不堪、士气低落又被赊欠了军饷的5000名士兵，准备迎战四倍于己的敌人，而这些士兵中还有大批参与了格朗松之战和穆尔滕之战的老兵。

这一战爆发时，天降大雪，战场上能见度极低。联军见到的第一个勃艮第士兵，是一个教堂塔楼之上的哨兵，他被推下塔楼摔死。面对"大胆"查理的火炮轰击，联军针锋相对，对其左翼进行了包抄，士兵们在破碎的地形与封冻的溪流上艰难前行。这次包抄出乎勃艮第一方的预料，一方面因为天气严寒，另一方面也因为查理没有安排巡逻队和侦察队，以致瑞士人成功隐匿了自己的行迹。正午过后不久，和格朗松之战时一样，阿尔卑斯长号声传来。查理右翼的骑士开始后退，而炮兵依然无力提供支援。随后双方正面交锋，勃艮第军队第三次败退。然而这一次，情况有所不同——公爵查理本人也裹挟在败兵之中，而联军之中的每一个人都在追击他。一位编年史家留下了关于此战的记载，与穆尔滕之战相似之处颇多：

一天之后，那些农民依然在追杀逃兵，他们整整追击了三天才抵达梅斯（Metz）城下，以致在距离梅斯5—6法里的道路两旁，遍布死后被抢掠一空的士兵尸体。当时正是隆冬时节，天气格外寒冷，许多人因为饥饿、严寒与疲累而死。[15]

梅斯城外积雪的壕沟之中挤满了乞求入城避难的人。当城门打开时，疯狂涌进城中的他们引发了恐慌。而此时，在南希，经过两天的搜索，胜利者在战场上发现了勃艮第公爵"大胆"查理的尸骸。他在坠马之后，头部受到重击而死。他身上的珠宝已被抢夺一空，他的脸也被狼狗啃食得无法辨认，然而一道旧伤疤，最终让胜利者确定了他的身份。

第四位，也是最后一位勃艮第公爵，就此在南希身亡。1476年，他在格朗松失去财富，在穆尔滕失去勇气；1477年，他在南希失去性命。面对瑞士这支表面上颇为原始的部队，他在军事改革上的热情，无法让他免于三次失败与英年早逝。大卫与歌利亚之间的战争，在历史上实属罕见，谁能想到瑞士联邦这样相对弱小的军事力量，竟然会击败另一个实力更强的政权，并让它彻底消失。革新的继承人，因自己的无能，辜负了父祖的期望，并让一群完全不同的改革者登上历史舞台的中央。这些人笨拙的武器，带来了一次截然不同的军事改革。

格拉纳达的火炮

　　1481—1492 年的格拉纳达战役，是西班牙从中世纪欧洲一个无足轻重的荒僻国度，走向世界级大帝国的开端。西班牙能获得这一成就，既来自政治权谋，也来自军事胜利，而这一切都始于这场至关重要的对格拉纳达王国长达 10 年的征服运动。穆斯林在伊比利亚半岛的最后前哨——摩尔人的格拉纳达王国，在新战术与新技术的打击之下灭亡，为西班牙未来的辉煌开辟了道路。[1]

　　格拉纳达战役在军事史上意义重大。这场在多山地形中进行的战役，自然而然地演变为了以围攻战为主，而非以骑士为主的野战，攻方的战略是逐个攻破周围据点。负责这一重要任务的步兵，也因此得以发展成西班牙军队的核心，此后，他们还被派往意大利与新大陆作战。在训练与实战中，他们不断忍受暑热、严寒与各种艰难困苦，积累下了丰富的作战经验。指挥他们的军官，如"伟大指挥官"（El Gran Capitán）贡萨洛·费尔南德斯·德·科尔多瓦（Gonzalo Fernández de Córdoba），同样在格拉纳达战役中积累到了海量的作战经验。[2] 最终，这一战相当程度上发展成了炮兵战，火炮成为围攻战中的主要武器。因此，西班牙赢得格拉纳达战役的胜利也标志着火炮彻底取代投石机，火炮发展有了长足的进步。[3]

漫长的再征服运动

　　摩尔人在伊比利亚半岛已经立足了 7 个世纪，其间也遭遇了几乎不曾间断的挑战。13 世纪时，基督徒陆续收复了一系列重要城市：1236 年光复科尔多瓦，1248 年收回塞维利亚。然而随着摩尔人不断后退，基督徒的前进愈发艰难，因为边境线愈发靠南，也愈发明确。在夺取塞维利亚之后，基督徒与穆斯林沿着格拉纳达王国划定了一条新的边境线。格拉纳达王国由纳斯尔（Nasrid）家族统治，该家族和直布罗陀海峡对岸的北非政权关系良好，也积极支持奥斯曼帝国。

尽管基督徒和伊比利亚半岛南部的穆斯林存在宗教与理念上的差异，但双方依然得以共存——虽然称不上全然和平，却也远没有达到此后互相忌惮的地步。1478 年，双方正式宣称停战，但仍时常出现敌对行为，不过这些大多是海盗式的边境袭扰。此前唯一一次基督徒对穆斯林的正式进攻，是 1464 年夺取直布罗陀。除此之外，号召对抗十字军的结果，往往不过是当地领主借机掠夺邻近穆斯林的土地，这显然并非出于宗教虔诚。他的回报不过是掠夺物，以及在未来的罗曼史中留下一笔——这些作品往往能将最可鄙的强盗行为，写成侠义骑士的英勇无畏。

随着阿拉贡国王费尔南多和卡斯蒂利亚女王伊莎贝尔于 1469 年成婚，两国合并成了统一的西班牙王国，此后对摩尔人的态度发生了转变。西班牙王国拧成了一股统一的力量，但内战和葡萄牙的入侵拖慢了其脚步，直到 1482 年格拉纳达王国才开始体会到这个联合政权的强大。事实上，是摩尔人首先出击的。1481 年末，为了报复西班牙人的掠夺，格拉纳达埃米尔阿布哈桑·阿里（Abû'l–Hassan 'Ali，1464—1485 年执政）对萨阿拉（Zahara）城堡发动进攻，他收到情报称这里守备空虚。萨阿拉建造在石山顶端，狭小的主塔楼矗立在陡峭的西侧岩壁之上，掌控着周围几英里之内的平原。这样的险要据点仿佛让进攻者无从下手，然而阿布哈桑·阿里的进攻，赶上了三个偶然因素：守军疏于防卫；夜间刮了一场猛烈风暴；12 月 26 日这个进攻日期的选择。恶劣的天气让摩尔人得以悄然抵达，将云梯搭上萨阿拉的城头，而守军却在节日庆典之后酣睡。进攻完全出乎守军预料，摩尔人的胜利来得轻而易举。日出时，在雨中瑟瑟发抖的城中居民已经被聚集在广场上，准备押往格拉纳达作为奴隶了。[4]

接受挑战

劫掠萨阿拉，让费尔南多和伊莎贝尔确定，有必要完成再征服运动的最后一步了。他们的将军，加的斯（Cádiz）侯爵罗德里戈·庞塞·德·莱昂（Don Rodrigo Ponce de León），率先投入战斗。与偷袭萨阿拉时颇为类似，侯爵也得知纳斯尔家族的阿拉马（Alhama）堡垒只有少量驻军，可以借偷袭夺取。然而，和孤悬在外的萨阿拉不同，阿拉马位于摩尔人政权的腹地，攻取这里必须要先深入敌方领土。侯爵随即率领 3000 名标枪骑兵（jinetes）以及 4000 名步兵迂回前进，绕过人口密集的山谷，走上人迹罕至的山区小路。他们晓行夜宿，经过三天秘密行军后，于 1482 年 2 月 28 日抵达阿拉马附近。天时再度站在了勇敢者这边，大雨让守军无法看清胡安·德·奥尔特加（Juan de Ortega）率领的先头部队，他们使用云梯攀上城市堡垒，经过一番血战后控制了城墙。此时，加的斯侯爵的主力部队也顺利打开了城门。[5]

丢失阿拉马让阿布哈桑·阿里大惊失色，在接下来的几个月中他两度组织部队试图夺回这座城堡。两次进攻均以失败告终，猛烈的进攻遭到了坚决的抵抗。阿拉马是西班牙人在摩尔人领土深腹之地夺取的据点，虽然孤立，却依然坚实，虽然艰难，却也在威胁对方。军事冲突不再是有限的边境掠夺了，摩尔人的政权要为自己的存续二战，一旦战争失败，宗教、文化与居民将一同消亡。

丢失阿拉马的直接后果是诱发了纳斯尔家族的严重内部分裂。阿布哈桑·阿里的对手们指责他丢失了阿拉马，于是推举他的儿子阿布·阿卜杜拉（Abû 'Abd 'Allah）——西班牙编年史将他的名字误写为"Boabdil"——为新的埃米尔，进军格拉纳达。摩尔人的政权就此分裂出两个对立的埃米尔：格拉纳达的阿布·阿卜杜拉，以及停驻在马拉加的老埃米尔阿布哈桑·阿里。费尔南多和伊莎贝尔自然不愿错过这个机会。

两位君主现在需要面对的主要战略困难，是阿拉马依然孤悬在外，因此他们计划对洛哈（Loja）堡垒发动大规模进攻，借此打开通向阿拉马的交通线。费尔南多国王亲率部队进军，结果以灾难告终。起初，战斗在俯瞰洛哈的高地展开，这里可以使用火炮。结果，许多西班牙士兵下山之后，发现大批摩尔骑兵从另一个方向杀来。西班牙人随即开始逃跑，却被另一方向数量更多、以逸待劳的敌人夹住。当西班牙人突围而出，摩尔人撤回洛哈时，西班牙军队已经有许多人阵亡了，包括被弩箭射杀的卡拉特拉瓦骑士团（Calatrava）团长。西班牙人接到撤退命令时依然控制着山丘，摩尔人接踵而至后，见到对方的旗帜仍插在山顶上。费尔南多的大部分部队，此时还未得到撤退命令，他们相信友邻部队已经战败，致使恐慌情绪迅速蔓延开来。随着洛哈守军的指挥官阿里·阿塔尔（al-Attâr）派兵出城突袭，费尔南多的撤退变得愈发艰难。[6]

不久之后，费尔南多麾下军官对分裂的格拉纳达王国的西半边发动了进攻，目标直指马拉加。这一次进攻和在东面发起的进攻一样，以灾难告终。西班牙骑士抵达马拉加城下时，埃米尔阿布哈桑·阿里正和他的兄弟，此后绰号"英勇者"（al-Zagal）的穆罕默德率部等待他们到来。这位英勇者没有贸然发动反攻，而是率领少量骑兵与西班牙人接战，而老埃米尔则率领主力军悄然包抄西班牙部队。突袭开始后，西班牙军队难以在黑夜中找到撤退的道路，摩尔人则点起火焰指引后续部队，而火焰惊吓到了愈发混乱的敌人。不久之后，西班牙人意识到自己已陷入进退维谷的地步了。溃逃之中的西班牙人彻底失去了纪律与组织，结果大批士兵被俘。

在格拉纳达，阿卜杜拉将父亲的胜利视作对自己权威的挑战，于是决定出兵夺取卢塞纳（Lucena）堡垒。他在 1483 年 4 月发起围攻，但当救援部队抵达时，高估对方军力的阿卜杜拉迅速撤围离去。西班牙军队随后发起追击，双方在一条涨水的河流边开战。阿卜杜拉忠实的将军阿里·阿塔尔阵亡，之后，一批西班牙步兵发现了受伤之后躲在芦苇丛中的阿卜杜拉本人。阿卜杜拉拒绝向普通士兵投降，但他们很快找到了一名骑士，于是押着阿卜杜拉——摩尔人的首领，前去觐见费尔南多和伊莎贝尔。

半个摩尔人王国的统治者就此沦为俘虏。西班牙人尽管起初受挫，但此时完成对摩尔人的沉重一击，胜利似乎唾手可得了。成为俘虏的阿卜杜拉受到了殷勤的招待，然而西班牙的两位君主很快意识到，释放阿卜杜拉，给格拉纳达政权带去的混乱远胜过继续软禁他。阿卜杜拉秘密同意了两位君主开出的条件，只要对方支持他夺取父亲掌控的王国，他就向西班牙王国臣服。随后，阿卜杜拉获释。

炮兵战争

在接下来的几年之中，双方仅仅进行着袭扰与前哨战。1485 年初，老埃米尔阿布哈桑·阿里中风瘫倒，"英勇者"穆罕默德接管了政权。此时，西班牙人和摩尔人之间在军事上的平衡尚未被打破，直到费尔南多开始围攻纳斯尔家族的重镇龙达（Ronda）。位于战略要地的龙达建筑在悬崖峭壁之上，悬崖下则是陡峭而极为狭窄的峡谷。而今跨越这座峡谷的桥梁，1485年时尚未建造，因此守军可以充分利用峭壁进行守卫。龙达现在被称为老城的部分被坚固的城墙包围，城墙一直延伸到了峭壁的边缘。依靠奴隶建造的数百级石台阶，让城中人能够出城到河中取水，守军严密防守着这条道路，毕竟占据不远处岩壁的敌人很可能从这里通过。因此，人们认为龙达是坚不可摧的，这并不奇怪。

为了夺取龙达，费尔南多和伊莎贝尔有效利用了他们在火炮上的优势。开战之后，西班牙一直在积累火器方面的优势。[7] 自1482年起，火器便偶有使用，但数量仍远远不足。1484年，费尔南多在塞维利亚和科尔多瓦设立了王国军械厂，大批外来的火炮专家前来为他服务。一个数据足以说明火炮技术进步之迅速：1479年，西班牙君主治下只有4名火器技师，而1485年，已经有91人了。5月8日至22日，费尔南多国王的火炮从各个方向轰击龙达，而围攻龙达也几乎是欧洲战争史上第一次缜密考虑火炮的布置、射程以及打开缺口需要的弹药量。

围攻君士坦丁堡已经证明，15世纪的火炮想要取得战果，就必须要承担近距离布置火炮的风险。在龙达围攻战中，近距离炮火轰击成了特色，但更传统的攻城武器仍旧投入了使用。数以千计的士兵在云梯旁边等待着，因为即使火炮能够更快地打开缺口，城市依然需要士兵来登上废墟，并实质占据。火炮只是个开始，编年史作家如此描述对龙达的轰击：

猛烈的炮火轰击接连不断，以致摩尔人的哨兵几乎无法靠喊话交流。他们无法安眠，也不知道哪里需要支援，因为这边的城墙被火炮轰塌时，那边的房屋又被攻城机械和一种名为"quartao"的火炮摧毁，就算他们尝试修复被火炮轰塌的城墙，他们也不可能成功，因为接连不断的小型武器投射阻止他们进行修复，也杀死了城上所有露头的守军。[8]

"quartao"是一种大口径的短管炮。这一段记述清晰描述了在围攻战中，火器使用的两个方式，其一是使用火炮毁坏防御工事，其二则是使用火枪射击试图修复城墙的守军。这一战术在接下来的16世纪成了欧洲攻城战的惯例。

然而，在龙达围攻战中，决定性的一击却是来自投石机，落入城市中央的燃烧物引发了一场大火。与此同时，一批西班牙士兵以旧派的格斗方式，突入城下的峡谷，夺取了通向河流与水源的阶梯。不久之后，龙达守军便在敌人火炮与步兵的联合进攻下决定投降。1486 年 5 月，费尔南多国王返回洛哈，这个他曾经受辱的地方。洛哈遭受了一个星期的轰击之后，英勇的西班牙步兵最终攀上了火炮打开的缺口。

马拉加围攻战

在格拉纳达战役中，西班牙炮兵表现最出色的一战，是 1487 年的马拉加围城战。[9] 作为格拉纳达王国的主港，马拉加拥有一套雄伟的城防体系，其中相当一部分留存至今。山脚下的阿尔卡萨瓦（Alcazaba）可以充当堡垒，而沿山脊建造的两道城墙将这里与更加坚实的防御工事，即所谓的"希夫拉尔法罗城堡"（Gibralfaro），连接在了一起。

围攻马拉加之初，攻城者首先要依靠近战肉搏为炮兵夺取适宜的阵地。城堡的位置意味着火炮必须以高仰角射击，这对 15 世纪的火炮而言是极大的挑战。正因如此，1487 年夏季的战斗以争夺炮兵阵地为主。摩尔人守军同样使用火炮反击，这似乎有些出乎围城者的意料，随后双方为争夺希夫拉尔法罗进行了一系列炮战。摩尔人的火炮射程颇远，一发炮弹甚至击中了费尔南多显眼的营帐。西班牙人似乎很快耗尽了弹药，以至于要向西西里和佛兰德斯送信请求提供补给。格拉纳达战役中似乎没有使用铁炮弹，双方都完全依靠石弹。一个半世纪之前，为阿尔赫西拉斯（Algeciras）围城战时的投石机准备的石弹，如今再度派上了用场。[10]

双方的境况愈发艰难之时，摩尔人派出刺客来到西班牙人的营地。此人宣称自己有事要密报国王本人，而卫兵甚至没有搜身，便放他来到国王的营帐。见到一个衣着华贵的贵族，刺客以为他就是费尔南多国王，立即用匕首将他刺死。卫兵立即一拥而上将刺客杀死，他的尸体被切成几段，用投石机扔进城中，作为警告。守城者认出了他的遗骸，用丝线将尸体缝好，以英雄的方式下葬。作为报复，他们杀死了一名地位较高的俘虏，并将他的尸体绑在驴子上送往西班牙人的营地。而这似乎是投石机在西欧历史中最后一次被使用。

与此同时，围攻继续进行，挖掘地道的工兵、使用云梯的突击队与火炮配合行动。几乎伴随每一次长期围攻而来的饥饿也开始发挥威力，马拉加的居民只得杀死驮畜和狗，采摘树叶充饥。最终，火药，而非炮弹，完成了决定性的一击：工兵们把地道挖到了一座重要的塔楼之下，随后引爆埋在地道中的炸药，将塔楼炸塌。马拉加的居民认为大势已去，守军很可能也清楚这一点，随即派出代表前来请降。当几乎全城人都被卖为奴隶时，投降的人或许又要后悔没有死战到底了。

格拉纳达投降

失去马拉加之后，纳斯尔家族的政权已经到了生死存亡的关头。阿卜杜拉再度声称愿意向西班牙君主投降，只要自己能够就此成为卡斯蒂利亚的贵族，并统治他叔父控制的一些城镇。正因如此，1488 年之后的西班牙发动战争的主要目的变成了争夺这些城镇。巴萨（Baza）于 1489 年被攻破，埃米尔"英勇者"穆罕默德向两位西班牙君主投降，没有投奔那个令他厌恶的侄子。战争本当就此结束，但阿卜杜拉背弃誓言，决心守卫格拉纳达——这里成了他曾经的王国仅存的领土。[11]1490 年春，为了进行长时间围攻，西班牙军队开始建造一座新城，也就是所谓的圣菲（Santa Fe），作为他们的指挥部。这座城市采用网格状布局，仅仅依靠宏伟的外观就足以震慑格拉纳达城中之人了。

双方在格拉纳达城防处以及阿卜杜拉的最后据点——华美的阿尔罕布拉宫（Alhambra），进行了几番苦战。西班牙的火炮可以再度轰击，但阿卜杜拉已经没有胆量承受长期围困了。1491 年 11 月，双方达成协议，阿卜杜拉于 1492 年 1 月 2 日向费尔南多和伊莎贝尔献出格拉纳达。之后，西班牙人的旗帜与十字架，树立在了阿尔罕布拉宫最高的塔楼之上。（见彩图 5、6）

离去之时，最后一次回望阿尔罕布拉宫的阿卜杜拉泪流满面。传言，他的母亲斥责他道："因为你没有像男人一样战斗，如今只能像女人一样流泪。"随着这声"摩尔人的最后叹息"落下，漫长的再征服运动就此结束。

欧洲世界开始欢庆，他们相信夺取格拉纳达报复了君士坦丁堡的陷落，新时代将以全新的方式开始。[12] 四个月之后，就在围城的圣菲营地，西班牙国王最终同意克里斯托弗·哥伦布率领舰队出航，并就此发现一片全新的大陆，而在格拉纳达战役中血战 10 年的士兵，将前往那里继续征战。

打破方阵

　　1477 年瑞士长枪兵大败勃艮第公爵"大胆"查理，这为他们赢得了不可战胜的神话。虽说盛名之下其实难副，但瑞士人还是靠这个神话获益良多。一方面，他们让敌人畏惧，另一方面欧洲的君主不得不拿出大笔薪酬来雇用他们。

　　瑞士人希望展现出的形象，是一支锋芒毕露、势不可挡却又保持着组织的士兵，目标是以稳步坚定的进军摧毁面前的一切对手。对瑞士人而言不幸的是，那些雇用他们的人未必完全相信他们的神话，这些人不断寻找着他们的弱点，以便在与他们为敌之时击败他们。这是意志的较量，也是体力的战斗，一方拥有不可战胜的神话，另一方则决意找出击败这支强大却又刻板的军队的弱点，最终"打破方阵"。

长枪对决

　　密切关注勃艮第战争的人，能够注意到精密的机动并不是瑞士人取得成功的最重要因素。1499 年，在瑞士联邦北部与东部边境爆发的施瓦本（Swabia）战争，再度证明了这一点。这场战争的直接原因，是瑞士联邦拒绝神圣罗马帝国于 1495 年开始施行的征税，并最终宣布脱离神圣罗马帝国独立。在这场战争中，瑞士人被迫与他们的模仿者交战，因为神圣罗马帝国皇帝马克西米利安在帝国军队中组织了自己的超长枪部队，这就是著名的德意志雇佣军（landsknechts [1]）。这些使用超长枪的重装步兵，将在此后的 16 世纪战场上大放

---

　　① 译注：本意为"本地服兵役者"。

异彩。[1] 瑞士人的应对，则是重组了他们的枪阵，将长枪兵的比例增加到三分之二，减少军阵内部的长戟兵。在弗拉斯坦茨（Frastanz）之战中，身为师父的瑞士人教训了这群德意志徒弟，据说他们以伤亡11人的代价，杀伤3000人！

两支超长枪部队的交锋，是历史上首次枪阵对冲。当两支部队互相推挤向前时，个体的差异似乎完全消失了，直到双方阵线交叠爆发血腥而致命的格斗之后，战场才重现活力。胜利的一方必然要靠推挤来确定胜利，毕竟失败者只能把后背交给敌人的枪尖。在不需要进行枪阵对冲时，枪阵事实上可以发动冲锋。条件有利时，他们可以在平顺的地形上进行格外迅速的机动。在多尔纳赫（Dornach），迅捷的瑞士长枪兵突然出现在敌人的营地，帝国军队的火炮还没来得及开火就全部落入敌手。

随着《巴塞尔协议》的签署，施瓦本战争就此结束，瑞士联邦斩断了和神圣罗马帝国的所有联系。然而实现独立之后，松散的瑞士各州似乎就此失去了共同目标。瑞士人没有成为一方强权，而是以欧洲各国最受欢迎的雇佣兵身份进入16世纪，继续着其不可战胜的神话。

◎ 正在交手的两支超长枪部队

法国的瑞士雇佣军

法国国王查理八世，是瑞士长枪兵的早期雇主之一，他在 1494 年挺进意大利时雇用了他们。查理八世发动的那不勒斯远征（那不勒斯曾属于安茹王朝，因此查理认定自己有权统治这里），开启了一场长达半个多世纪的战争，法国、西班牙、瑞士、意大利和德意志的军队都被卷入其中。这场战争被人们称作"意大利战争"，因为主要发生在亚平宁半岛上。此后，随着事态的不断发展，这场战争事实上演变成了两个互相敌对的家族——哈布斯堡家族和瓦卢瓦家族之间的战争。军事方面，查理八世的进军使法国军队迎来了一个重要的发展时期。而意大利，则和近一个世纪之后的低地地区一样，成了欧洲军队技战术的试验场，步兵、炮兵和工事的各种新理念，都将在这里进行测试与验证。[2]

查理八世怀着浪漫的骑士精神，在安茹王朝和拜占庭帝国曾统治意大利这一前例的鼓舞下，向亚平宁半岛挺进。他的军队和他的理念有颇多相似之处，查理的部队既有盔明甲亮的骑士、长枪林立的瑞士雇佣军，也有一支前所未有的炮兵部队。[3] 这是一个世纪以来不曾有过的庞大军队，值得一提的是，他麾下有 1 万名公开违背瑞士当局管制雇佣军应征规定前来为他服务的瑞士雇佣兵。通常，瑞士雇佣兵依然以合同的方式为法国服役，但在 1494 年，他们以个人名义加入到法国大军。如此众多的应征者，足以说明这次远征的声势是何等浩大。

在如此规模的军队支持下，查理八世相信自己将所向披靡。此外，法国此时和萨伏依与米兰的统治家族保持着良好关系，并且查理明智地与西班牙的君主费尔南多和伊莎贝尔签署协议，稳固了后方。不过签署这一协议也付出了可观的代价，查理八世将法国在比利牛斯山脉控制的地区全部出让，但他显然觉得物有所值。至于意大利小城邦和教皇国，查理的轻蔑显而易见，法军迅速抵达那不勒斯的事实，似乎也能说明，他的宏大计划与乐观情绪是理所应当的。

莫尔达诺（Mordano），作为阻挡法军的少数几座堡垒之一，陷落之后惨遭屠城——瑞士雇佣军也参与其中。随着这个消息向南扩散，畏惧的意大利众邦国没有多做抵抗便让法国人顺利通过亚平宁半岛进军那不勒斯。当法军抵达那不勒斯的首府时，那不勒斯国王费迪南已逃往西西里。查理就此成了除少数小据点之外，整个那不勒斯王国无可非议的统治者。虽然费迪南的统治不受欢迎，但当查理将土地赏赐给他的追随者，并允许雇佣军四处劫掠时，之前支持他的居民纷纷开始反对他。

福尔诺沃之战

　　一场风暴正在北方酝酿。阿拉贡的费尔南多（西班牙国王）、威尼斯共和国、米兰公国与教皇亚历山大六世约定结成威尼斯同盟。查理胜利进军那不勒斯一个月之后的 1495 年 3 月，联盟协议最终签署，威尼斯同盟正式成立。由于联军拥有规模可观的海军力量，在其展开行动后，大获全胜的法国国王无法从陆路或海路安然返回本土。查理只能选择强行突破，他将少量部队留在那不勒斯，开始通过转变为敌对势力的地区撤退。联军起初试图在罗马截击他，然而应教皇的请求，他们决定改变计划，在亚平宁山地展开决战。联军总指挥曼托瓦（Mantua）侯爵，不仅想要阻拦法国人，还想要将他们全歼。他计划放法军通过亚平宁山脉，让他们在塔拉河（Taro）河谷进入伦巴第，希望在这里能够尽可能发挥联军的机动作战能力。曼托瓦策划法军通过山口的另一个原因是，他希望借此迫使对方放弃火炮。然而未曾料到的是，在北上期间，由于法军中的瑞士雇佣兵违背命令劫掠了一座城镇，查理八世要求他们人力将大炮驮运过驮畜无法通过的山口，以此作为处罚。

　　曼托瓦侯爵在小村福尔诺沃（Fornovo）以北两英里处设下埋伏。他清楚法军会在塔拉河西岸以纵队向北进军，那里河水较浅、河床坚实，他可以率部涉水过河，袭击对方的侧翼。他计划，先以火炮轰击法军，而后各支骑兵部队渡河发起进攻。意大利军队中，全身披甲的骑士数量与装备更轻的部队人数几乎相当，后者包括骑马弓箭手和 600 名巴尔干雇佣骑兵（stradiots）[①]。这些主要由阿尔巴尼亚人组成的轻骑兵颇有威名，是威尼斯人从巴尔干半岛征募来的。按照一如既往的鼓励政策，巴尔干雇佣骑兵每带回一个法国人的头颅就能换取一个杜卡特金币，而事实上，至少有一名巴尔干雇佣骑兵杀良冒功，砍下当地一名神父的头颅索取报酬。

---

　　① 译注："stradiots"一说源自希腊语的"士兵"，一说源自意大利语的"旅行者"。

涉水通过塔拉河远没有联军预计的那么顺利，当等待已久的他们终于要和法军接触时，前一天夜间的恶劣天气导致水面迅速上涨，将之前坚实的河床冲松了。谨慎安排侦察的查理八世，早已得知联军设伏的消息，因此他安排了特定的行军阵形，只要下令"右转"，就能立即结成战线。这样简单的机动动作，对军队的核心——瑞士长枪兵而言，可谓易如反掌。事实也确实如此，当曼托瓦侯爵开炮——他的炮兵造成的杀伤极小，并下令部队冲过涨水的河流时，他的敌人几乎不曾慌乱。联军与法军的交锋以灾难收场，不到一刻钟他们便被彻底击溃。巴尔干雇佣骑兵冲到法国国王的辎重车辆附近，算是对联军的一个小小的宽慰；但当米兰骑士与法国骑士交锋时，他们心生畏惧，崩溃逃走。与此同时，瑞士长枪兵依靠如同豪猪刺一般的阵列击退了联军骑兵的全部进攻，并进一步摧垮了米兰步兵。米兰人的损失高得可怕，整个联军阵亡人数是法军的17倍。传统的重装骑士与坚实的瑞士长枪兵，都是战争的胜利者，这也证明了这两种部队可以联合行动。[4] 瑞士长枪兵因为这一战获得了格外多的赞誉，当查理八世终于在 7 月抵达皮埃蒙特（Piedmont）的安全之地时，他发现自己的叔父被困在了诺瓦拉（Novara）。查理的撤退部队损耗甚大，无法直接支援，因此他派麾下一名将军前去雇用 5000 名瑞士长枪兵，为法国服务。这一次，征兵官的任务完成得很轻松，瑞士城邦中有 2 万人前来应征，占了瑞士联邦全部男性人口的五分之一！

没有军饷，就没有瑞士兵！

查理八世安然撤出意大利所产生的震动，不亚于他之前势不可挡的进军，失败者很快开始反思。[5] 在马基雅维利看来，两度受辱的原因是意大利城邦过度依赖他们的城邦雇佣军（condottieri）体系。当然，这个说法忽视了一个重要事实：胜利的法军部队的核心，正是欧洲最知名的一支雇佣军——瑞士长枪兵。查理八世在逝世前一年，创立了一支由瑞士人组成的常规部队，作为他的私人卫队。这支部队最终发展成了"瑞士百人卫队"（Compagnie des Cent Suisses），为法国君主服役到 1791 年。

法军在福尔诺沃之役中可谓大获全胜，然而这是在撤退途中取得的胜利，查理轻率的大举入侵却几乎没有取得什么战果。因此不久之后，法军便再度出征意大利。当查理于 1498 年逝世后，他的继任者路易十二再度宣称法国拥有对那不勒斯和米兰公爵领的主权，入侵亚平宁半岛。法国入侵部队包括 12000名瑞士雇佣兵，他们轻而易举地从卢多维科·斯福尔扎（Ludovico Sforza）的手中夺走了米兰。然而路易此后无法足额支付薪酬，6000 名瑞士雇佣兵在附近的诺瓦拉倒戈，许诺为斯福尔扎夺回米兰。

支持斯福尔扎的瑞士雇佣兵随即被法军围困在诺瓦拉城中，围城部队包括仍留在法军之中的瑞士雇佣兵。瑞士人自相残杀的悲剧随时可能上演，而瑞士联邦的雇佣军法律就是为了阻止这一情况而制定的。最终，双方靠着谈判避免了开战，不过斯福尔扎溜出城的计划被一名瑞士军官出卖给了法国人换取报酬。整体而言，这次军事行动意义索然，瑞士人没有得到展现武力的机会，反而得到了此后屡屡用于讥讽他们的一句话："没有军饷就没有瑞士兵。"这个说法有些不公平，因为经常出现雇主没有遵守协议支付他们佣金的情况。比如 1507 年，瑞士人就正式撤出了在法军之中的全部部队，因为他们没有得到薪酬。

路易十二在夺取米兰之后，靠着外交手段而非战争达成了其他目的。西班牙君主抛弃了他在那不勒斯的族兄弟，帮了路易的忙。那不勒斯国王费迪南结束了在法国条件优渥的软禁生活，法国和西班牙瓜分了他的领土。然而各取所需的分割并没能维持多久，两支久经沙场的部队——在格拉纳达锻炼出来的西班牙军队与几乎来到过周边每一处战场的瑞士雇佣军，即将一决高下。

"伟大指挥官"

西班牙与法国及其瑞士雇佣军争夺南意大利的战争，由"伟大指挥官"贡萨洛·费尔南德斯·德·科尔多瓦（见彩图 7）全权负责。他和他的许多战友一样，在格拉纳达战役中崭露头角，以擅长进攻著称。在围攻蒙特弗里奥（Montefrio）时，他在背后绑了一面步兵盾，戴上一顶大头盔，率先登上云梯。在塔哈拉（Tajara），他用覆盖软木的门板遮蔽攻城部队前进。这一系列的成功使他逐渐被重用，负责指挥每一次进攻，威望与日俱增。[6]

他第一次在意大利作战，是在 1495 年的塞米纳拉（Seminara）之战中，但这一战没有给他留下什么美好的回忆。他率领 600 名骑兵和 15000 名步兵，从西班牙来到卡拉布里亚。作为西班牙军队核心的骑兵部队，包括 100 名重甲骑士，余下的则是轻装的标枪骑兵。标枪骑兵是西班牙特有的部队，他们使用标枪投掷敌人，而非骑枪，不过在近战中，他们也使用剑和心形盾牌。至于步兵，则由剑盾手、弓箭手和少量火枪手混编而成。在塞米纳拉之战中，法兰西骑士把西班牙标枪骑兵赶出了战场，瑞士长枪阵则击垮了科尔多瓦的步兵军阵。惨败的科尔多瓦打了一段时间的游击战，之后集中精力开始改革西班牙军队。于是当路易十二来到意大利时，他面对的西班牙军队已经大不相同了。科尔多瓦的明智，在 1502 年的巴莱塔（Barletta）之战中得到了体现，此时他有了自己的超长枪部队，但依然保留剑盾部队，并利用他们来克制死板的瑞士长枪阵。剑盾部队被布置在西班牙长枪阵的后方，当长枪阵和敌人发生接触后，他们再挤进枪杆之中，杀伤敌人。[7]

就这样，一个打破方阵的办法诞生了。次年，科尔多瓦再度在战斗中击溃长枪兵，同时也歼灭了骑士部队。在 1503 年的切里尼奥拉（Cerignola）之战中，他面对的是身披重甲、擅长以凶悍的正面冲锋摧垮敌阵的法兰西骑士。科尔多瓦拥有地利，因此他主动安排防御，挖掘壕沟、安装尖桩，将布置在前方的 2000 名火枪手排成四排。数量有限的西班牙骑士位于后方，标枪骑兵负责袭扰法军，撩拨他们主动冲击科尔多瓦精心准备的阵地。标枪骑兵出色地完成了任务，没有派兵侦察的法军没能发现壕沟。法国骑士发动冲锋，却在西班牙人的阵线面前被阻滞住，在火枪兵的射击之下陷入混乱。他们的指挥官，内穆尔公爵（Duc de Nemours），被枪弹所杀。尽管骑士陷入混乱，法军步兵依然在瑞士长枪兵的引领下发动冲锋。这时壕沟再度起效，打乱了此前无人可挡的瑞士长枪阵，接着西班牙火枪部队发威，大量杀伤了出现在他们面前的部队。[8]

见敌人受困，科尔多瓦命令西班牙骑士从两翼发动进攻。法军开始撤退，西班牙标枪骑兵随即展开追击。意大利城邦雇佣兵法布里齐奥·科隆纳（Fabrizio Colonna）当天为科尔多瓦而战，但他有些轻蔑地宣称，西班牙人并不是靠出色的战术或利用新式武器赢得切里尼奥拉之战的，而是靠"一道小沟和矮土墙"。这个说法虽然明智，却也怀有恶意，毕竟科隆纳是个彻头彻尾的骑士。[9]

事实上，切里尼奥拉的壕沟和尖桩，与阿金库尔的拒马桩并没有本质差异。科尔多瓦使用弓箭手而非火枪兵，同样有可能完成这一任务，尽管火枪发射时的声音与产生的浓烟，或许增加了齐射的威慑力。这种战术，未来将得到军官们的进一步开发。[10] 除了火枪之外，科尔多瓦还拥有威力更大的火炮，然而战前火药爆炸损坏了这些重武器，只能靠火枪手担负重任了。通常认为，切里尼奥拉之战的重要意义，在于首次应用击败骑士的新手段。不过，通过迫使瑞士长枪兵在壕沟和破碎的地形前进，从而打乱他们的阵形，同样意义重大。然而这些战术得以成功施展的前提条件，是对方指挥官缺乏经验或鲁莽愚蠢，无视预设阵地贸然进攻。不过随便翻阅一下世界军事史就可以发现，这样的无能将军比比皆是。

加里利亚诺河之战

科尔多瓦下一次战胜法军时，情况颇为不同。切里尼奥拉之战后，溃败的法军一路撤退，当路易十二仓促召集援军抵达战场时，法军残部已经被西班牙军队困在了加埃塔（Gaeta）城堡。科尔多瓦出兵迎战法军解围部队，两军隔着涨水的加里利亚诺河（Garigliano）对峙。冬季的降雨让河边的草地泥泞难行，法军试图使用浮桥渡河。科尔多瓦等到敌人拥挤在浮桥上时发动了反击。法军指挥官，兵败福尔诺沃的曼托瓦侯爵，试图使用溜出加埃塔港口的船只运载部队渡河，这一次他成功了。然而，西班牙人尽管被迫撤退，但法军依然因为恶劣的天气无法扩大战果。曼托瓦侯爵随即开始布置己方的防御工事，他将加里利亚诺地区变成了类似第一次世界大战战场的模样，两军在泥泞的壕沟之中对峙。

双方在寒冷潮湿的天气中僵持着，直到圣诞节结束之后，科尔多瓦才再度开始行动。1503 年 12 月 27 日，他在法军阵地上游几英里处使用预制构件组建浮桥。标枪骑兵率先过河，其余部队随后跟上，大军迅速沿河而下，让包括瑞士雇佣兵在内的法军根本来不及布置军阵，只得退往加埃塔。法军凭借着出色的纪律重新集结，并在加埃塔依靠一座桥梁据守。最终西班牙人以数量优势强行闯了过去，他们的骑兵再度开始制造屠戮与破坏。法军提出以放他们平安离去为条件献出加埃塔，科尔多瓦欣然同意。他或许已经意识到，即使自己许诺不袭击撤退的法国人，之前在法军进军时遭受掠夺的城镇居民依然可以代劳。事实也确实如此，当法军残部抵达阿尔卑斯山时已经人困马乏。疲惫不堪了。

加里利亚诺河之战也成了贡萨洛·德·科尔多瓦的最后一战。这之后，他成为那不勒斯总督。在任四年之后，科尔多瓦返回西班牙，获得了英雄应有的欢迎。科尔多瓦于1515年去世，那时战场上的新发展已经开始打破他的革新。其他西班牙军官则继续他的脚步，建立起西班牙人勇猛善战、不可战胜的神话，最终与瑞士人平分秋色。

拉文纳之战

切里尼奥拉之战和加里利亚诺河之战，事实上终结了法国对那不勒斯的图谋。在16世纪余下的时间里，法国君主大多安于争夺米兰公爵领。然而在1508年，由受益最多的法国主导的康布雷同盟（旨在对抗威尼斯）瓦解之后，法国在其他方向上拓展在意大利的势力的尝试，带来了几次值得记载的战斗。这个时候，法国国王路易十二曾经的盟友选择了与威尼斯联合，结成所谓的"神圣同盟"，与他为敌。

同时，法军发生了一个重大变故：瑞士人因为路易十二未能支付薪酬，自1507年开始暂时与他为敌。路易十二只得雇用德意志雇佣兵，以此代替瑞士雇佣兵作为超长枪部队。瑞士人则加入了神圣同盟。在接下来的5年之中，除了教廷雇用的6000瑞士雇佣兵之外，余下的瑞士人并非以雇佣兵身份作战，而是作为瑞士联邦的士兵参战。这是决定瑞士人命运的时刻。然而，接下来一次打破方阵的战例，并没有发生在瑞士人身上，而是发生在德意志雇佣军身上。

1512年，路易十二没有在米兰集结部队固守，防备神圣同盟的进攻，而是决定主动进攻。法国在意大利的指挥官是年轻的加斯东·德·富瓦（Gaston de Foix，见彩图8），他率部攻破布雷西亚（Brescia），而后进军拉文纳（Ravenna）——敌军手中最重要的城市。在费拉拉（Ferrara）公爵的火炮支援下，攻城者在城墙上打开了缺口。然而在发动总攻之前，加斯东先要迎战前来支援的西班牙军队。西班牙人挖掘了防御壕沟，等待着法军的进攻。西班牙人的阵地易守难攻，一边是河流，另一边是泥沼，然而加斯东毅然决定要靠正面进攻击败他们。[11]

事实上，这并没有看上去那么疯狂，因为加斯东准备复制切里尼奥拉之战的战术。依靠数量充足的火炮，他可以摧毁西班牙人的阵地，留下适宜进军的平地。法军的火炮通过一座浮桥运来，而大部分法军部队涉水过河占据阵地。随后法军开始炮击，然而炮战并没有加斯东预料的那样顺利，因为西班牙人也开炮还击。法军的火炮轰击西班牙的骑士，西班牙的火炮则大量杀伤法军的步兵。法军的一个优势就是拥有更大的回旋空间，两门炮被运过浮桥后，在河对岸从另一个方向射击西班牙人。在此战中被俘的法布里齐奥·科隆纳，写道：这两门炮向密集布置的西班牙骑士抵近射击，成了这一战的转折点。据说一颗炮弹就击杀了 33 名骑士，这样的损失让西班牙人坚信，他们必须不惜一切代价以死相拼，而不是等着被铁球打成肉酱。[12] 以全新的战争模式开始的拉文纳之战，随后转为传统的骑士挺枪对冲。

　　与此同时，法军之中的德意志雇佣军也开始前进，然而他们被壕沟拖住了，西班牙的剑盾手从他们的枪尖之下杀出，展开了一场混战。尽管法军随后取得了胜利，却也依然付出了惨重的代价，连指挥官加斯东都阵亡了。至于溃败的西班牙军队，则几乎被全歼。拉文纳之战是 16 世纪最血腥的战争之一，它展示了火炮与骑兵部队灵活配合时的威力。[13]

诺瓦拉之战

　　直到 1513 年的诺瓦拉之战爆发，瑞士军队才重新踏上战场。这次，他们首次成为法军的敌人。当年 6 月，路易十二返回意大利，意图收复米兰。这个举动并不明智，因为英格兰国王亨利八世和神圣罗马帝国皇帝马克西米利安正在秣马厉兵（最终入侵了法国本土），但和威尼斯签署协议的路易十二依然决定冒险。仍留在意大利为神圣同盟服役的瑞士部队向诺瓦拉撤退，法军随即赶来，意图抢在更多瑞士部队抵达之前夺取这里。瑞士人抵达后，猜出了法军的计策，认定他们在进攻之前要进行休整。切里尼奥拉的壕沟让瑞士人明白一点：他们必须要在法军挖掘壕沟之前，突袭法军的营地。于是瑞士长枪兵以惯常的风格发动了冲锋，他们的宿敌德意志雇佣军被他们击溃。瑞士人顶着火炮与火枪勇往直前，用枪阵肃清了面前的一切敌人。最终，瑞士人大获全胜，而法军在诺瓦拉的指挥官和之前切里尼奥拉之战的指挥官一样疏忽大意，只是方式却恰恰相反，一个是无视工事贸然冲锋，另一个则是忽略了建造工事的重要性。

法军在 1513 年的惨败还带来了另一个结果，这将在下文具体叙述，此处仅需要指出的是，在诺瓦拉战败之后，路易十二正式放弃了对米兰和那不勒斯的主权宣称，欧洲或许将就此归于平静。和平也确实持续了一年，然而当路易十二逝世后，他的继任者弗朗索瓦一世展现出了远超前两位法国君主的野心，他觊觎太阳之下的每一块土地。

马里尼亚诺的逆转

诺瓦拉之战成了瑞士长枪兵使用传统战术赢得的最后一次大胜，因为两年后法国的新国王遭遇瑞士枪阵时，结果将大为不同。弗朗索瓦一世生于 1494 年，正是在那一年，查理八世入侵意大利，一路所向披靡。当年轻的弗朗索瓦于 1515 年即位时，他发誓要收复先人得而复失的全部领土，首先被他列为目标的就是北意大利最富裕的地区——米兰公爵领。于是，法军 20 年间第四次入侵意大利。

弗朗索瓦一世翻越阿尔卑斯山的行动，让同时代的人印象深刻，特别是这次终于有部队前去阻拦他了。抵御他的是已经与他敌对的瑞士人，但弗朗索瓦通过人迹罕至的马达莱纳山口（Colle Madalena），避开了他们。这一策略让静待法军的对方指挥官，普罗斯佩罗·科隆纳（Prospero Colonna）大为惊骇。得知法军通过阿尔卑斯山的消息后，他不禁发问："他们长翅膀了吗？"当天晚餐时分，这些"飞来"的法军，在侠义骑士巴亚尔（Bayard）的率领下对科隆纳的部队发起了进攻。

入侵军队第一次遭到值得一提的

◎ 法国国王弗朗索瓦一世，他是 1515 年马里尼亚诺之战的胜利者，却在 1525 年的帕维亚之战中被俘

49

抵抗，是在米兰近郊的小村马里尼亚诺（Marignano，见彩图9）。曾经为法国服役的瑞士长枪兵挡住了法军的去路，于是法国人只好派出德意志雇佣军，双方的交锋又一次变成了枪阵对冲。尽管遭受火枪射击，瑞士人依然占了上风，逐渐将法军的阵线向后挤压。血战直到午夜时分才停止，疲惫不堪的士兵们原地躺倒睡下，而法国国王甚至要到躺满尸体的壕沟中去饮水。

弗朗索瓦一世拥有强大的野战炮，而火炮与超长枪的组合最终战胜了单纯的长枪。弗朗索瓦的安排是：骑士轮番冲锋，在骑士冲锋的间隙，使用火器射击敌人。骑士们的英勇本身效果索然，却迫使瑞士长枪兵停止前进，原地据守，这给火器提供了发挥空间。[14] 早在拉文纳之战时，这两支部队就进行过配合，尽管方式有所不同。当弗朗索瓦的威尼斯盟军抵达战场后，胜利已经在向他招手了。瑞士人保持了严整的撤退队形，然而在这一战中，瑞士联邦有12000人阵亡。参战的一名瑞士老兵感叹道："这不是人与人的战斗，是残忍的野兽间的战斗。"瑞士长枪阵，以及有关长枪阵的神话，就此崩溃。

马里尼亚诺的胜利让弗朗索瓦一世成为英雄，法国国王所期望的一切，对他而言几乎是唾手可得，甚至连神圣罗马帝国的皇位也因马克西米利安在几个月后逝世而空缺。按照旧习俗，任何神圣罗马帝国皇帝都要通过选举继承，而非任命。另一个旧习俗，则是负责投票的选帝侯们向来乐于接受贿金。起初有三位候选人。其一是英格兰国王亨利八世，他在得知需要的贿赂金额之后便悄然放弃了。截然相反的是，欧洲的新英雄弗朗索瓦一世欣然出钱贿赂选帝侯们。然而，第三位候选人的贿赂更为成功，弗朗索瓦绝不肯原谅他。

这位慷慨的解囊者是哈布斯堡家族的查理（见彩图10），他出生在勃艮第，是西班牙君主费尔南多的外孙，神圣罗马帝国皇帝马克西米利安的孙子。他声称自己对战马说德语，对官员说法语，对上苍说西班牙语。他继承了"大胆"查理丢失的领土。1516年，他的外祖父，西班牙国王费尔南多逝世之后，这个16岁的年轻人统治的土地，甚至足以让罗马帝国的"奥古斯都"都感到荣耀。他的领土包括西班牙、意大利、德意志、奥地利和低地，并且还在神秘的新大陆拥有许多殖民地。然而对查理而言不幸的是，领土广大、政治上不友好的法国，阻止了他将领土连成一个整体。即使成为神圣罗马帝国皇帝，查理五世依然不肯接受这个令他不快的事实。

比科卡受辱

查理五世即位成为神圣罗马帝国皇帝后，意大利战争就成了哈布斯堡王朝与瓦卢瓦王朝之间的战争。不久之后，欧洲将再度发生枪阵对冲。

在马里尼亚诺战败的瑞士长枪兵并没有就此崩溃，真正的灾难直到1522年的比科卡（Bicocca）之战才降临到他们身上，那时瑞士人正为法国服役。瑞士人之所以再次服务于法国军队，是因为弗朗索瓦一世和瑞士联邦签署了新的协议。同时，他们也许诺不会对神圣罗马帝国皇帝宣战。这显然是自相矛盾的，当法国与查理五世开战时，瑞士人就必然要与皇帝的部队作战了。

比科卡之战是在米兰附近展开的。1521—1522年的冬季，神圣罗马帝国军队的指挥官普罗斯佩罗·科隆纳躲避法军，拒绝决战。1522年4月，这场猫捉老鼠的游戏终于即将结束，尽管方式有些出乎意料：双方交战前，法军中的2万瑞士雇佣兵因为拖欠军饷而濒于哗变。当法军在比科卡，一个筑垒的乡村别墅遭遇科隆纳时，瑞士人向法军军官洛特雷克（Lautrec）发出了最后通牒：要么在次日开战，让瑞士士兵得到用掠夺代替军饷的机会，要么他们就地解散返乡。

科隆纳按照惯例，设置了良好的防御阵地，其驻防的别墅前方是一道沿着凹陷的道路建造的防御墙，火枪手被布置在防御墙后方。洛特雷克清楚对方建筑了防御工事，见帝国一方的军队拥有大批德意志雇佣兵，他决定谨慎进攻，先用法国的炮火打破敌人的守备。然而瑞士雇佣兵急于求战。4月27日，瑞士人无视了要求他们等待炮兵完成杀戮任务的指令，结成两个各约4000人的枪阵，径直冲向敌方的预设阵地。两个枪阵冲进了开阔地，毫不掩饰地想要率先与德意志雇佣军接战。然而抵达凹陷的道路时，瑞士人已经付出了伤亡上千人的代价。在这里，因为对面的火炮无法射击这片洼地，瑞士人总算免于遭受炮火轰击，不过他们依然要面对敌人的火枪。冲在最前方那些领取双薪的瑞士勇士（指挥官向来遵守支付双薪的诺言，但只给活下来的人）一如既往的英勇，然而在冲出凹陷的道路时，他们纷纷被枪弹击倒。瑞士人开始向防御墙攀爬，然而墙体高度甚至超过了他们超长枪的长度。当瑞士人最终决定撤退时，防御墙下方留下了3000多具尸体。[15]

瑞士人在比科卡之战中的作战方式，与此前二十几年里他们学到的东西截然相反。瑞士长枪阵的神话随着这场屈辱的失败最终终结。在接下来一段时间里，他们在战场上的表现常常被记述者所忽略。而在 16 世纪最重要的一战——帕维亚之战中，瑞士长枪兵几乎没有发挥什么作用，其表现甚至可以忽略不计（见彩图 11）。

1525 年在帕维亚，弗朗索瓦一世亲率法军围攻城中驻守的神圣罗马帝国军队。而另一边，前来援救的部队则堵住了法军的退路。一支西班牙部队在一个浓雾笼罩的清晨突破了法军的防线，法军随即发起反攻，双方在能见度极低的战场上开始混战。两军都未能利用预设阵地，士兵们在他们能找到的任何掩体下作战——可能是墙壁也可能是灌木丛，抑或被迫在开阔地坚持作战。多以小队为单位作战的西班牙火枪手，大量杀伤了法军的骑士和瑞士长枪兵。在这一战中，瑞士人怪异地拒绝进攻，或许是因为比科卡的战败历历在目。不过，法国国王的"瑞士百人卫队"坚持到了最后一人，护卫弗朗索瓦一世直到最后一刻。然而，他们曾经的方阵无坚不摧，如今却只剩下战败和后退了。比科卡之战宣告了一个时代的结束，而帕维亚的浓雾，阴郁地确认了这一点。

弗朗索瓦一世获释归国之后，便开始改革法军。他将军队重组为"军团"，这个源自古典时代的名词很快在文艺复兴时期流行开来。军团之中包括超长枪兵和火枪兵，组织方式与更著名的"西班牙大方阵"（tercios of Spain）类似。西班牙人的大方阵，也就是"tercios"（原意为"三"），最早出现于 1534 年，这一命名源自中世纪将部队分为前军、中军和后军的三分法。理论上，西班牙大方阵包括 3000 人，而且只有超长枪兵和火枪手，完全没有剑盾手。其中，超长枪兵的数量明显多于火枪手。显赫的法军指挥官与军事典籍作者，弗朗索瓦·德·拉·努埃（François de la Noue），对这样的混编部队颇为赞赏，并热忱地记载了查理五世的 4000 步兵如何以极小的损失击退近 2 万摩尔骑兵。[16]西班牙大方阵将火枪兵布置在四角处，即所谓的"袖部"，它依然是一种超长枪兵与火枪手笨拙而低效的组合方式。大方阵内侧的士兵对战局胜负的影响意义索然，且射击时的火力也严重受限。[17]

瑞士枪阵的复兴

瑞士人花了 20 年才恢复旧日威名。1544 年，瑞士长枪兵在切雷索莱（Ceresole）之战中大出风头，为了这一刻他们进行了相当大的改变与重组。其中最重要的变化，就是将火枪手和超长枪兵混编在新的瑞士长枪阵中。这个任务并非易事，因为在两军接战前，得有一位"大侍从"来安排军阵布置，而这名军官必须有一定的数学基础，也足够了解实际战术。这样的军事体系，在之后的法国军团和西班牙大方阵中几乎成了惯例，但在切雷索莱，这一战术仍处于试验阶段。

在这一战中幸存下来并留下回忆录的布莱斯·德·蒙吕克（Blaise de Monluc），描述了他如何在第一排与第二排超长枪兵之间布置一排火枪手。火枪手直到第一排长枪兵与敌人接战时才开火，杀伤力相当明显。但布莱斯也悲哀地指出，敌人以同样的方式作战。不难想象，布莱斯笔下的切雷索莱之战成了"大屠杀"：首先是双方火枪手对射，而后是瑞士雇佣军和德意志雇佣军展开枪阵对冲。最终，身披重甲的法兰西骑士对敌军侧翼的冲击奠定了胜利。

在切雷索莱，瑞士人恢复了名誉。法军布置了两支瑞士雇佣军，其中缺乏经验的部队位于左翼，老兵组成的军阵位于右翼。由于受切雷索莱地形限制，两个翼侧的部队无法看到对方，因此当缺乏经验的左翼部队崩溃时，右翼部队的军心未受任何影响，在经典的枪阵对冲中击败了德意志雇佣军。德意志雇佣军翻越了一座小山去找瑞士人作战，结果他们在泥泞的河谷中打乱了阵形，火枪也无法有效射击。瑞士人则不再鲁莽进攻，开始谨慎作战。他们使用了前所未有的卧倒动作，让神圣罗马帝国军队的枪弹与炮弹从头顶飞过。直到德意志雇佣军距离他们30步远时，他们才站起冲锋，并大获全胜。随后，这支部署在右翼的瑞士雇佣军进行了重组，前去支援他们左翼败退的战友们。[18]

瑞士枪阵无坚不摧的旧日形象——靠着稳步前进来摧毁面前的一切，在比科卡之战终结了。他们在切雷索莱之战的胜利，是靠耐心与纪律赢得的。同时，这一战的胜利，也向欧洲的君主们证明，瑞士长枪阵依然可以作为防御阵形使用，在庇护自己的同时，也庇护军阵中那些取代戟兵的火枪手们。在16世纪余下的时光之中，瑞士雇佣兵在各个战场上担负起了这一任务。瑞士人不可战胜的神话虽然在比科卡破灭，但他们愿意从失败中吸取教训，再度发展成一支新式军队。

攻城战试验场

　　火器时代之前，城堡需要担忧的不过是经过一番抛物线计算之后，用投石机投向城墙的石弹。这些石弹杀伤力相当可观，1291 年的阿克里围城战证明了这一点，但相比之下，火炮可以以更低的抛物线、更合适的角度轰击中世纪的城墙。然而，15 世纪初的火炮使用的火药，只是弹丸重量的十三分之一，以免炸膛。以亨利五世对阿夫勒尔（Harfleur）的围攻为例，炮轰持续了三个月，却依然没能轰塌城墙，只能等待守军因为缺粮而投降。不过在这之后，火药的比例可以增加到弹丸重量的二分之一，极大地增加了火炮的威力。当法军在 1449 年争夺阿夫勒尔时，依靠火炮主攻仅仅花了 16 天，而非亨利时的三个月。此前杀伤力与火炮不相上下的投石机，就此失去了价值。[1]

　　其他夺取中世纪城堡的主要方式，还包括使用云梯攀登塔楼，不过守军可以轻易应对这一进攻。高耸的幕墙，配上角落处更高的塔楼，意味着云梯必须高到不合理的地步。而在塔楼下方布置土斜坡，则可起到遏制云梯的效果。高耸的城墙让城上的守军难以被攻城者的箭矢杀伤，并且可以在塔楼和城墙上布置木质的投射平台。突出城头，用于掷石的城堞，提供了垂直杀伤敌人的便捷手段，而如果塔楼下面存在土斜坡，从城堞投掷的石块还会向水平方向弹起，产生更恐怖的杀伤力。总而言之，斜坡、幕墙和塔楼，这些在意大利的蒙塔尼亚纳（Montagnana）、马拉加的希夫拉尔法罗城堡以及坚实的君士坦丁堡的防御体系中应用到的设施，是火药出现之前中世纪领主最有效的防御手段。[2]

　　与此同时，火炮也在不断发展，以便更高效地投射威力更大的弹药。从某种意义上来讲，这场意志之战从未停止过，如今不过是使用更"智能"的武器，来对付更坚实的工事。但在文艺复兴时期，我们必须看到这场永恒的竞争正以其最激烈的方式进行着。然而，必须要指出的是，火炮与城堡建筑方面的发展，欧洲各地的情况差异甚大，因此到 17 世纪中期时，仍有围攻"过时"的中世纪城堡的情况。

查理八世的火炮

1494 年法国国王查理八世入侵意大利，是攻城炮发展史上的一个重要事件。[3] 如前一章所说，他携带了一批新式火炮。值得注意的是，这些武器易于运输，远没有遭遇此前运输攻城炮时的艰难。在这一战中，火炮全程与部队一同行动，甚至在通过奇萨山口（Cisa）时受罚的瑞士雇佣兵仍背着火炮行动。一些城镇见到火炮之后便立即投降了。佛罗伦萨的弗朗切斯科·圭恰迪尼（Francesco Guicciardini）对此大为震惊，他记录下了 1494 年之前的战争与查理八世开创的新时代的差异：

法国人带来了更易于使用的铜炮，即所谓的"加农炮"。他们使用沉重的铁炮弹，其体积远比此前的石弹小。驮运火炮的是马匹而非牛，这是意大利的习俗。[4]

他在最后写了一段或许有所夸大，却在不久之后成为事实的话：

……仅仅几个小时就完成了此前意大利需要几天才能完成的杀戮。这是恶魔而非人类的武器，它们不仅能在攻城战中使用，也应用于野战，可以和更小的火炮一同使用。这些火炮让查理的军队在全意大利称雄。[5]

有必要指出一点，查理八世确实拥有全欧洲最先进的火炮，却远非"火炮时代"的开创者。此时攻城炮依然体积庞大、行动缓慢、数量有限，这种情况直到几十年之后的 16 世纪晚期才有所改观。尽管在体积、数量和机动性上受限，火炮依然应用于军队之中。君士坦丁堡围城战和马拉加攻城战，因使用最先进的攻城武器轰击旧式的军事建筑而颇具戏剧效果。但到了 15 世纪晚期，守城者试图以新式的防御工事来面对这一新挑战。

早期的应对方式之一是在城墙后方堆土，使城墙更厚，这样做能更有效地吸收炮弹的能量。一些中世纪的塔楼，甚至被直接堆满了土。然而这存在一个严重的缺点，如果敌人集中轰击一个区域，崩落到城壕中的土石将为进攻者提供理想的斜坡。守城者需要的塔楼不但要足够厚实、耐受冲击，还要足够稳固。建筑者尝试了一些新奇的方案，比如 1472 年时的伊莫拉（Imola），其原本的中世纪方形塔楼被新的圆形塔楼所包裹，以稳固的"罗卡"（rocca）风格（见彩图 12）代替原来的结构。在新塔楼之中，人们甚至可以绕行旧塔楼一周。

　　其实，新堡垒与旧堡垒最显著的区别，是防御炮的应用与部署。火炮的使用，可以说是高耸狭窄的中世纪塔楼被坚实的"罗卡"塔楼取代的最主要原因。设计者首先需要考虑的是基座的强度。1453 年的君士坦丁堡守城部队早已发现，城上射击火炮对旧式中世纪城墙造成的破坏，甚至超过了奥斯曼攻城炮。这意味着新式的火炮塔，必须能够承受火炮开炮时带来的震动。

　　新式城堡的另一个要求，是保证火炮能够便捷地移动到另一处。设计者很早就意识到了这一点。中世纪互为犄角的高耸塔楼和窄城墙无法满足这一条件，因此新式塔楼的高度降低，与城墙等高，并添加了坚实的连接通道。这意味着火炮能够更快地运到需要防守的区域。塔楼和城墙的宽度也有所增加，以便火炮释放后坐力，也便于在城墙之上挪动火炮。于是，许多城市与堡垒的城墙愈发厚实。另外，这样的结构也让城墙可以更有效地抵御敌人布置在城外护城河对面高处的火炮，因为比其位置更低的城墙，将迫使攻城者将火炮压到极低的俯角，无法有效射击——炮弹甚至可能掉出炮管！

　　同时，守城方也开始在塔楼之中配置炮口以供射击。1480 年，布列塔尼公爵在富热尔（Fougères）修筑的火炮塔就可以让 6 门火炮同时射击。这些 15 世纪的设计格外现代，然而噪音与浓烟必定让炮手十分困苦。更实用的火炮塔，设计与建造时必然要加上便利的通风系统，或者将后方敞开，这样不仅能在一定程度上解决噪音和浓烟问题，还能让敌人在攻取塔楼之后无法获得庇护。尽管有着一系列缺陷，火炮塔依然是棱堡出现之前，在城堡上使用火炮的最常见装置。这一发展将在下文具体讨论。此时，我们将以一次规模宏大的攻城战作为范例，显示这一过渡时期的城堡设计的效能——1522 年的第二次罗德岛围攻战。罗德岛，就是这些新理念的试验场。

罗德岛的工事

罗德岛，作为耶路撒冷的圣约翰医院骑士团的岛屿堡垒，此前曾遭受过围攻。1480 年，征服者穆罕默德在这里发动过一次失败的围攻。此后 40 年里，医院骑士团在各地的战友集合全欧洲的经验，以最新的军事思想来布置罗德岛的防御，对抗随时可能卷土重来的奥斯曼帝国军队。在我们看来，最有趣的一个事实是，重建罗德岛的防御时，并没有完全拆毁原有的工事，推倒重来，而是在原来的基础上循序渐进。事实上，骑士团也仅能承担这样的方案。于是，几种截然不同的防御工事体系，出现在了同一个地方，而征服者穆罕默德的曾孙——苏莱曼大帝，将把这里变为围攻战的试验场。[6]

罗德岛自 1480 年开始整修防御工事的主要目的，是为了防卫未来围攻战中的主要攻城武器——火炮。因此，设计者首先在港口一侧的圣尼古拉斯塔楼，即 1480 年围攻战中意义重大的据点，建造了防御火炮的外侧防御墙，并存留至今。主城墙上的塔楼进行了加固，高度也降低到与城墙基本一致，而城墙则进行了加宽加厚，以保证火炮能在城墙上进行便捷的机动与转移。罗德岛堡垒的城墙分为几个名称不同的区域，在上一次围攻战中分别由来自不同国家的骑士负责防守。其中，意大利塔楼——1480 年围攻战中重点争夺的塔楼之一，在团长德卡雷托（de Carretto，1513—1521）的主持下进行了整体重修。而今，这座塔楼早已冠上了德卡雷托的名字。原本的塔楼因为 1480 年的围攻已经部分坍塌，此时在外侧加上了平顺圆滑的厚墙，上面配有火炮射击孔。西班牙塔楼采取了类似但更简单的设计，这两座塔楼也成了前文所说的，将旧工事纳入新工事之中的范例。

圣乔治塔楼的情况截然不同，这座始建于 1421 年的塔楼原本只是护卫一座城门的中世纪方形高塔楼，这时也进行了全面改建。（见彩图 13）1496 年，团长道比松（d'Aubusson）封住了这座城门。1521 年，也就是奥斯曼军队再度抵达的前一年，圣乔治塔楼最后的重建工作完成了。此时，罗德岛出现了在欧洲颇不寻常的工事：一座五边形的棱堡雄伟地伸向城壕，几乎完全掩盖了其中的旧塔楼。设计者是著名的工程师——学院的巴西利奥（Basilio dalla Scuola），他在热忱的团长，利勒亚当（L'Isle Adam）的菲利普（1521—1534）的支持之下把图纸变为现实。菲利普也将在不久之后应对奥斯曼帝国的新威胁。

新建成的圣乔治棱堡，又被称作奥弗涅（Auvergne）堡垒，时常被视作棱堡这一堡垒设计重大突破的最早范例。[7] 然而，这一防御工事尽管规模宏大，使用五边形布置，却依然不能和此后更加细致的堡垒设计一样，进行完备的侧向射击。因此我们可以将这种早期棱堡，视作真正的棱堡出现之前的重要进步，因为此时的罗德岛尚没有如此成熟的设计。即使如此，这座堡垒和此后真正的棱堡一样规模庞大。这座堡垒完全控制了这一区段的城壕，或许因为圣乔治塔楼的坚实，这里的城壕没有进行拓宽。

其他区域的城壕与壕沟都进行了加宽，以便更加有效地抵御火炮、工兵挖掘和强攻。骑士团还在西班牙塔楼和圣约翰城门之间的另外两段城墙之外，额外添加了一道宽阔的干壕沟。防御工事的最外围，是城壕远处高耸的内斜坡以及被垫高的斜堤（glacis）。拓宽城壕的工程量很大，因为需要挖掘河床基岩。在旧城壕与新城壕之间，是暴露的河床基岩，采下的石料被用来建造一条称为"钳墙"（tenaille）的环绕城防的孤立城墙，平整后的石墙略带斜度。1480 年时，城壕处发生了一系列战斗，但眼下已在城墙近一半区域添加的这种外墙，足以

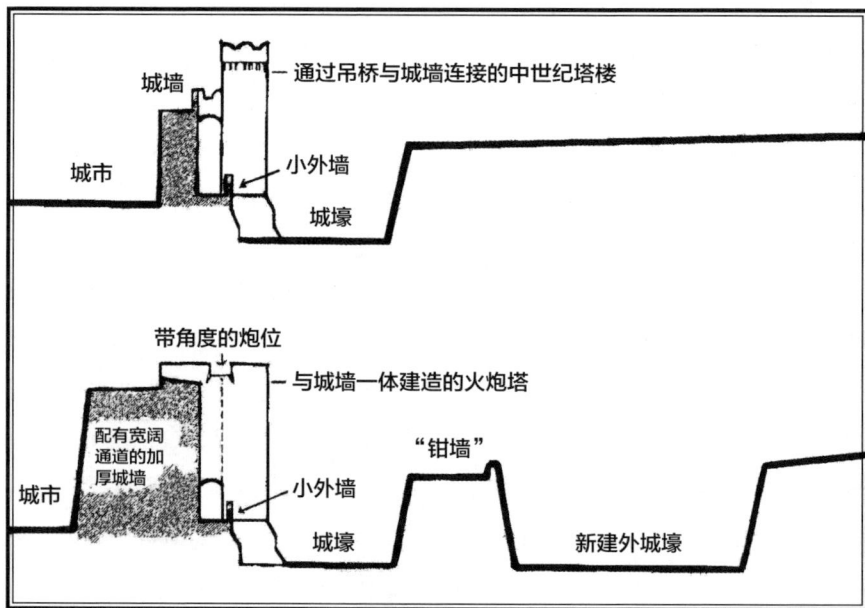

◎ 1480—1522 年，罗德岛堡垒防御工事改建情况示意图

58

让守军对从任何方向进攻城壕的攻城者，进行正面或侧面炮击。同时，外墙也阻碍了敌方火炮对主城墙的炮击。城门周围还添加了圆形或多边形的堡垒，其中最重要的就是圣阿萨纳修斯门（St Athanasios Gate）、圣母之塔、圣约翰门的堡垒，弯曲的胸墙让城中的炮兵得到了来自最新式城门的防御。

当布瓦斯城门（d'Amboise）北侧的德意志城墙上，有一个尖角，这里应用了一种新设计——伸向城壕的封闭碉堡（caponier/casemate）。这个1514年出现的独特建筑与现代的机枪碉堡颇为类似，或许正是这类建筑的首创。碉堡之上配置了火炮眼，守军在上面可以进行侧向射击，火力可覆盖整个城壕。最后，意大利城墙区段——1480年攻城战中较为脆弱的部分，重建后的城墙保持了一定的角度，以便火炮侧向射击，这同样是未来棱堡的雏形。

围攻罗德岛

对这些防御工事的试验，开始于1522年6月25日。这一天，10万奥斯曼大军中的先头部队登上了罗德岛。6月28日，苏莱曼大帝在圣斯蒂芬山扎下营帐，俯瞰一英里外的新式城墙。到目前为止，情况都对他有利。罗德岛的城防确实比他曾祖父围攻时更加坚固，然而欧洲当时的政治局势，却使罗德岛陷入了孤立之中，无法像上一次被围时那样得到支援。意大利成了弗朗索瓦一世与查理五世的战场，其他可能的同盟，要么无法及时从战火纷飞的欧洲大陆赶来支援罗德岛，要么忙于处理内部事务。威尼斯和奥斯曼帝国已经结成联盟，双方都能够从中获益，因为苏莱曼和他的曾祖父不同，对港口方向不甚在意。如此一样，几乎不会有援军赶来罗德岛。

1522年对罗德岛的进攻，尽管和1480年一样激烈，甚至使用的火炮也比几十年前更加精良，但攻城战的实际情况却和预计相去甚远。部分原因是，奥斯曼军队近一半的行动耗费在挖掘坑道上。对守军而言幸运的是，在敌军大规模入侵之前，他们从一艘奥斯曼军舰上虏获的俘虏，向他们透露了苏莱曼大帝在他征服的领土上大规模征召工兵的消息。这让团长决定，请著名的军事工程专家，曾替威尼斯服役的加布里埃莱·塔迪尼（Gabriele Tadini）前来，负责抵御奥斯曼军队发起的地道战。

奥斯曼军队决定以挖掘地道作为进攻的主要手段，或许是因为他们了解

◎ 苏莱曼大帝，奥斯曼帝国最伟大的军事统帅之一

罗德岛堡垒的布置，清楚它是建筑在旧有的希腊城市的基础之上。希腊旧城使用网格状布局，在街道之下有一套复杂的涵洞系统为城市储存淡水并排出污水。骑士团建造的部分防御工事就位于这些涵洞之上，因此这些巨大的城墙尽管建造在坚固的岩石之上，下方的旧地道却依然构成了极大的威胁。奥斯曼军队的计划就是挖掘地道通过城壕，直到与这些古涵洞相接，而后便可以便捷地选择安置炸药的位置。

奥斯曼军队的进攻，是由奥弗涅、阿拉贡、英格兰和普罗旺斯这几个城墙区段前方的火炮齐射宣告开始的。之后，这些炮兵阵地进行了长时间的持续炮击。德意志城墙北面有宫殿保护，正面是加深的城壕，南面则是坚实的新式堡垒——圣乔治棱堡，因此这一方向的进攻破坏较小。事实上，从西班牙塔楼到意大利塔楼之间的弧形城墙，成了奥斯曼炮兵的主要目标，不过守军也做好了准备。为了应对围攻，守军早就测量过了斜堤之外的区域，他们的火炮可以迅速瞄准这里的奥斯曼炮兵阵地。在奥斯曼先遣部队开始挖掘壕沟，准备炮兵阵地时，骑士团向他们发起了火炮齐射，并从城中杀出与之搏斗。然而，尽管工兵损失甚大（大部分工兵都是从奥斯曼帝国征服的领土上临时征募的，本就是作为炮灰之用），攻城部队依然建造出了坚实的炮兵阵地。奥斯曼炮兵以3门炮为一个炮组，其中14组轰击阿拉贡城墙和英格兰城墙，17组轰击奥弗涅城墙和意大利城墙。大多数炮弹的目标是轰击城墙主体，奥斯曼军队显然认为，在尽可能远离塔楼侧向射击的区域打开缺口更为有利，即使这意味着进攻部队要突破两条城壕而非一条。

此时，加布里埃莱·塔迪尼开始了他的反制地道措施。首先，他命令挖掘一条与城墙平行的长壕沟，让奥斯曼工兵向前挖掘的所有地道暴露。其次，他让人使用原始的监听设备——在绷紧的鼓蒙皮上放上铃铛，监听地下的动静。即使地上炮火连天，这个简单的装置依然能够发现地下的响动。一颗炮弹直接击毁了圣约翰教堂的塔楼，此前这里是便捷的观察哨。攻城者还试图摧毁港口一侧的圣尼古拉斯塔楼，但这里的新城墙不但极为坚固，还配备了强大的防御火力，因此奥斯曼炮兵被迫撤走，转往他处。虽然城墙抵御火炮轰击的时间超过了双方的预料，然而第一道缺口还是出现了。不出所料，崩落的碎石涌入城壕之中，在缺口和外墙之间形成一个土堆。不过骑士团连夜进行了修复，到第

◎ 描绘 16 世纪炮兵的木版画

二天日出时分，之前的缺口便已完全消失了。城上的炮兵反击同样凶猛，在西班牙城墙炮战期间，奥斯曼炮兵的最高指挥官被炸弹炸掉了双腿。

此时，奥斯曼工兵正忙于在意大利城墙上的一处缺口对面进行挖掘。随着更多的缺口出现，城壕之下出现了许多的地道。塔迪尼被迫加紧挖掘反制地道，并在破损的城墙附近安排火枪手，射击从地下杀出的奥斯曼军队。9 月初，城中人估计城壕之下的攻城地道已经覆盖了城墙六分之五的区段，但绝大多数地道都因为塔迪尼的反制地道而暴露。然而仍有一两条地道未被发现，9 月 4 日，攻城者通过地道来到英格兰城墙之下点燃大量炸药。这样炸出来的缺口和火炮轰开的缺口不同，炮击时间很长并且是集中轰击，因此守军能够进行预判，做好在炮击间隙修复城墙的准备。然而守军无人发现的地道之中的爆炸，带来的却是意料之外的危机。英格兰城墙被打开了 36 英尺长的缺口，奥斯曼士兵随即杀出壕沟，冲过被大量碎石覆盖的城壕。意识到对方即将发动总攻，团长菲利普举起 1480 年就已经准备好的旗帜，率部进行了两个小时的恶战，最终击退了攻城者。

9月9日，又有炸药在三条地道中被引爆，不过仅仅损毁了主城墙或外城墙，城门周边的坚实城防几乎未受攻击。胜过一切雄辩的事实证明了罗德岛防御的强大，尽管圣乔治棱堡上依然有一道纵向的裂缝。受其庇护，骑士团的炮兵得以安然射击奥斯曼一方的阵地。圣约翰城门上的一发炮弹甚至击毁了一整段奥斯曼军队的壕沟，将其中的士兵活埋。

只有一座塔楼在攻城战中被毁，那就是西班牙塔楼。这座塔楼几乎被集中的炮火夷为平地，之后骑士们全力发动反击，将塔楼夺回。几天之后，在一次更大规模的进攻之中，西班牙塔楼再度丢失。这一次，波旁的雅克指挥众骑士反击。他通过反制地道来到塔楼下方，率领一批重甲士兵沿着坍塌的城墙爬上塔楼废墟。他们发现，那里飘扬的奥斯曼旗帜之下，只有3名奥斯曼士兵依然活着，余下的士兵都被圣乔治棱堡之上的侧向炮火杀死。这似乎足以证明这一新设计的智慧，然而他们也发现，守城者射击的角度和距离可能会误伤友军。此后真正的棱堡将会修正这一设计失误。

此时，从阿拉贡城墙到意大利城墙之间的每一道城墙与外墙之上都出现了缺口，受损却仍在使用的炮塔成了阻挡敌方总攻的最后一道屏障。西班牙塔楼受损严重，塔迪尼甚至建议将这里炸毁，以便就地取材建造他在城内主持修筑的内侧城墙，防备攻城者即将发起的总攻。10月11日，天气渐冷，英勇的塔迪尼被敌方神枪手打中了右眼，子弹从他的耳边穿出。不寻常的是，如此严重的战伤却并不致命，不过这位军事天才依然因此连续两个星期无法参战。

罗德岛陷落

1522年10月中旬，赶来支援医院骑士团的舰船安然驶入港口，然而其数量相当有限。这时，守军武器与火药已所剩无几了。团长菲利普下令，如果没有高级军官的命令，不得向敌人开炮。节约消耗只是一部分原因，据说城中有人用火炮向奥斯曼一方传递密信，人们开始怀疑城中存有内奸。此时已经入冬了，稀少的补给品和援军陆续零星地运达。自夏季开始，习以为常的地道战与反制地道战，强攻缺口与血腥格斗，仍在继续。12月初，与古涵洞相连的攻城地道，在城墙下造成了一系列破坏，尚有防御工事存留已是奇迹。一位亲历者提到，几乎每天都有数以千计的奥斯曼人从地下迷宫杀出，在城中袭扰，不过他们全部在日出之前就被赶出城外。面对僵局的苏丹不得不开始提议谈判。最初，勇敢的信使被火枪齐射赶走，然而之后团长被迫召开骑士团大会，商议投降问题。

这也是他们几个月以来，第一次清醒地分析局势，而他部下带来的消息大多相当不利。劳工已经筋疲力尽，火药和炮弹也几乎耗竭，而且近期不可能有援军前来。菲利普开始讨论最后的手段了。城中居民表示反对，他们担心自己的城市被抛弃。或许因为体会到了城中人的想法，更可能是得到了城中间谍的准确汇报，苏莱曼大帝慷慨地提议：若是罗德岛投降，骑士团成员将获准安全离开，城中居民也可以在奥斯曼帝国境内继续原来的生活。在和谈期间，双方宣布停战。尽管停战很快被打破，但在随之而来的冲突中，双方的表现都不及此前凶悍。罗德岛城中的居民开始公开叛乱，他们认定自己成了高傲的医院骑士们的人质。然而毫无用处，外交谈判仍在迅速地进行着。

苏莱曼大帝和医院骑士团团长菲利普进行了三次单独会面，两人最终达成和平协议。死敌之间凭借个人信任，达成最终协议，确实非同寻常，这种骑士精神，也只适合于这次时空错乱的怪异交锋。当苏莱曼大帝通过圣约翰城门胜利入城时，他屏退卫队，声称："我的安全得到了医院骑士团团长的保证，这胜过了世上的一切军队。"

罗德岛的陷落，发生在发射了 8000 枚炮弹、挖掘了 54 条地道之后，标志着爱琴海上的基督教政权的终结。1523—1530 年，医院骑士团在他处暂时停驻，依然期待着收复罗德岛，然而 1530 年时，神圣罗马帝国皇帝查理五世对罗德岛断言，"已经再无收复的可能了"，并将马耳他岛交给医院骑士团。相比肥沃的罗德岛，马耳他岛几乎是一片荒凉的岩石，然而骑士团还是接受了提议，开启了其漫长历史的一个新阶段。苏莱曼大帝允许骑士们安然离开，这让他付出了代价。1523 年 1 月 1 日，随同骑士团团长一同离开的一位年轻骑士让·德·拉·瓦莱特（Jean de La Vallette），在经历罗德岛浴血奋战的 42 年后成为马耳他岛的医院骑士团团长，并在应对奥斯曼帝国的新一轮围攻中赢得了新的荣耀。欧洲再度以惊异的眼光旁观了这个早已落后于时代的组织。这些人，将中世纪浪漫主义的骑士精神与文艺复兴时期的先进技术结合起来，经历了同时代攻城战的艰苦试炼。

争夺海洋

　　1481—1492 年的格拉纳达战役，意味着基督徒与穆斯林之间的斗争延伸到了地中海。在世界历史中，最早的有组织的海战正是爆发于此，而本章的主题正是海战。这些以武装桨帆船为主的战斗，对奥斯曼帝国极为不利，以致 17 世纪初的一位奥斯曼记述者评论道："真主把海洋给了异教徒，把陆地给了穆斯林。"[1] 这句话不仅成了本章和下一章的标题，事实也的确如此。

　　对西班牙人和葡萄牙人而言，"海洋"向来明确地分为"海"和"洋"两个区域，也就是地中海和大西洋。早在 1415 年，葡萄牙人就夺取了北非港口休达（Ceuta），这里隔直布罗陀海峡与伊比利亚半岛遥遥相望。这一事件往往被视作葡萄牙建立海洋殖民帝国的开端，不过某种意义上讲，夺取休达并不是个合适的起点，因为此后葡萄牙侵入非洲的方式仍是以沿大西洋海岸航行为主，而非向内陆迁居。导致这种现象的其中一个原因，是卡拉维尔战舰（caravel）的出现。这种新式风帆战舰，让葡萄牙商人可以绕过阿拉伯世界繁荣的骆驼队，主动进行贸易。1444 年，通往西非的黄金海岸与奴隶海岸的远洋航行路线已经颇为繁盛，到 1488 年，巴托洛梅乌·迪亚士（Bartolomeu Diaz）已经绕过了好望角。四年之后，哥伦布来到了新大陆。

　　然而这些改变了大西洋周边世界的风帆战舰，要一个世纪之后才能在地中海建立类似的霸权，此时地中海上的霸主仍是桨帆战舰。桨帆战舰，即所谓的"加列战舰"（galley），是地中海战场上的基本作战单位。到 16 世纪末，这些年代久远的舰船发展到了其结构所能达到的极限，成为浮动的火炮堡垒。几个世纪里，地中海的海战都在使用这类舰船。事实上，桨帆舰船在水流平缓的浅海机动十分灵活，并且可以搁浅射击，这往往使它能够战胜火力强悍的卡拉维尔战舰。然而,风帆战舰能够以更少的人员携带更多的货物,而且能够全年使用,不至于在冬季停用,因此在贸易用船上很快取得了压倒性胜利,这份成就早于其成为军事霸主地位许多年。[2]

桨帆战舰作为地中海海战的绝佳选择,两千年来的设计变化相当有限。战舰使用两套大三角帆(lateen),然而因为时常遇到的无风天气让海上出行变得颇为困难,舰船主要的动力还是由船桨来提供。船两侧各有25—30支桨,每支桨由三四名桨手划动,这些桨手坐在板凳上,甚至可能被铁链拴在原处,中间只有狭窄的过道。这样的设计能够实现的速度远超古时的三列桨帆船——那时使用多层桨,而且每支桨只配一名桨手。一艘典型的加列战船大约配有400人,其中有250名是桨手,作战人员则被塞进战船余下的空间中。

如何获得桨手向来是负责后勤的海军军官最头痛的问题。在威尼斯,理论上所有的自由人都要到桨帆战舰上服役,而且这在社交上也有一定的有利之处。许多大胆的年轻贵族乐于到战舰上工作,在他们看来,"驻守浮动堡垒",比驻守固定堡垒要有趣得多——当然,他们的工作不包括划桨。一个绝佳的例子是米格尔·德·塞万提斯(Miguel de Cervantes),《堂吉诃德》的作者,他在1571年的勒班陀海战中服役于威尼斯战舰,并在作战时受伤。

桨手的生活远比在甲板上的生活无趣,一份1522年的记载提到,威尼斯议会公开征募6000名桨手,他们开出的条件颇为可观:终生免去个人税赋,接受火器使用训练,允许进行武装(一个颇为诱人的特权),在桨帆战舰服役期间以及之后6个月,都无须强制支付债务。但即使条件如此丰厚,也很难补偿桨手工作的艰苦以及死亡的风险。16世纪中期,威尼斯人依然使用大量的自由民桨手,然而余下的各国舰队之中,绝大多数桨手都是囚犯。各国也可以直接雇用桨帆战舰,热那亚人经营的桨帆战舰就颇为有名,在1571年的勒班陀海战中,欧洲联合舰队大约十分之一的桨帆战舰就是雇用自热那亚。

舰船内部空间的拥挤带来了诸多问题,比如疫病横行,补给品和武器装备供应压力巨大等。在海战中,炮弹不可能取回并再度使用,因此船上必须堆积充足的炮弹,这就挤压了船舱的空间。舰船要频繁停留以获取淡水,加上桨帆战舰无法在恶劣天气中使用的事实,意味着桨帆战舰舰队高度依赖海军基地。100艘桨帆战舰抵达港口后,短时间内就需要额外安排4万人的饮食供应,这是同时代的陆军往往无法达到的巨大规模。多年以来，只有巴塞罗那、威尼斯和君士坦丁堡能够为如此庞大的舰队提供给养，而马耳他和热那亚之类略逊一筹的港口则作为重要的中转基地。在接下来要讨论的军事行动之中，相当一部分行动的目的不过是夺取适宜的基地，这样的胜利，意义远大于仅仅击沉敌人的舰船。

桨帆战舰的战术

在威尼斯的桨帆战舰上，所有人都可能要参战，因此船上每个人都配备了武器。桨手很难使用火枪，因此操纵一支桨的 3 位桨手中，靠外的人使用短枪，中间的人使用弓箭，内侧的人只能投石。被锁住的囚徒桨手必要时可以解开镣铐，只要忠实履行职责后返回，便可以重获自由。这些人即使被锁住也能使用武器，只是无法和自由人一样，在无可奈何之时弃船。

由于桨帆战舰两侧都是船桨，因此桨帆战舰作战时主要是从船头而非船两侧发起攻击。古时的桨帆战舰使用撞角互相撞击，但到 15 世纪中期，欧洲舰

◎ 参与 1571 年勒班陀海战的威尼斯桨帆战舰

船得到了额外的攻击武器——装在船头、船尾的后装炮，"好人"腓力于1445年号召东征的十字军舰队就是如此装备的。君士坦丁堡陷落之后，奥斯曼帝国的桨帆战舰也开始大量这样装备。16世纪中期，舰船上开始使用更大的火炮，包括安置在橇板上的重炮，不过其瞄准要靠调整舰船来完成，就像战斗机射击一样。火绳钩枪和重型火绳枪也让战舰变得更像游动的堡垒。

最有利的战术是，袭击未做准备仍在行进中的敌方舰队。一旦贴近敌方桨帆战舰，便开始捉对厮杀。双方使用火炮互射时，会尽量避免舷侧正对敌方的船头、船尾；而当双方舰船相接时，船上的人员会立即进行跳帮战和白刃格斗。对船侧的一轮射击或许不足以造成使其沉没的破洞，却能产生大量碎片，杀伤对方的炮手。对挤满人的战舰射击，更是可能造成足以使战舰瘫痪的重大杀伤。而当舰船相接时，双方的火枪手将互相射击，很可能在海上上演一场火枪对决。16世纪的地中海海战就是如此，潘泰罗·潘泰拉（Pantero Pantera）的记述，描述了这一恐怖景象：

……使用钢铁造成的恐怖杀伤，此时也可以使用火焰来实现（火焰在陆上的杀伤力远没有在海上恐怖）。在一瞬间，这一个人被刺杀，那一个人被烧成焦炭，又一个人溺死在海中，再一个人被枪弹击穿，还有人被火炮炸成碎片。最恐怖的景象就是整个舰船被海洋吞没，船上的人全无逃生的可能，一半船员绝望地挣扎着，另一半已经被烧死，随船悲惨地沉入海底。已被人血染成红色的海面上，漂浮着断肢、武器以及舰船的碎片。[3]

舰船遭到舰载火炮射击时的受损情况，完全无法与遭到海岸火炮射击时的破坏相比。1572年攻击奥斯曼帝国在卡塔罗（Cattaro，今科托尔）的堡垒时，威尼斯海军将领塞巴斯蒂亚诺·韦涅罗（Sebastian Venier）直接体验了这一惊心动魄的瞬间。奥斯曼炮手面前的目标体积不大，且不断移动、距离遥远，这对威尼斯人有利，然而威尼斯人的火炮同样效果索然：

……因为处在移动中，他们的火炮都会偏向，即使能够击中目标，击中的也是石头城垛或厚重的堆土，而海岸火炮的目标则是脆弱的薄木料以及血肉。[4]

进攻这些堡垒还需要登陆作战，这类行动往往使船员无法回避一个巨大的危险，那就在荒漠中作战。除此之外，还有一些困难和不愉快的经历将在接下来的部分进行具体讨论。

巴巴里（Barbary）^① 海岸

当西班牙君主费尔南多和伊莎贝尔准备最后夺取格拉纳达时，奥斯曼苏丹巴耶塞特二世也开始关注伊比利亚半岛的摩尔人。由于直布罗陀海峡距离君士坦丁堡太远，他率先派出海盗凯马尔·雷斯（Kemal Reis）前去进行侦察。就在西班牙东南海岸的某处，凯马尔代表奥斯曼帝国，与格拉纳达的摩尔人进行了接触。[5]

随后，凯马尔·雷斯带人对西班牙港口进行了几次成功的突袭，并因此顺利在北非港口盘踞下来。他们的据点包括贝贾亚（Bougie），以及大约位于的黎波里和突尼斯中间的杰尔巴岛（Djerba）。凯马尔最终于 1495 年返回君士坦丁堡，留下本地的海盗继续袭扰西班牙人的领土。西班牙人对这些袭扰的应对

◎ 杰尔巴城堡，1510 年西班牙在巴巴里海岸的远征目标

---

① 译注：指摩洛哥、阿尔及利亚、突尼斯和利比亚西部的整个滨海地区。"Barbary"一词源自当地居住的柏柏尔人。

◎ 1529年夺取阿尔及尔的海雷丁·巴巴罗萨

方法是，进攻各个海盗据点，并取得了极大的成功。1509年，西班牙人靠突袭夺取了贝贾亚和的黎波里，次年又对杰尔巴岛发动了进攻。1510年8月，西班牙军队抵达杰尔巴岛，此时正值暑热，炎热的天气耗干了这些久经沙场的战士们的体力，也干扰了他们的判断。杰尔巴岛的摩尔人精明地放任这些远征部队登陆，自己则占据离海岸几英里处的距离最近的绿洲。西班牙军队果然中计，落入了摩尔人的伏击圈。此役，4000西班牙人被杀。

1514年夏季，这群海盗试图夺回贝贾亚，领导进攻的是来自希腊米提里尼岛（Mytilene）的巴巴罗萨兄弟，此前他们在突尼斯的拉古莱特（La Goletta，今称哈勒格瓦迪）附近活动。他们使用火炮轰击贝贾亚，但兄长奥鲁奇（Oruc）在作战中伤了手臂，进攻随即终止。他们意识到己方需要更强大的力量，因此派出凯马尔·雷斯的侄子皮里·雷斯（Piri Reis）作为使节前往君士坦丁堡。如此一来，他们获得了战舰与武器装备的补充，最重要的是，加强了与地中海另一端奥斯曼帝国的联系。当海盗援助摩尔人从格拉纳达逃往北非后，他们名声上涨，征募到了更多的士兵。

在接下来的几年之中，主动权从西班牙人手中转移到了其敌人手中。1529年，奥鲁奇之弟海雷丁·巴巴罗萨（Khereddin Barbarossa）夺取了阿尔及尔的西班牙堡垒，摧毁西班牙在这一关键地区的最后抵抗力量。1534年，他废黜了突尼斯的贝伊[①]穆莱·哈桑（Muley Hassan），就此完全控制从摩洛哥到杰尔巴岛的全部海岸地区。西班牙显然察觉到了海雷丁的威胁，西班牙国王、神圣罗马帝国皇帝查理五世开始计划收复突尼斯。这是一个充满风险的行动，因为

---

① 译注：奥斯曼帝国时期对长官的称谓，又译为"贝格""巴依""伯克"，系突厥语音译，意为"首领""头目""统治者""官吏"等。

派出可观的部队进入北非，几乎必然会导致法国进攻西班牙控制的意大利领土。不过，这个计划在年轻的阿尔巴（Alba）公爵的主持之下最终得以继续进行。

阿尔巴公爵的第一个目标是拉古莱特，这里控制着突尼斯港的入口。阿尔巴公爵的父亲是在1510年的杰尔巴岛绿洲伏击战中阵亡的。阿尔巴公爵来到古迦太基城的废墟寻找粮秣时，也险些被摩尔人的骑兵伏击杀死，幸亏他明智地选择撤退，才得以保全并继续作战，然而暑热与干渴仍是他的大敌。

西班牙军队夺取拉古莱特之后，便开始沿海岸线进军突尼斯城。他们通过了5英里的灌木丛之后才抵达第一处水源。然而和在杰尔巴岛时一样，他们的敌人在这里安排了火枪、火炮欢迎他们。一些西班牙战马早在疲惫干渴的部队集结之时就已死亡，查理五世的坐骑也在交战中被射杀。阿尔巴公爵对突袭包抄他们的摩尔轻骑兵发动了悍勇的反击。如果说西班牙人迫使海雷丁·巴巴罗萨退回突尼斯城让人感到出乎意料，那么随后他们夺取突尼斯城，就可谓奇迹了。[6]

查理五世随后对突尼斯的洗劫既不必要也不明智，因为只有真正的掠夺者才能从中获益（而且这些钱财消散的速度往往和获得的速度一样快）。查理五世麾下的士兵吉永的费里（Ferry de Guyon），本打算靠掠夺突尼斯获得的钱财养老，却没能保住这些财富多久。他写道：

我在卡普阿附近的村庄卡萨弗里奥尔（Casafriol）越冬时，已经没有一个能用来猜正反的钱币了，因为我在赌博中输光了在突尼斯得到的所有财富。我只能靠终日打猎来打发时光。[7]

西班牙海军将领安德烈亚·多里亚

1537年，海雷丁·巴巴罗萨对西班牙和巴利阿里群岛发动反击。与此同时，苏莱曼大帝又进行了一次给西欧带来极大恐慌的军事行动。这一次他率领大军沿着阿尔巴尼亚海岸进军，而后率部在奥特朗托附近登陆意大利，正如征服者穆罕默德在1480年时所做的那样。8000名非正规奥斯曼骑兵在内陆肆意袭扰掠夺，奥特朗托和布林迪西尽管都未被攻破，却依然十分恐慌。苏丹最终将全部军队撤出意大利，转而围攻科孚岛。西班牙、威尼斯和教皇仓促结成联盟，

◎ 参与 1538 年普雷韦扎之战的安德烈亚·多里亚

派出查理五世的海军将领——热那亚人安德烈亚·多里亚（Andrea Doria）迎战奥斯曼舰队。

安德烈亚·多里亚的故事颇为有趣，他最初是在意大利作为城邦雇佣兵，不过自 1512 年起，他将目光转向了海洋。此后，先后作为法国、罗马教廷和西班牙海军将领的他，发展出了一套极为出色的海战战术。多里亚起初指挥 2 艘战舰，但到 1537 年时他已经指挥 45 艘西班牙战舰、80 艘威尼斯战舰、26 艘教廷战舰与奥斯曼帝国作战了。他率部抵达的消息迫使苏莱曼大帝放弃围攻科孚岛，返回君士坦丁堡，留下海雷丁·巴巴罗萨守卫普雷韦扎（Prevesa），这是奥斯曼帝国距离科孚岛最近的军事基地。

次年，多里亚来到普雷韦扎与海雷丁对峙，但海盗们钻入海洋之后，他并没有试图和海雷丁进行决战。多里亚因此大受批评，尤其是威尼斯人，他们被迫向奥斯曼帝国求和以保护远方的领土。据说海雷丁也因为没能和欧洲联合舰队交锋而感到遗憾。我们难免要去想象，在勒班陀海战爆发 30 多年之前，如果双方在普雷韦扎全面开战，将会是何种景象。不过，双方的小规模战斗同样值得研究。一艘孤立的威尼斯加仑战舰（galleon，只有帆没有桨）在友军的桨帆战舰附近安然停驻。而后奥斯曼帝国的桨帆战舰袭击了这艘舰船，但这艘船靠着两侧强大的火炮将其击退，没有受到撞击的损伤。多里亚的谨慎收到了成效，尽管战果并非来自水手，而是来自天气：追击的海盗舰队在阿尔巴尼亚外海遭遇风暴，大量舰船毁损。最终，多里亚对克罗地亚海岸卡塔罗附近的卡斯特诺沃（Castel Nuovo）发动围攻，他们从海上进行炮击，并派出了登陆部队。夺取这座城堡之后，多里亚在这里安排了一批西班牙驻军，然而他们仅仅坚持了一年。

自这次出色地展示了海军力量之后，查理五世再度把注意力转向北非，

◎ 查理五世曾试图在 1541 年夺取阿尔及尔，结果却以失败告终试图在 1541 年夺取阿尔及尔。他的舰队于 10 月在巴利阿里群岛集结，希望借此让反击的奥斯曼舰队无法出发，同时也能赶在冬季恶劣的天气降临之前抵达。但后一个计划失误了，暴雨让围攻阿尔及尔的西班牙部队举步维艰，他们的火药无法使用，但他们的敌人却没有这个困扰。最严重的问题是，140 艘舰船在锚地损毁，查理五世最后被迫撤军。之后征服墨西哥的埃尔南多·科尔特斯（Hernando Cortés）等人反对撤退，但被支持体面撤退的声音淹没了。

得知查理五世失去舰队，他的敌人们开始利用起这个绝佳机会。1543 年，苏丹再度进攻匈牙利，法国发动了哈布斯堡—瓦卢瓦战争，而海雷丁·巴巴罗萨则继续在西地中海兴风作浪，他清楚法国不会干预，因为此时地中海局势的变化促成了法国与奥斯曼帝国结盟。事实上，海雷丁曾支援法军进攻西班牙控制的尼斯，而他的舰队则在土伦军港越冬！

1546 年，海雷丁去世，但他的敌人几乎没有得到任何喘息之机，因为他的继任者——德拉古特（Dragut），于 1551 年夺取的黎波里，威胁意大利、科西嘉、加泰罗尼亚和巴利阿里群岛。局势直到查理五世的继承人腓力二世于 1559 年和法国签署《卡托—康布雷奇和约》（the Treaty of Cateau-Cambresis）之后，才得以好转。哈布斯堡家族与法国的瓦卢瓦家族之间的争斗就此结束，腓力二世终于可以把注意力转向他处了。不久之后的 1565 年，苏莱曼大帝远征马耳他岛，这给了腓力二世一个决战的机会。

马耳他围攻战

当医院骑士团迁往马耳他岛时，他们不止占据一个岛屿基地。同时，他们把重心从东地中海转移到了西地中海。无论是在地理意义上，还是在政治理念上，马耳他岛都处于格拉纳达战役之后，双方战线的最前沿。而负责为奥斯曼帝国组织进攻马耳他岛海军力量的，正是巴巴里海盗德拉古特。

作为战略基地，马耳他岛有一系列的独到之处。医院骑士团和在罗德岛时一样，建筑了同时代能够实现的最为出色的防御工事，逐渐把一个崎岖的岛屿变为坚实的海军基地，供西班牙舰队停驻与整备。

1565 年对马耳他岛的远征，通常被视作 16 世纪最出色的围攻战，也是这个世纪最让欧洲人值得称道和深感欣慰的事件之一，毕竟 1522 年的罗德岛围攻战和 1571 年的塞浦路斯岛围攻战均是以奥斯曼帝国的获胜而告终。不过，后面提到的这两次围攻战本质上都是以陆战为主，海军的参与相对有限。马耳他围攻战则是一次登陆战，类似前文所说的，对北非滨海城堡的进攻，而且马耳他堡垒的意义也是控制海洋，而非陆地。

尽管医院骑士团的财政尚不足以在今马耳他首都瓦莱塔（Valletta）构筑工事，但团长让·德·拉·瓦莱特，以其名字命名了未来马耳他首都的人，还是建立了一座出色的星形堡垒——圣埃尔莫（St Elmo）堡垒，守卫港口入口。因此，奥斯曼帝国最初的进攻并非来自海上，他们选择在岛屿的西海岸登陆，进攻圣埃尔莫堡垒。这一先期行动持续了整整一个月，双方的作战方式发生了怪异的逆转：奥斯曼军队在陆上作战，而马耳他的骑士团则要走海路向堡垒提供补给。海路运输的便利随着德拉古特的抵达而结束，他在战略要地布置火炮，舰船甚至在夜间都无法入港。奥斯曼帝国夺取圣埃尔莫堡垒耗费甚大，他们损失了 8000 人，而守军仅仅阵亡 600 人。德拉古特在围攻战中阵亡，奥斯曼舰队的指挥官也被跳弹重伤。

解决了圣埃尔莫堡垒之后，穆斯塔法帕夏开始全力进攻主港以北的港口——马萨穆谢托（Marsa Muscetto）。在第二阶段，对马耳他岛上防御工事的进攻持续了 7 个星期，但城墙防御体系能够尽可能地减小每一个缺口的影响，守军士兵更是以他们的纪律与作战能力封堵了每一个缺口。

7 月初，攻城者开始尝试新的进攻手段。阿尔及尔帕夏哈桑，海雷丁·巴巴罗萨的儿子，使用小船进攻马耳他在海洋一侧的防御薄弱处。同时，陆上的进攻也持续进行着。结果两路进攻全部失败，水路的进攻更是以灾难告终，他们发现所谓的薄弱处在水面之下有一条阻拦铁索。绝望的奥斯曼指挥官冲上山脚下的岩石，他的部分部队勉强得以落脚，然而他们的船只很快就被交叉火力摧毁，只得在付出了沉重代价后退走。

这也是从海路进攻马耳他的唯一一次尝试，余下的围攻战都是以挖掘地道或以火炮轰击的方式来试图打开陆墙缺口的。双方在缺口经历了殊死搏斗，到了 8 月末，奥斯曼人忍无可忍，前来增援的舰队只得运输他们撤退。马耳他就此得以存留，阻止了奥斯曼帝国控制北非海岸的计划。这是苏莱曼大帝遭受的重大挫败。

勒班陀海战

我们将用地中海上最著名的一次桨帆战舰对决来为本章收尾——1571年的勒班陀海战（见彩图14）。欧洲联合舰队的本来任务，是前去援救奥斯曼帝国围攻下的塞浦路斯。因此可以说，他们没有完成主要目标，对此我们之后将进行具体叙述。但舰队的失败，以及在其他方向的成功，足以说明16世纪桨帆战舰的作战方式，也证明，政治上的变局可以轻易扭转战场上的主动权。[8]

解围塞浦路斯的行动于1570年开始准备，尽管威尼斯的军械库遭遇了大火，但实际物资损失远小于其引起的恐慌。为了组织舰队，威尼斯政府甚至用卖官鬻爵的方式来筹款，以便让新建造的桨帆战舰尽快下水。然而威尼斯的潜在同盟并没有展现出同样的急迫感。西班牙的枢机主教格朗韦勒（Granvelle）公开宣称威尼斯人不值得支援，因为历史证明威尼斯只有在对自己有利时才会提供帮助，而不是时刻履行同时代欧洲同盟国应有的义务。最终，西班牙还是派出了支援，但就谁来指挥救援部队的问题又进行了一番争执，最后他们将舰队交给了安德烈亚·多里亚的侄子——吉安·安德烈亚·多里亚来指挥。他在出发之时收到了密令：保证西班牙舰船的安全乃第一要务。这样的开端，对海军联合行动而言绝非好事。

教廷也派出舰船与西班牙舰队会合，而其他的潜在盟友则缺乏热情。奥地利君主与波兰国王不想冒犯奥斯曼帝国，年轻的葡萄牙国王许诺在"一年之后"提供17艘战舰，而请求沙皇伊凡雷帝进攻奥斯曼帝国的信件则石沉大海。医院骑士团的评论最刻薄，他们称，如果靠这些帮不上忙的威尼斯人，奥斯曼不但能夺取一个岛屿，还能夺取另外9个。即便如此，或许畏惧被彻底孤立在地中海上，骑士团还是派出了5艘战舰。

就在威尼斯人的舰队等待进军命令时，疫病在拥挤而不卫生的桨帆船中爆发了。为此，他们没有立即出发前往塞浦路斯，而是浪费大量时间进攻奥斯曼帝国在亚得里亚海沿岸的领土以及科孚岛。9月22日，舰队抵达克里特岛，在那里他们得知了尼科西亚已经陷落的消息，而奥斯曼帝国的海军将领皮亚利（Piale）正率领少量部队离开塞浦路斯，前往罗德岛集结增援部队。联军指挥官扎尼（Zani），就此认定有一支比己方实力更强的敌方舰队，正在比塞浦路斯更近的地方集结。位于塞浦路斯东岸的法马古塔只能继续坚守，等待大规模解围部队。联合舰队随即调头返回，威尼斯人的舰船返回了科孚岛，西班牙舰队则抵达墨西拿。

当法马古斯塔陷落的不幸消息传到墨西拿时，一同带来的还有一支大规模奥斯曼舰队正在集结的消息。这些奥斯曼部队一边破坏基督徒的土地，一边等待着解围部队前来。他们所在的位置，正是科林斯湾出口处的勒班陀（Lepanto）。而被集结起来的庞大联合舰队，其主要任务——解围塞浦路斯此时已经失败，因此他们不肯放过眼下这个进行报复的机会。负责指挥舰队的奥地利的唐·约翰（西班牙语称"唐·胡安"）——神圣罗马帝国皇帝查理五世的私生子，率部前往勒班陀发起进攻。

◎ 奥地利的唐·约翰，1571 年勒班陀海战的胜利者

77

联合舰队以宽阔的新月形投入作战，组成阵线的主要是紧密排布的桨帆战舰，而半英里外的后方是他们的预备队。奥地利的唐·约翰有着自己的秘密武器——加莱赛战舰（galleass）。加莱赛战舰并不是帆船，而是普通加列战舰两倍大的桨帆战舰，其舰体更高，桨手头顶有甲板防护，船头也配备着更大、更多的火炮。勒班陀海战中有6艘加莱赛战舰参战，它们两两一组配置在加列战舰组成的阵线前方，以便充分利用体积与火力上的优势。舰队右翼由吉安·安德烈亚·多里亚指挥，左翼由威尼斯人阿戈斯蒂诺·巴尔巴里戈（Agostino Barbarigo）指挥，中军则由奥地利的唐·约翰亲自指挥，3支船队之间的缝隙仅能容3艘加列战舰通过。

这是桨帆战舰进行大规模作战时的方式，因为所有舰船都挤满了士兵，其战斗模式更类似于陆战。当天吹起了西风，这对联合舰队比较有利，不过奥斯曼舰队拥有数量更多的桨帆战舰，他们能够以270艘舰船来对阵联合舰队的220艘舰船。当双方开始接战后，几乎就没留下什么机动的空间了。一如联合舰队计划的那样，强大的加莱赛战舰摧垮了奥斯曼舰队的前沿阵线。然而很快，每艘加莱赛战舰都被五六艘奥斯曼舰船围住。期间，唐·约翰撞上了奥斯曼舰队指挥官——阿里·米埃津扎德（Mouezinzade）的旗舰，强大的冲击力让两艘战舰破损并卡在了一起。唐·约翰的士兵随即冲上敌人的旗舰，进行激烈的肉搏战。肉搏战随着米埃津扎德头部中枪身亡而结束，他的首级被挑在了长枪上。

整条战线都发生着类似的交锋，桨帆战舰忙于捉对厮杀。情况混乱不堪，但很快，拥有更充足的火药与更精良的铠甲的联合舰队明显占了上风。最后，大获全胜的联合舰队解放了奥斯曼关押的15000名划桨的欧洲奴工。奥斯曼舰队只有6艘船逃走，损失惨重，伤亡数以万计；欧洲联合舰队有15艘战舰被击沉，阵亡7566人。

勒班托海战被视作欧洲世界的胜利。这样的宣称有些夸大了，毕竟这次胜利既没能解救塞浦路斯，也远没有和同时代人所期望的那样瘫痪奥斯曼帝国。但勒班托海战终究是欧洲人取得了胜利，它将和马耳他围攻战一样，成为他们珍贵而鲜活的回忆。在奥斯曼帝国，夺取塞浦路斯的穆斯塔法帕夏胜利返回君士坦丁堡时，却发现城中人因为先他一步到来的勒班托海战战败的消息而沮丧不已。但苏丹充足的财力让他在 1573 年重组了舰队。奥斯曼帝国声称，夺取塞浦路斯砍断了威尼斯的一只手臂，而在勒班陀，这场地中海规模最大的桨帆船海战之中，欧洲人只是剪掉了他的胡子[①]。虽是自夸，却也基本属实。

许多年之后，奥斯曼帝国的这种乐观情绪终究还是消散了，因为葡萄牙人在印度洋上绕过了奥斯曼帝国的封锁线。奥斯曼帝国随后仓促组织风帆战舰，并聊以自慰地宣称道："真主把海洋给了异教徒，把陆地给了穆斯林。"关于陆地的故事，就是下一章的主题。

---

① 译注：胡子在西亚文化中颇为重要，"剪掉胡子"大致是说"虽是重大屈辱，却并非不可挽回"。

争夺陆地

　　"决定性胜利"这个说法经常被滥用。绝大多数军事学家都会描述他们所分析的战役产生的后续影响，但真正足以决定性影响一个国家历史走向的战争，数量其实是很少的。1526 年 8 月 29 日，奥斯曼帝国挫败匈牙利王国的莫哈奇之战，可以说是"决定性胜利"的绝佳范例。匈牙利国王在这一战中阵亡，他的王国被分割为三部分，一个曾经位于欧洲东部抵御奥斯曼入侵前沿的政权在接下来的两个多世纪中事实上消失了。而这一战，仅仅进行了两个小时，完全称得上是"决定性"。[1]

匈牙利前线

　　15 世纪后半叶，匈牙利在文雅的国王马加什一世（Matthias Corvinus）的统治下进入了一个繁盛时代。1490 年，马加什一世逝世，没有留下子嗣。文化上的繁荣没有在匈牙利就此终止，但后继的国王却格外软弱。匈牙利开始陷入政治与军事上的双真空时期，而敌国则纷纷准备利用这一良机。新任匈牙利国王是来自波兰雅盖隆王朝的瓦迪斯拉夫，即乌拉斯洛二世（Wladislaw Ⅱ Jagiello），他同时也是波希米亚国王，理论上可以动用相当可观的军事与政治力量。然而不幸的是，两个国家都将他视作外人，派系斗争十分严重。自乌拉斯洛二世于 1516 年逝世之后，他 10 岁的儿子拉约什二世（Lajos Ⅱ）继承了两个国家。主少国疑之时，波希米亚和匈牙利相继出现了纷乱，其中匈牙利的麻烦更大，越来越多的国民希望拥立一位匈牙利人作为本国国王，取代王位上的外国人。反对派推举了扎波尧伊家族（Szapolyai）的亚诺什，一位野心勃勃而几乎无所顾忌的特兰西瓦尼亚贵族。然而，对愈发趋于分裂的匈牙利王国而

◎ 扎波尧伊·亚诺什（John Szapolyai）①，1526 年莫哈奇之战后奥斯曼帝国推举的匈牙利国王

---

① 译注：欧洲人的姓名书写方式是名在前，姓在后，但匈牙利人除外，他们与中国人一样，是姓在前，名在后。据此，本书以匈牙利传统汉译该国人物名称，但英文名字仍保留欧洲书写习惯。

言，更大的威胁却来自奥斯曼帝国。

此前的章节已经展现了苏莱曼大帝的军事能力。[2] 在 1520 年成为苏丹之前，苏莱曼的父亲塞利姆一世几乎完全忙于亚洲和非洲事务，因此让奥斯曼帝国和匈牙利王国得以保持 57 年的和平。奥斯曼新任苏丹苏莱曼向来不承认所有前任苏丹签署的外交协议，他派出使节前往布达，进行新的和平协议谈判。然而匈牙利国王扣押了使节，这样的无礼行为让同时代的人惊愕不已。欧洲的领主们完全无法理解，一个缺少军事力量庇护的王国，为何要做出如此不必要的挑衅行为。

当奥斯曼政府理所当然地对此表示不满时，匈牙利人以颇为莽撞的方式向神圣罗马帝国皇帝查理五世求援。匈牙利使节在神圣罗马帝国的会议上向与会者宣称，匈牙利在历史上向来是欧洲的前线："是谁阻挡了奥斯曼人癫狂的袭扰？是匈牙利人！是谁阻挡了奥斯曼人激流般的攻势？是匈牙利人！是谁阻挡了奥斯曼人射向欧洲世界咽喉的箭矢？是匈牙利人！"[3]

这段自夸篇幅颇长，此处不多赘述。事实上，匈牙利使节向皇帝求援的时机十分糟糕与不利。查理五世刚刚向法国国王弗朗索瓦一世送信宣战，此外，马丁·路德也反对发动十字军，他宣称："与奥斯曼人作战是违逆上帝的行为，他会惩罚我们的罪责。"无论是否存在神罚，马丁·路德显然清楚，过时已久的十字军，只能给教廷带来利益。马丁·路德的评论遭到了教皇利奥十世的明令谴责，却在新教徒中迅速传开，他们相信这就是《圣经》中所说的"上帝之鞭"，以此惩戒自大的基督徒。

皇帝的结论是，如果匈牙利国王无力自保，就应该和苏丹维持和平协议，因为他无法提供军事支援。因此，当奥斯曼帝国向欧洲发动近一个世纪以来规模最大的攻击时，匈牙利王国只能独自应对。这个时候，年轻的苏莱曼大帝只有 25 岁，其能力如何，匈牙利人不清楚，奥斯曼人同样也不清楚。在后世的记忆之中，他或许是奥斯曼家族最伟大的苏丹，欧洲给他的绰号——"大帝"，与本国人给他的绰号——"立法者"，都是实至名归。然而 1521 年的他，还需要脱颖而出的机遇。

通往向莫哈奇的道路

从南面进入匈牙利的交通枢纽，是位于多瑙河与萨瓦河交汇处南岸的贝尔格莱德。1456 年的猛攻结束之后，尽管巴尔干半岛大片土地落入奥斯曼帝国手中，但这座城市依然未被夺取。1521 年 2 月 16 日，苏莱曼出兵进攻贝尔格莱德。除了陆军之外，他还有 40 艘舰船组成的补给运输队。抵达塞尔维亚的尼什（Nis）之后，奥斯曼大军分兵前进：一支部队在鲁梅利亚的贝伊勒贝伊、艾哈迈德帕夏的率领之下向索包什（Szabacs）进军，几天之后苏莱曼也来到了这支部队之中；一支部队由大维齐尔（宰相）皮里帕夏率领，进军贝尔格莱德。阿金基骑兵（akinji，一种非正规骑兵）也被分为两支：一支作为侦察部队，另一支则到喀尔巴阡山掠夺特兰西瓦尼亚地区。索包什的守军进行了英勇而绝望的抵抗，战死者的首级被奥斯曼人挑在长枪上示众。

苏莱曼随后开始在萨瓦河上建筑桥梁，然而洪水使得桥梁意义索然。不过，他随后利用舰船运输部队过河，顺利从河北岸进军贝尔格莱德。抵达萨瓦河对岸后，已经在河另一侧开始围攻贝尔格莱德的友军对他高声欢呼致意。起初的攻城行动被击退后，苏莱曼开始在多瑙河中的岛屿架设火炮轰击城墙，500 名新军则奉命坐船溯多瑙河而上，截击可能的解围部队。8 月 8 日发动的进攻迫使守城者放弃城区，他们纵火之后退回城市堡垒，在那里又坚守了三个星期。直到主塔楼被挖掘地道的敌军用炸药摧毁之后，贝尔格莱德的守军才不得不投降。

攻下贝尔格莱德后，奥斯曼帝国似乎应当立即进攻匈牙利，然而事实上，苏莱曼大帝一直到 5 年后才发动进攻。1522 年时，苏莱曼忙于夺取罗德岛，此后的埃及叛乱以及新军在君士坦丁堡的哗变，也耗费了他不少时间。直到 1525 年冬季，苏莱曼才腾出时间，计划再度进军匈牙利。匈牙利人并没有坐以待毙，自 1521 年起，其与奥斯曼帝国的掠夺与袭扰战便接连不断。1524 年，约 15000 名阿金基骑兵被尚武的考洛乔（Kalosca）大主教托莫里·帕尔（Pal Tomori）击败，他奉命以极为有限的军力守卫匈牙利王国的南部边境。当奥斯曼军官的首级送到布达时，匈牙利人都为这次胜利欢欣不已。然而这些成功完全无法掩盖匈牙利宫廷与贵族之间显而易见的分裂，年轻国王的支持者与扎波尧伊·亚诺什的支持者之间，对立愈发明显。外来的援助，自 1521 年那场慷慨激昂的发言结束之后就几乎不曾有过。此时，查理五世赢得了帕维亚之战的胜利，然而他与他的兄弟——奥地利大公爵斐迪南的主要目标，依然是消灭国内的异端与击败法国，而后才可能把注意力转向援助匈牙利对抗奥斯曼帝国上来。

就这样，当 1526 年 4 月 23 日苏莱曼大帝率领约 10 万人的部队、300 门火炮离开君士坦丁堡时，他所要对付的国家已经内部分裂，几乎被全部同盟遗弃了。漫长的行军持续了 80 天，奥斯曼大军才终于和敌人有了接触。恶劣天气增加了奥斯曼一方的困难，大雨下的多瑙河河水暴涨，800 艘舰船组成的补给舰队很难跟随陆军行动。即使如此，部队依然保持着的严格的军纪——踩踏庄稼、放任马匹吃秧苗的士兵都要处死。尽管进军速度十分缓慢，苏莱曼依然因为两件事情而颇受鼓舞：其一是援军接连不断地前来与他会合；其二是他的大维齐尔——易卜拉欣帕夏（夺取贝尔格莱德的皮里帕夏于 1523 年退休之后，由他接任）展现了堪称典范的高效。易卜拉欣帕夏是同等级的官员之中，唯一一位拥有六马尾旌旗这一前所未有的荣誉之人，仅比苏丹的旗帜少一尾。

当苏丹抵达贝尔格莱德时，易卜拉欣帕夏再度奉命前去夺取彼得罗瓦拉丁（Petrovaradin）堡垒，该堡垒位于多瑙河南岸，几乎在萨瓦河与德拉瓦河的中点处。奥斯曼人靠挖掘的两条地道摧毁了外城墙，顺利攻破彼得罗瓦拉丁堡垒，仅仅损失 25 人。大主教托莫里·帕尔负责全程监视并干扰奥斯曼军队的进军，此时的他最终被迫由彼得罗瓦拉丁退过多瑙河。追击的奥斯曼部队又进一步迫使大主教向西退却。

奥斯曼军队前进需要时间，再加上大主教谨慎地把可靠的情报不断传递回匈牙利宫廷，因此理论上，拉约什二世有充足的时间准备防务。此时的他已经不再年幼，是 20 岁的成年人了，然而贯穿他执政时期始终的派系斗争与对立，这时已经彻底失控，足以导致悲剧与灾难。经过一番商议之后，匈牙利政府决定在 7 月 2 日将全部部队集结到多瑙河河畔、布达以南 50 英里处的托尔瑙（Tolna）。同时，王国向布拉格送去加急信件，要求波希米亚和摩拉维亚的部队快速前来。此时，彼得罗瓦拉丁已经陷落了近 4 个星期了，然而当大主教无助地从已被夺走的城堡旁边渡过多瑙河时，尚没有任何一个匈牙利士兵从远在北面的集结地赶来。

◎ 大维齐尔易卜拉欣帕夏，拥有六马尾旌旗这一前所未有的荣誉

　　对苏莱曼和他的大维齐尔而言，阻拦他们进军的最佳天然防线是德拉瓦河，在夺取贝尔格莱德之后，苏丹和匈牙利腹地之间只剩下这一条河流阻隔了。德拉瓦在今克罗地亚的奥西耶克（Osijek）的下游汇入多瑙河，也是克罗地亚

与匈牙利的界河。在向匈牙利进军时，奥斯曼军队尽管再度被潮湿天气拖累，但仍在8月8日夺取了伊洛克（Illok）。8月14日，苏丹抵达多瑙河与德拉瓦河的交汇处。他预计匈牙利大军已经在河北岸严阵以待，但事实上他没有看到一个士兵。

匈牙利内讧

8月2日，拉约什二世抵达托尔瑙，这时终于有一些部队赶来会合了。这些部队来自匈牙利和波兰，包括一些雇佣步兵，克罗地亚、波希米亚和摩拉维亚依然没有任何部队前来。归属匈牙利的瓦拉德（Varad，今称奥拉迪亚，属罗马尼亚）主教和杰尔（Gyor）主教先后赶来，匈牙利王位僭称者的兄弟——扎波尧伊·哲尔吉（Gyorgi Szapolyai）也来到了托尔瑙。至于扎波尧伊·亚诺什，匈牙利政府决定让他从特兰西瓦尼亚方向入侵瓦拉几亚，威胁奥斯曼帝国的右翼。

应当指出，拉约什二世和苏莱曼一样清楚德拉瓦河防线的重要战略意义，然而此时出发守卫这条防线已经有些晚了，但若是8月8日从托尔瑙出发抵达此地则尚有充足时间。小国王命令地位类似首相的宫廷卫队长（Count Palatine）巴陶里·伊什特万，率部占据奥西耶克，守卫德拉瓦河。然而被征调随行的大多数匈牙利贵族拒绝行动，他们声称，自己只会为国王服役，不能听从他这个代理人的调遣。巴陶里·伊什特万试图向他们展现忠诚，即使当天他因为痛风几乎已经无法骑马，然而计划还是被废弃了。大军没有派出先头部队前往德拉瓦河守备，而是全军前进，来到大约在托尔瑙和奥西耶克中点处的莫哈奇。

在莫哈奇，大主教托莫里从东面渡过多瑙河与国王会合。此时匈牙利的部队已经集结完毕，然而全军集结并不意味着团结一心。之前宣称只为国王一人服役的贵族们，如今又目无法纪地开始在作战会议上大吵大闹，最后选出了两位军官来联合指挥：大主教托莫里和扎波尧伊·哲尔吉。这个决定，意味着扎波尧伊家族的支持者战胜了国王的支持者。但开战几天之前依然在内讧，可谓愚蠢至极。确定了指挥官之后，部队随即开始安排指挥框架，而后讨论在奥斯曼大军抵达之后，应当如何应对。

一些人要求按兵不动，甚至后退，等待各支盟军抵达。此时，克罗地亚人已经出发了；扎波尧伊·亚诺什和特兰西瓦尼亚的部队也奉命前来支援，但他们仍在东面 100 英里之外的塞格德；而波希米亚人的前锋甚至还没通过布拉迪斯拉发。大主教托莫里·帕尔坚持主战，他指出，即使部队尚未集结完毕，不战而退也依然是耻辱。

　　在接下来的几天中，缓慢却又稳步抵达的援军，表达了支持主战派的观点。首先抵达莫哈奇的，是从布达赶来的运输国王炮兵部队的船只，而后是3000 克罗地亚人以及其他的匈牙利"战士主教"。另外还有大量加固的马车抵达这里，但当一位波兰雇佣兵军官建议匈牙利人把马车布置在前方阻挡敌军时，却遭到了对方无情的奚落。最终，他们还是在后方布置了车阵，但在接下来的战斗之中车阵几乎没有起到作用。尽管依然存在一些反对的声音，但随着部队人数的不断增加，在莫哈奇进行战斗似乎已成定局。瓦拉德主教派雷尼·费伦茨（Ferenc Perenyi）颇为幽默地提出，匈牙利会在这一天增添 2 万殉道者，教皇应当做好为他们全部封圣的准备——这句玩笑最后竟一语成谶。

　　与此同时，在军事上处于有利地位的苏莱曼，以颇有象征意义的方式，通过了无人守卫的德拉瓦河。他下令用船只在河上建造浮桥，而按照苏莱曼在日记中的记述，他热忱的追随者们仅用 5 天就完成了浮桥的搭建工作。当他的全部部队安然通过之后，他焚毁了奥西耶克，并摧毁浮桥。破釜沉舟，成败在此一举了。

莫哈奇的结局

　　莫哈奇战场位于今莫哈奇以南通向克罗地亚的大路上，大部分战斗发生在距离莫哈奇 4—7 英里的区域内。如今，这里基本保持了原样，唯一不同的是，在小村乌德沃尔（Udvar）附近，匈牙利与克罗地亚边境上的铁丝栅栏将战场一分为二。

　　1526 年时，今公路以东的地方，包括克罗地亚境内的区域，是一片长在泥沼中的树林，而双方开战之前下的大雨，让这里变得愈发泥泞了。最终汇入多瑙河的小河波尔扎河（Borza），流经这片区域时直接融入了泥沼之中。公路以西的区域，土地相对坚实，并逐渐向上倾斜，形成一片多树的坡地——目前依然可辨，它主宰着战场的南面和西面。1526年时，东西两片林地在战场南面相接，而树木与山坡的阻挡，让匈牙利军队无法发现奥斯曼军队正在进军。在公路以西多瑙河与泥沼之间的这片略有坡度的草原上，爆发了匈牙利历史上最具有决定性意义的一战。

拉约什二世将旌旗插在了莫哈奇城与波尔扎河的中点处。大主教托莫里的指挥部布置在他的后方。匈牙利部队的主力在波尔扎河附近集结。他们是否渡过了这条小河，各种资料的说法存在差异，但这条浅河确实无法阻挡行动。匈牙利将前沿部队分为两部，右翼是克罗地亚的鲍贾尼·费伦茨（Ferenc Batthany）率领的军队，左翼则是瓦拉德主教的兄弟——派雷尼·彼得（Peter Perenyi）率领的军队。在他们身后是结成一条阵线的主力部队。其中右翼的一支分遣队，在拉斯考伊·加博尔（Gabor Raskay）的率领下，负责警戒奥斯曼部队可能的包抄行动——他们担心奥斯曼人在西南面山坡脚下的毛伊什村（Majs）方向布置伏兵。但他们没有在左翼安排警戒，因为两支军队阵线的东端都延伸到了几乎无法行动的泥沼和涨水的森林地带。

苏丹清楚匈牙利骑士潜在的冲击力，因此加强了部队纵深。最前方是作为炮灰征召的轻骑兵，即所谓的"阿扎普骑兵"（azaps）。鲁梅利亚和安纳托利亚的骑兵，以及一些炮兵部队，作为最前方的两条主战线，分别由大维齐尔易卜拉欣帕夏和贝赫拉姆（Behrem）帕夏指挥，第三条战线则是重炮。15000名新军士兵以及侧翼的西帕希骑兵（sipahis），由苏丹本人亲自指挥。在左翼远端，还有作为支援的骑兵部队。匈牙利军阵的侧背方向，则是巴利（Bali）贝伊和胡塞夫（Korsev）贝伊指挥的阿金基骑兵，匈牙利分遣部队正是要应付他们。

莫哈奇之战以匈牙利炮兵的齐射拉开序幕，随后匈牙利骑士通过坚实的草地发动了迅猛冲锋。起初，战况对匈牙利颇为有利。骑士冲散了鲁梅利亚和安纳托利亚的骑兵，接着他们又向第三条战线掩杀而去。与此同时，拉斯考伊·加博尔率军冲散了毛伊什村的阿金基骑兵，但他既没有歼灭这些骑兵，也没有进行追击。

大主教托莫里的骑兵继续进军，冲向奥斯曼军队的阵列，仿佛要与苏丹正面对决。然而突然之间，奥斯曼军队的火炮开始齐射，这些火炮用铁链拴在一片洼地之中。未能发现奥斯曼军队的火炮，是匈牙利一方侦察的重大失误。由于射击的位置存在高低差，火炮的实际杀伤相当有限。但如此近距离的火炮射击，加上出乎意料，带来的巨大士气打击，成了这一战最终的转折点。奥斯曼编年史家凯末尔帕夏声称，匈牙利人能杀到火炮的炮口之前，是因为大维齐尔易卜拉欣帕夏有意假装后退。他写道："年轻的狮子，无论如何英勇，也要忌惮老狼的智慧与经验。"[4]

匈牙利部分左翼部队开始后退，踏入泥沼区域。当奥斯曼军队发起反击时，大部分匈牙利骑士被赶向了国王的营地。然而他们惊恐地发现，奥斯曼轻骑兵已经先他们一步抵达营地，屠杀了营中的随行人员。凯末尔帕夏颇为诗意地写道：

……杀戮之刀纷纷砍向生命之衣，原野如同千手的魔鬼；枪尖急速刺向屠杀场中惊惶的飞鸟，战场化作千头的怪兽。[5]

与此同时，巴利贝伊和胡塞夫贝伊指挥的阿金基骑兵，因为拉斯考伊·加博尔的疏忽而得以重组。他们从毛伊什村兵分两路再度出击：一路来到混战双方的侧翼，此处的匈牙利人正在全面溃退；另一路则来到匈牙利国王位于后方的营地。奥斯曼军一路追杀匈牙利部队来到莫哈奇城下，其中绝大多数的杀戮就发生在如今的纪念碑处。1960 年，这里发现了三处万人坑，万人坑的位置明确说明，普通士兵的尸体在他们战死的地方被就地掩埋。

这一战约在下午 6 点结束，实际战斗仅仅持续了两个小时。匈牙利国王约13000 人的步兵仅剩 3000 人逃离战场。许多人在多瑙河河边的泥沼之中挣扎时被杀，但对匈牙利政局而言，最严重的损失在于王室的大批重要官员与一系列高级教士的死亡。英勇的考洛乔大主教托莫里·帕尔、格兰（Gran，今埃斯泰尔戈姆）大主教绍尔考伊·洛迪斯洛（Laszlo Szalkai）阵亡。除此之外，阵亡的主教还包括瓦拉德主教派雷尼·费伦茨、杰尔主教保克希·鲍拉日（Balazs Paksi）、乔纳德（Csanad）主教绍霍伊·费伦茨（Ferenc Csaholyi）、佩奇（Pecs）主教莫雷·菲勒普（Fulop More），以及波斯尼亚主教保利瑙伊·哲尔吉（Gyorgy Palinay）。匈牙利的盟军之中，克罗地亚伯爵弗兰吉帕尼（Frangipani）和施利

◎ 查理五世的兄弟斐迪南，他于 1526 年成为匈牙利国王

克（Schlik）伯爵斯捷潘阵亡，斯捷潘也是唯一一位抵达战场的波希米亚领主。

匈牙利国王拉约什二世从战场上消失了。他逃离了战场，但他的马匹在攀登溪流边的峭壁时摔倒，将他压死。（见彩图 15）。他的尸体直到两个月之后，多瑙河的水位下降才被人发现（见彩图 16）。奥斯曼军队抓了大批俘虏，但苏丹于次日下令将他们全部斩首，就像他的祖辈巴耶塞特一世在 1396 年战胜尼科波利斯十字军时那样。他仅仅留下 5 个俘虏用来索取赎金。头颅堆成了京观，其中大主教托莫里的首级被特意挑在长枪上。苏丹在日记中极为简洁地写道：

> 8 月 31 日，皇帝坐在黄金王座上接受群臣效忠，他屠杀了 2000 名俘虏，大雨倾盆而下……
>
> 9 月 2 日，大军在莫哈奇休整，掩埋 20000 匈牙利步兵和 4000 匈牙利骑兵的尸体。[6]

匈牙利瓦解

极少几位逃离莫哈奇的匈牙利领主开始重建国家。这些人中包括大法官的副手——索特马尔（Szerem）主教布罗道里奇·伊什特万（Istvan Brodarics），他在之后作为亲历者写下了有关这一战的重要记述。除他之外，只有宫廷卫队长巴陶里·伊什特万、阿格拉姆（Agram，今萨格勒布）主教、尼特拉（Nitria）主教，以及克罗地亚总督得以逃生。另外，还有大批轻骑兵逃走，他们在逃跑途中可耻地掠夺了乡村。

扎波尧伊·亚诺什当时还在特兰西瓦尼亚，没有参与作战。此前，拉约什二世让他前去发动突袭，而后又让他加紧撤回。这是个极大的错误，不但浪费了匈牙利东部的军力，也让拉约什二世最大的政敌避免在血战之中消耗实力。他最终在惨败的第二天来到莫哈奇，见到灾难般的景象之后便立刻撤走了。

休整三天后，苏莱曼大帝宣布进军布达。一路上畅通无阻，奥斯曼人还焚毁了拥有大教堂的佩奇。9 月 10 日，苏莱曼大帝进入布达，他下令赦免这座城市，但这里依然遭到了掠夺与纵火，大量财宝被运往君士坦丁堡。非正规骑兵部队则在匈牙利四处游荡掠夺。守寡的匈牙利王后玛丽逃到布拉迪斯拉发，而后转往维也纳避难，投奔她的兄长——哈布斯堡的大公爵斐迪南。10 月 26 日，匈牙利流亡政府选举斐迪南为匈牙利国王。他的妻子安妮，拉约什二世的妹妹，成了匈牙利王后。

苏莱曼大帝另有想法。他决心把匈牙利变成自己的附庸国，而且打算速战速决。野心勃勃的扎波尧伊·亚诺什帮助了他，亚诺什派出使节来到布达觐见苏丹并提出臣服，苏丹接受了他的请求。[7]1526 年 11 月 10 日，奥斯曼帝国推举的扎波尧伊·亚诺什在尼特拉主教（少数几位逃离莫哈奇战场的高阶教士之一）的主持之下加冕为匈牙利国王。除了遭受莫哈奇屠杀、臣服于奥斯曼帝国的屈辱之外，匈牙利还出现了两位国王。这场世界历史上真正的"决定性胜利"，将为失败者带来两个世纪的战争与不和。

围攻维也纳

在奥斯曼帝国的社会体系之中，军事胜利与政治权威紧密相连，因此在莫哈奇大获全胜的苏莱曼获得了前所未有的威望。整个欧洲都希望他能在 1527 年返回多瑙河，回到他开启征途的地方。事实上，奥斯曼帝国的军力已经分散到了欧洲人几乎不曾注意的土地之上，而这些方向的战争将在此后不断分散他的精力与军力。

苏莱曼在巴尔干半岛的将军们依然在打击匈牙利。1527 年他夺取了亚伊采（Jaicze），以及波斯尼亚的巴尼亚卢卡（Banja Luka）。此时的匈牙利，几乎不需要任何外部压力来消磨人们的士气了，两位君主之间的内战已经让他们沮丧不已。同年，国王斐迪南在波希米亚部队的支持下，将扎波尧伊·亚诺什的部队赶出布达，不仅夺取了多瑙河畔的一系列堡垒，还占据了塞克什白堡（Szekesfehervar）。扎波尧伊自然向苏丹遣使求援，然而整个 1527 年，奥斯曼帝国都没有派来援兵，甚至 1528 年也没有派兵。相反，扎波尧伊成了奥斯曼帝国接下来对欧洲发动大规模远征的最好注脚，这次远征，不只是为了收复苏莱曼惜弱的附庸丢失的匈牙利领土，也是苏莱曼执政时期野心最大的一次行动。同时，这次远征对基督教世界心腹之地的威胁，也绝非进攻匈牙利的缓冲区可比。苏莱曼大帝的目标是——维也纳！

1529 年 5 月 10 日，苏丹离开君士坦丁堡，8 月 6 日远征军抵达奥西耶克，这次他的部队可能有 12 万人。8 月 18 日，他与扎波尧伊在匈牙利军队惨败的莫哈奇原野会合。扎波尧伊从特兰西瓦尼亚带来 6000 人加入苏丹大军。在匈牙利国王的引领之下，入侵大军一路向北。9 月 8 日，布达守军投降，扎波尧伊欣然入城统治，余下的部队则继续沿多瑙河进军。让奥地利人感到不安的是，此前他们从扎波尧伊手中夺取的城堡纷纷向奥斯曼军队投降，仅有布拉迪斯拉发守军进行了抵抗。溯河而上，随同陆军前进的奥斯曼舰队，对抵抗城市的城防进行了炮击。9 月 27 日，苏莱曼大帝安然抵达维也纳城下。

对斐迪南国王而言不幸的是，他的兄长——神圣罗马帝国皇帝查理五世此时正忙于和法国开战，无暇援助他。其他可能的支持者尽管得到了斐迪南的警告——如果奥地利陷落，德意志将不能保全；但他们之中的大多数依然认定路德宗比奥斯曼人威胁更大。然而他们并不需要担忧新教徒太久，曾在 1521 年反对向奥斯曼人发动十字军的马丁·路德，在 1529 年收回了他说过的话。情况已经不同了，任何期望和平，打算静观奥斯曼帝国进军的新教徒，在读到马丁·路德振聋发聩的新作——《论与奥斯曼人的战争》之后，都会决心抵抗。

斐迪南在维也纳的驻军有 6000 多人，然而中世纪城墙上的防御工事远比此后的火炮棱堡及类似工事显眼得多，而环绕城市的城墙，多个区段的厚度不超过 6 英尺。如今，1529 年那场规模浩大的围攻战的遗迹已经所剩无几，但一位德意志画师忠实地描绘了城市的布防图与攻城者的阵地。在圣斯蒂芬教堂的尖塔之上——这个制高点极大帮助了守城者——速写记录情况之后，他在拼接的巨幅版画上完成了作品。在有关这场攻城战的记载中，作者提到了惯常的防御准备：铲平紧贴城墙内侧的房屋，并在东段城墙内侧建造一段新城墙，以备反击。

尽管旧式城墙颇为脆弱，但绝大多数驻军都是专业士兵，其指挥官萨尔姆（Salm）伯爵尼古拉斯，更是在前不久的帕维亚之战中立下了赫赫战功。他的一次出城突围，不但成功阻止了奥斯曼工兵挖掘地道，还险些活捉了苏莱曼麾下显赫的大维齐尔——使用六马尾旌旗的易卜拉欣帕夏。余下的围攻战主要还是依靠炮击和挖掘坑道进行。然而，因为天气恶劣，大量重炮无法运达；挖掘地道的奥斯曼工兵也在守军的勇猛突击中屡屡受挫，几条地道都被守军摧毁。10 月 6 日，城中 8000 人杀到了奥斯曼战线之中，摧毁了那里的地道入口。尽管造成了相当的破坏,军队返回时的拥挤,依然让后卫部队付出了不小的伤亡。

在一系列进攻被击退之后,奥斯曼一方于 10 月 12 日召开军事会议,开始考虑撤围。冬季即将到来,苏莱曼决定进行最后一次尝试。他许诺给第一个登上城头的人大笔奖赏,刺激士兵们奋战。然而这并不足以带来胜利。10 月 14日午夜,奥斯曼军队的营地里传来了惨叫声,这是在撤退之前屠杀俘虏。这次撤退成了灾难:士兵们因为提前到来的降雪而举步维艰,多瑙河上的舰队则遭到布拉迪斯拉发守军的炮击。在布达,扎波尧伊前来祝贺他的宗主取得胜利,然而苏丹的军队显然没有北上之时昂扬了。

围攻金茨

1532 年,苏莱曼组织起一支比 1529 年时人数更多的大军,再度进军维也纳,由此可见奥斯曼帝国庞大的人力储备。这次他确实需要一支大军了,因为斐迪南的兄长查理五世率领欧洲最优秀的部队之一来到维也纳,这是一支在当时的西欧前所未有的大规模部队。苏莱曼被迫改变计划,他没有直接进军维也纳,而是转向西面,进攻沿奥地利边境展开的、仍臣服于斐迪南的匈牙利带状残余领土。在夺取了几个小据点之后,他继续西进,围攻匈牙利领土上的最后一座堡垒,也是今天匈牙利境内唯一存留的堡垒。这座城镇,如今按匈牙利语称为克塞格(Koszeg),但在 1532 年奥地利人称这里为金茨(Güns)。

金茨围攻战对匈牙利人而言意义重大。这座城堡很小,只有 700 人防守,然而对面的奥斯曼军队规模几乎和 1529 年围攻维也纳时一样。当地的驻军指挥官——克罗地亚人尤里希奇·米克洛什(Miklos Jurisics),是坚决而正直的人,他麾下的 700 名士兵本打算前去维也纳集合,然而得知奥斯曼军队的动向之后便留在了城中。他们没有火炮,只有极少的火枪与火药。

围攻由出色的大维齐尔易卜拉欣帕夏展开,但他并没有意识到守军的处境其实非常艰难。苏莱曼在不久之后加入了围攻。金茨的城防似乎可以通过挖掘地道来摧毁,但即使地道成功地在防御工事上打开了足够大的缺口,随后发起的进攻依然被守军一一击退。在奥斯曼重炮集中轰击城墙之后,守军建造了木栅。8 月 28 日,尤里希奇轻蔑地拒绝了对方的投降条件。之后,被守军两度拒绝投降的奥斯曼军队再度试图强攻,他们在新一轮猛攻中夺下了缺口。担心被屠杀的城中居民怒吼着发起反击，这让奥斯曼人误以为援军已经抵达，于是仓促撤退。三个小时之后，尤里希奇被请到易卜拉欣帕夏的营帐中，收到了一个极不寻常的提议。苏莱曼大帝依然没有意识到城中军队规模极少，他表示同意饶恕守军，就此撤走，只要尤里希奇举行名义上的投降仪式。苏莱曼声称，少量奥斯曼仪仗队将在城头上升起旗帜，大部队则只能在城外等待，仪式结束之后，奥斯曼军队将全部撤走。尤里希奇清楚自己殊少的部队难以久战，便同意了这个不寻常的提议。

公牛之血

苏丹第二次入侵奥地利带来的最重要的影响，是斐迪南国王签署了出乎众人预料的和平协议。协议确认扎波尧伊为全匈牙利的国王，却也承认斐迪南拥有他实际控制的土地的主权。双方都得到了喘息之机。一直到9年后，苏莱曼大帝才再次对匈牙利和奥地利发动新的陆上进攻。在这9年之中，他的军力与政治手腕，用在了对抗同样强大的波斯、亚美尼亚和摩尔多瓦。同时，他还动用了前一章提到的海军，发动了一系列海战。

1540年，随着扎波尧伊的去世，匈牙利的情况发生了变化。他的继承人刚出生几个星期，就被成为王太后的伊莎贝拉仓促地在摇篮中加冕为王。接踵而至的，则是斐迪南率军加急赶往布达的消息。当多瑙河边境上的堡垒纷纷向斐迪南投降时，绝望的王太后向君士坦丁堡求援。苏莱曼直到次年才率部回应，此时查理五世正忙于在阿尔及尔征战，斐迪南派出的无能指挥官罗根多夫（Roggendorf）则在布达城下受挫，这都帮了苏莱曼大忙。王太后欣然接纳了奥斯曼苏丹，然而当苏丹要求将小国王送到他的营帐时，她却犹豫了。最后，孩子没有受到任何伤害，苏莱曼庄严宣誓要庇护这个孩子。然而，苏丹所说的"庇护"，是把这个孩子和他的母亲转往特兰西瓦尼亚的安全之地，直到这个名叫西吉斯蒙德·亚诺什（John Sigismund）的婴儿长大成人。奥斯曼军队迅速占据布达，哈布斯堡王朝控制的匈牙利领土只剩下狭窄的边境地区。仿佛苏丹只需要再进行一次大规模进攻，就能再度抵达维也纳，然而随后的一纸和约，让扎波尧伊·西吉斯蒙德·亚诺什安然成长到11岁，并成为特兰西瓦尼亚大公。

当奥斯曼军队于1552年返回匈牙利领土时，却在埃劳［Erlau，今称埃格（Eger）］受挫，这座小堡垒位于斐迪南控制的匈牙利残余领土的西北角。这是苏莱曼大帝第二次在匈牙利小堡垒面前受挫。金茨坚持了20天，1552年时的埃劳则抵御了奥斯曼军队38天的进攻。

埃劳守军的指挥官是多博·伊什特万（Istvan Dobo），驻地储存的大量本地红酒帮助了守军。看到守军的胡须之上滴下的红酒，围城者声称他们喝下了公牛之血。直到今天，当地的红酒依然以此为名。在埃劳，城中妇女英勇地搬运火药、炮弹以及装着"牛血"的酒壶，还把大锅的沸水向云梯上的奥斯曼士兵倾倒。（见彩图17）最后，数量上处于绝对优势的奥斯曼军队再度屈辱离去。

兵败埃劳，成了苏莱曼接连几年纷扰的开端。他与整个家族的悲哀，在于族人为争夺苏丹继承人之位而起了内讧。1565年，马耳他围攻战的失败也极大地打击了他的威望。唯一能够让他满意的，只有战场之上的胜利。因此在1566年，苏莱曼开始筹备人生之中的最后一战。那时的他已72岁了，因为严重的痛风只能坐在滑竿上。1566年的远征是他第13次亲自率军踏上战场。他的宿敌——神圣罗马帝国皇帝查理五世，在56岁时就决定不再亲自指挥作战了。这次进攻，也是苏莱曼第7次入侵匈牙利。

1566年5月1日，苏莱曼率领他一生之中指挥的规模最大的一支军队出征，总人数或许多达20万人。因为身体虚弱，他的军队只能缓慢行进，在进军49天之后才抵达贝尔格莱德。在贝尔格莱德，苏莱曼准备进军北部边境地区和埃劳，打算先报复1552年的挫败，之后再进军维也纳。但他刚刚出发，就收到了他信任的将军——特里卡拉（Trikala）的穆罕默德在匈牙利南部的希克洛什（Siklos）城堡战败的消息。击败穆罕默德的守将是兹里尼·米克洛什（Miklos Zrinyi，根据英文书写方式，通常又被译作尼古拉·兹林斯基），此人30多年前曾在维也纳与奥斯曼军队作战。尽管来自克罗地亚，匈牙利人依然把兹里尼当作同族看待，他通过姻亲以及在匈牙利继承的大量土地，巩固了自己的地位。兹里尼由于忠于控制匈牙利部分领土的哈布斯堡王朝，向来是奥斯曼帝国的眼中钉、肉中刺。

◎ 1566年，在锡盖特堡抵御苏莱曼大帝的兹里尼·米克洛什

◎ 兹里尼率部进行最后的突袭，几乎全体战死的他们，没能得知苏莱曼大帝已经在营中逝世的消息

锡盖特堡的终结

1566 年，兹里尼在匈牙利与克罗地亚边境的锡盖特堡（Szigeth / Szigetvar），再度阻挡了奥斯曼军队。锡盖特堡并不在苏莱曼预定的进军路线上，前往这里意味着偏离维也纳。之所以攻击这个方向，据称是因为神圣罗马帝国皇帝正在维也纳周边集结部队，于是愤怒的苏丹下令向西转向。他的愤怒显而易见，当他留在布达的代理人——"狮子"穆罕默德，斗胆前来向他报告奥地利人夺去了他负责防守的陶陶（Tata）和维斯普雷姆（Veszprem）时，苏莱曼下令将他当场扼死在营帐之中，完全不进行任何的调查与审判。[8]

1566 年 8 月 5 日，奥斯曼军队在锡盖特堡周边进入阵地，准备发动围攻。这次围攻很快就发展成了陆地上的马耳他围攻战。锡盖特堡周边的河网、城壕与沼泽地，让兹里尼守卫的城堡近乎位于岛屿之上。河网的水源来自阿尔马什河（Almas），它是附近德拉瓦河的支流，城堡建筑者机智地利用河流，实现了不寻常的城堡设计。锡盖特堡分为三个区段，每个区段之间通过桥梁与堤道相连。尽管内侧城墙（与现存城堡的区域基本一致）的高度并不算突出，却几乎难以逾越，因为必须先夺取另外两道城墙，才有可能进行最后一击。

三个区段的第一段是旧城及其中世纪城墙；第二段是所谓的新城，区域与今锡盖特堡的城区相当；再之后才是城市堡垒，这里有一套最新的棱堡体系。兹里尼正是在这一棱堡体系之上，向抵达的苏丹大军开炮示威的。围城的奥斯曼军队士气高昂。急于复仇与征服的苏莱曼，在锡盖特堡外激励部下。在接下来的两个星期之中，双方爆发了恶战。干燥的天气对攻城一方颇为有利，城壕中的水位不断下降。8 月 19 日，旧城和新城相继落入奥斯曼军队手中。激烈的炮战仍在继续，双方都在奋勇作战，并且奥斯曼军队开始向内城的城壕堆土，以便从这里通过。与此同时，苏莱曼向兹里尼开出条件，他让人将用匈牙利语和德语写的信件射进城中，打击守军的士气。在这些条件都被轻蔑地拒绝之后，大规模的强攻开始了。守城者击退了这次进攻，但苏莱曼坚信，在莫哈奇之战的纪念日展开的第二次进攻，能够取得胜利，但守军再度将他们击退。

在这两个星期中，苏莱曼的工兵在锡盖特堡的一处主棱堡之下挖掘了地道。对环绕着河流的堡垒进行地道挖掘难度极大，但他们还是成功地避开了守军的侦察，挖到城墙之下，并在 9 月 5 日引爆了埋下的炸药。爆炸产生了出乎所有人预料的效果，锡盖特堡的一角被完全炸开，引发的大火向城内蔓延。城堡的陷落已经不可避免了，然而奥斯曼军队的总攻命令却没有立即下达，因为就在这一天，苏莱曼大帝在他的营帐之中逝世了。

围城战的压力无疑耗尽了这个老人的精力，但这个秘密还是被全力保守住了。只有苏丹身边的人清楚他逝世的消息。信使带着一封连他都不知晓内容的密信，仅仅花了8天送到小亚细亚，交给苏莱曼的继承人塞利姆。兹里尼当然不清楚这个重大变化，此时他守卫的堡垒只剩下了三面城墙。通过缺口发起的总攻随时可能展开，因此兹里尼决定先发制人，率领部下发起自杀式突击。他只剩下600名可以作战的士兵，他们在兹里尼的率领下冲过桥梁，扑向准备发动总攻的奥斯曼人。兹里尼被两枚击中胸口的弹丸杀死，"600勇士"之中只有极少数人杀出了奥斯曼人的队列。奥斯曼军队随后进入几乎成为废墟的锡盖特堡，这时守军设置的大型诡雷，引爆了城中残存的所有火药。

锡盖特堡陷落后，保持理智的大维齐尔以苏丹的名义发布了公告。公告宣称，苏丹因为身体状况欠佳，无法继续陪同他们参与这次远征。此时，苏莱曼的遗体已经悄然运往君士坦丁堡，而了解情况的官员们仍在佯装与他保持联络。奥斯曼帝国的资料提到，这个消息封锁了三周，苏丹的私人医生也被秘密处死。

两位伟大的指挥官就此撒手人寰，如今在锡盖特堡以北几英里的地方，苏莱曼曾经的营地处，两人的塑像并排而立，纪念近些年实现的匈牙利与土耳其的友好关系。但英勇的兹里尼只是个下级军官，而苏莱曼则以他的军事与政治成就，将奥斯曼帝国的威望推向了新的高度。苏莱曼大帝可谓奥斯曼帝国最伟大的君主，唯一可与他相媲美的只有征服者穆罕默德。身为君主，亲自指挥13次远征，的确是非同寻常的成就。历史会证明，即使算上1683年那次著名的维也纳围攻战，欧洲人也再没有像苏莱曼大帝统治的1521—1566年那样，遭受奥斯曼帝国如此大的威胁。当奥斯曼帝国的国力最终衰落，学者们开始哀叹欧洲人控制了海洋之时，依然能让奥斯曼人聊以自慰的，就是老天将陆地给了他们。而实现这一切的，正是苏莱曼大帝。

棱堡战争

如果评选世界上最怪异的城堡，意大利的萨尔扎内洛（Sarzanello）城堡将是第一名的有力竞争者。它位于萨尔扎纳（Sarzana）以北一处险要的山丘之上，人们可以通过其城墙一睹萨尔扎内洛城堡的怪异设计（见彩图18）。从这个角度看去，萨尔扎内洛城堡如同两个堡垒使用一道窄桥相接，但只有近距离观察时才能看明白这座堡垒的真实情况。该城堡的其中一半于1493年完成，几乎是完美的等边三角形，三个顶点各配有一座巨型圆塔楼；而占地面积基本相同的另一半则格外怪异，仿佛是巨大的"熨斗"，又仿佛是"大型航船的船头"。这个1497年添加的防御工事，是世界上的第一座半月堡（ravelin，见彩图19）。这种特别的建筑，试图通过添加一个棱堡，把传统的城堡变为新式的火炮城堡。棱堡这一新概念，对文艺复兴时期的战争来说，意义与瑞士人的超长枪一样重要。

棱堡发展

堡垒或者堡垒体系不可能毫无理由地存在，君主或者城市的缔造者，必须给出一个花费大量时间与金钱来建造一座堡垒的理由，即使这些昂贵且耗时甚久的庞大建筑，在防御上的真正价值很可能无从检验。比如，卢卡（Lucca）的城墙花了150年才完工，这比罗马的圣彼得大教堂还多花了50年。"600万块手工城砖……每一块都代表着卢卡市民根深蒂固的恐惧与一个个不眠之夜。"[1]

经典的城墙范例就是中国的明长城，它由明王朝建筑在蜿蜒的群山之上，守卫着最难守卫的地方，以雄伟之姿震慑着敌人与游人。[2] 这一类防御工事，本质上是建造工事的领主们的政治宣言，其作用是标出势力范围、确定边界，并明确宣告这位君主拥有无尽的财富。

建造防御工事，除了出于政治因素的考虑之外，还有许多不同的军事方面的考虑。防御工事最重要的职能，自然就是防卫城墙之内庇护的区域，无论是城堡、城市还是城镇。除此之外，从战略层面上可以使用一系列的防御工事组成一个防御体系，防卫一个区域或者一条明确的边界线。这两个任务都属于防御职能。事实上，工事在进攻方面也有相当的价值。堡垒为领主提供了稳固的基地与完成下一个军事目标的跳板，以保证征服行动可以继续进行。同时，堡垒也是一种威胁，特别是城市之中的附属堡垒。

当然，任何堡垒或防御工事体系所要经受的最大考验，便是围攻。无论城墙、补给、兵员和士气在围攻之初如何良好，终究都是有期限的，因此在一次次围城战中，驻军所期待的不只是依靠城防挡住敌人，更期待友军尽快前来解围。换句话说，意图通过防御工事体系守卫一个地区，其前提条件是能有一支机动部队能够前来为驻军解围。[3] 举一个这一时代早期的例子，1480 年的布列塔尼人在圣欧班—迪科尔米耶(St Aubin de Cormier)围城战中战败后不久，圣马洛（St Malo）便投降了。[4]

然而鲜有永不陷落的堡垒，因此对于建造堡垒的目的，我们需要进行更加细致的分析。很大程度上，建造堡垒的目的在于争取时间，至少，一座堡垒能够拖耗敌人，干扰他们的进军，并最终打乱其战略部署。因此，良好的防御体系能够阻拦并抵御入侵者，同时帮助友军安然进行内线机动。防御体系同样提供了稳固的补给贮藏地，只要还没有丢失，它就是领主统治力量的象征。即使堡垒最终被攻破，敌人也会付出可观的代价，不但要派出大批兵员进行攻击，还可能付出相当大的伤亡。[5]

从补给方面考虑，进行围攻战耗费甚大，需要消耗大量的食物和弹药。[6] 同时，只要军队忙于围攻，他们就无法对其他方向构成威胁，也易于遭受外来的进攻。1640 的都灵围攻战，就以颇为滑稽的方式展现了这种情况，城市堡垒中的法军被夺取城区的西班牙军队围住，而城外封锁住城市的法军又被更外侧的西班牙军队包围！[7]

火炮开始应用于 15 世纪的围攻战中，于是文艺复兴时期的人们用它试验了一系列的防御工事。其中，罗德岛堡垒便是防御工事上的一个不错答卷。整个欧洲的建筑学家和理论研究者，长期以来希望使用计量手段算出火炮的射击区域、塔楼的盲点以及城墙的最佳角度。事实上，15世纪与16世纪的这种图纸计算，就相当于当代的计算机模拟。[8]

其结果，是既引人瞩目，又各不相同。早在1433年，重建比萨城墙之时，建筑者就试验了侧向射击。[9] 他们把更轻便灵活的火炮布置在新式的宽阔城墙之上，让这一新手段成为可能，而这种设计最先淘汰的就是圆形塔楼，因为留下了太多的死角。这一时期许多圆形塔楼在设计上不复圆润，因为建筑者发现将塔楼外侧有坡度的区域增加至占塔楼总高度的三分之二时，可以比圆形塔楼更有效地增加炮弹滑开的概率。然而过于宽阔的外侧斜坡，也让垂直防守难以进行，因为城上投掷的重物会在斜坡上滚下，无法造成伤害，而不是迅速坠下并最终在斜坡上弹起，这原是中世纪守城者的一个重要杀伤手段。

防御工事设计的新重心是侧向射击。由于重炮在塔楼之中使用多有不便，而从城墙中伸出，不仅可以侧向射击，使炮击高度更低，还可以布置大量斜面的火炮平台，于是自然而然取代了塔楼。真正的棱堡防御体系就此出现。本质上作为防御工事的塔楼就此被棱堡取代，而棱堡防御的同时还可以作为进攻武器使用。旧时的塔楼被改建为棱堡，甚至被新建设的棱堡包裹在其中。

棱堡使用砖、石或土建造，同时代的建筑师将其尽可能地加厚，按箭头形状布置，这意味着其中的火炮不但可以向城壕对面射击，还可以沿着城墙方向侧向射击。最精巧的棱堡通过精确的几何计算，可以保证各个棱堡互为掎角，使整个堡垒的防御没有任何死角。一篇有关军事建筑学的作品中，称棱堡为"自拱出现之后最具革命性的实用改进"。[10] 这种全面改革的城堡设计，既能够更有效地抵御攻击方的火炮，也能够给防守一方提供更稳固的火力射击平台。这种意大利风格（trace italienne）的新式军事建筑，在各地的外观不尽相同。但无论是西班牙人在低地面对的土质棱堡，还是法马古斯塔的石质棱堡，只要棱堡出现，围攻战就必然发生变化。在真正的围攻战之中，工事所能够争取的时间依然是有限的，但棱堡体系让攻城者被迫维持更长的封锁线，耗费更多的补给，守军为此能够争取到更多的时间，等待援军前来。

显然，昂贵的棱堡系统不是一夜之间出现的。费拉拉城墙于1500—1506年建造时，塔楼还是圆形的，但在1512—1518年的整修中，它添加了三个棱堡。

米凯莱·圣米凯利（Michele Sanmichele）在维罗纳主持建造的棱堡直到 1530 年才动工。1534 年，整修罗马城墙时唯一的争论（除了开销甚大、是否必要之外的其他争论），便是防御工事的确切所在地以及城墙的长度，至于城市的防御依托棱堡一事，根本无人质疑。这个风格在接下来的几十年之中广为流传。1560 年时，得到三个棱堡防护的纳尔瓦（Narva）居民，可以安然蔑视河对岸莫斯科公国的中世纪城堡——伊万哥罗德（Ivangorod）。[11] 不过纳尔瓦在欧洲北部属于特例。普斯科夫和斯摩棱斯克（Smolensk）可以用于建造棱堡的材料很少，在这里大范围的骑兵活动代替了静态的包围圈，即使有围攻也更类似中世纪时的情况：幕墙与坚实的圆塔楼在火炮的庇护之下，依然能够长期抵御围攻（见彩图 20）。尚未交锋时，胜败从来无法断定。

塞浦路斯的棱堡

16 世纪晚期的战争，让棱堡与类似的防御工事在战争中证明了自身的价值。一个生动的例子便是奥斯曼帝国进攻塞浦路斯时，与岛上两个坚固的堡垒体系的交锋。奥斯曼军队对两个堡垒体系都发起了进攻，而建筑师们则在安全的远方密切关注着，因为这次围攻使用的技术手段，将成为 17 世纪围攻战惯常战术的一次试验。

和罗德岛不同，塞浦路斯的统治者不是落后时代的骑士团，而是思维冷静的威尼斯共和国。在当代欧洲人看来，那是个综合了一切优点的岛屿，它被称为"宁静之地""亚得里亚海的王后""艺术与宗教圣物的宝库"。但那时威尼斯的形象显然不是如此。对 16 世纪的塞浦路斯居民而言，"亚得里亚海的明珠"在他们看来代表着外来的压迫。一位 1508 年的旅行者留下了这样的评论："所有塞浦路斯的居民都是威尼斯人的奴隶。"威尼斯共和国对于他们来说是外来的统治者，迫使他们建造大量的防御工事，来防备更大的威胁者——奥斯曼帝国。[12]

一位 1509 年的旅行者，满怀热忱地记述了尼科西亚的城墙："依我之见，再没有如此精巧而完备的城防了。"但此人并非军人。16 世纪 60 年代的城墙检查报告，指出了一系列受损城墙、脆弱区域以及危险的缺口。伯爵朱利斯·萨沃尔尼亚诺（Julius Savorgnano）奉命前往塞浦路斯，对尼科西亚的城

◎ 尼科西亚城防示意图，1565 年时这里拥有了欧洲第一个几何学意义上较为完美的棱堡

墙进行为期 10 个月的整修。修缮城墙的钱财由塞浦路斯的威尼斯贵族提供，劳动力则由塞浦路斯的平民提供。他的计划是，使用堆土建造环形的主城墙，配置完善的棱堡体系，并使用石料覆盖城墙的一半高度。使用堆土作为主体，极大地加速了城墙的建设速度。1565 年末，11 个呈钝角的火炮棱堡从尼科西亚的城墙中伸出，成为"第一个得到几何学意义上完美的棱堡防护的城市"。[13]

威尼斯人还整修了另一个据点——法马古斯塔。1492 年，在所谓的"奥赛罗塔楼"，将中世纪堡垒改建为文艺复兴时期防御工事的历程开始了。然而到 1498 年，就出现了抱怨资金不足的报告。1500 年的记录更是提到，炮手数量严重不足，唯一优秀的炮手还因为痛风无法作战。即使如此，在接下来的 30 年间，来到塞浦路斯的旅行者依然纷纷赞叹法马古斯塔城防的坚固，所有人都声称这里的防御坚不可摧。有人担心敌人在港口附近的两块礁石之上构筑炮兵阵地，也有人认为驻军规模不足才是更严峻也更可能发生的问题。然而，1521年的一个德意志旁观者称，法马古斯塔可以在奥斯曼人（或是西班牙国王，如果形势发生变化的话）的围攻之下坚持一年。

奥斯曼军队发起进攻时，法马古斯塔的城防工事已经建设了80年。庞大的陆墙城门和坚实的半月堡于1544年建成，约10年后，防御工事的修筑任务交给了伯爵埃库莱斯·马丁嫩戈（Hercules Martinengo）。他计划添加一系列的火炮平台（cavaliers），高度至少足以让防御炮火覆盖城外的田野。他还加强了西北角的防御，建造了意大利风格的棱堡。建设工作从1558年开始，此后该堡垒以他的名字命名为"马丁嫩戈棱堡"。

萨沃尔尼亚诺来到法马古斯塔检查防务时，情况便是如此，但这个冷峻的威尼斯人并没有感到满意。此时，城墙约两英里长，但附近的泥沼让居住条件颇为恶劣，而港口也只能容纳约10艘战舰。旧塔楼几乎很难经受火炮的多次轰击，而新建造的马丁嫩戈棱堡，尽管看上去颇为坚实，却仍未完工。萨沃尔尼亚诺认为，这个棱堡规模太小，而且距离城墙太近，无法进行有效的侧向射击。此外，城壕太窄，斜坡太低，城墙还需要添加另外6个棱堡，而这些需要60年的时间才能完成！但这时已经没有时间，也没有资金来完成改建了。不过在奥斯曼军队抵达之前，还是加急完成了9个火炮平台，并加宽了城壕、清理了城外的植被，为守军的火炮打开了视野。

尼科西亚围攻战

1566年，苏莱曼大帝逝世，他的儿子塞利姆二世继承苏丹之位，据说在继位之前他就曾公开表示要征服塞浦路斯。传说，他对塞浦路斯的渴求源自他对当地红酒的钟爱。

1568年，奥斯曼帝国在匈牙利的战争随着和约的签署而结束，塞利姆终于腾出手脚，可以全力追逐他的目标了。他派遣两名军官来指挥对塞浦路斯的远征，其中，拉拉·穆斯塔法帕夏是陆军最高指挥官，来自克罗地亚的皮亚利帕夏则是奥斯曼舰队的最高指挥官。约350艘舰船组成的舰队于1570年6月27日起航，驶向塞浦路斯。7月3日，奥斯曼舰队在塞浦路斯岛屿南部海岸登陆，期间未遇抵抗。

奥斯曼帝国夺取塞浦路斯的军事行动，分为两个明确的阶段。第一阶段是对尼科西亚长达 7 个星期的围攻，以 1570 年 7 月 22 日为起点，9 月 9 日为终点。而后便是持续时间更久的法马古斯塔围攻战。自 1570 年 9 月 15 日被围，到 1571 年 8 月 1 日陷落，这座城市坚持了近 11 个月。而前去解救塞浦路斯的欧洲联合舰队，直到 1571 年 9 月 25 日才在墨西拿集结完毕，这时法马古斯塔已经陷落了整整 8 个星期。这支舰队此后虽然取得了勒班陀海战的胜利，但终究没能解救塞浦路斯。

内斗和拖延让这只支援舰队久久未能到来。对塞浦路斯同样不幸的是，负责其防务的军官是尼古拉斯·丹多洛（Nicolas Dandolo），同时代人称他阴沉沮丧、愚蠢而又暴躁。事实上，岛上此时另有两位出色的军人，一位是法马古斯塔的指挥官，马尔科·安东尼奥·布拉加迪诺（Mark Antony Bragadino），因为职责所限留在了法马古斯塔；另一位是阿斯托雷·巴廖内（Astorre Baglione），此人奉命从法马古斯塔调往尼科西亚，因为那里很可能成为奥斯曼军队的首个目标。丹多洛指挥的尼科西亚守军约有 2 万人，但其中只有半数可用，余下的因为疫病横行或缺乏训练而难担重任。

这座拥有优秀新式棱堡的城市，储备的粮食和弹药足以支持两年的围攻，然而该城市的贮藏管理相当有问题。出于某些未见记载的原因，900 支重型火绳钩枪被运出城，送到山中使用，余下的火绳钩枪尽管合理地布置在城墙之上，却很大程度上无法正常使用，因为"士兵们每次射击都会让火星点燃自己的胡子"。此外，尼科西亚和法马古斯塔两座城市之间的对立，也为这场悲剧推波助澜，而其原因仅仅是两座城市之中的粮食应当由哪一方收割与储藏。对峙的结果，是把大量珍贵的潜在储备粮，留给了奥斯曼军队。

穆斯塔法从东南方向进军尼科西亚，分别在的黎波里棱堡、达维拉棱堡（D'Avila）、康斯坦萨棱堡（Constanza）和波多卡塔罗棱堡（Podocataro）之外停驻。奥斯曼军队另挖一口水井，以防守军在原有的水井中下毒。穆斯塔法随后派出骑兵部队围住城市挑战，引诱守军出城。丹多洛起初不愿与之交战，当他最终同意出城突袭后，他的部队随即被击败，一名军官被俘后斩首。由此可见，他的顾虑并非毫无缘由。

7月30日，穆斯塔法开始土木作业，以保证炮兵阵地尽可能贴近城墙。尽管在萨沃尔尼亚诺主持建造的棱堡之上，守军进行了猛烈的轰击，攻城者还是完成了炮兵阵地的部署。然而奥斯曼工兵一番辛苦劳作之后，在临时工事上进行的炮击效果并不理想，因为绝大多数的60磅炮弹消失在了萨沃尔尼亚诺棱堡上部铺有草皮的斜坡之中。对防守方而言，这个动能吸收装置唯一的缺点，就是震下来的土会落入壕沟之中，逐渐积累成一个缓坡，让奥斯曼士兵在强攻之时得到便利。

为此，穆斯塔法开始挖掘曲折的壕沟向前推进，之后他命令将壕沟转变为地道，就这样通过了斜坡与城壕。穆斯塔法还使用驮马运输木料，在地道中添加横梁进行加固。这一举措，也预示了此后伟大的军事工程师沃邦（Vauban）使用的手段。奥斯曼火枪手轮番进入壕沟之中，不断向城头射击，让守军不敢探出胸墙查看。威尼斯人的反制手段效果相当有限，他们在城墙上建造了一个火炮平台，以便居高临下地俯瞰敌人在城外的阵地，然而在第一个探出头的人被流弹击杀之后，就再没有使用过了。

丹多洛的安排让形势进一步恶化，他拒绝给部下提供充足的火药，并命令他们只能向超过10人的奥斯曼部队射击。如此安排，难免有士兵怀疑他有反叛之心。随着棱堡上崩落的土堆逐渐累积，强攻成功的可能性与日俱增，为此威尼斯守军挖了一条壕沟，以便在形势最危险的四个棱堡发起反击。奥斯曼军队则在继续挖掘地道，向受损的棱堡前进，同时他们将易燃物扔进城中，并用火箭点燃威尼斯人在内侧防御工事里包裹的棉花包。向城头发起的接连不断的火枪射击，进一步打击了守军的士气，他们既无法看到敌人，也无力进行还击。挖掘壕沟的工人纷纷逃走。疫病横行，食物短缺且分配不均，守军的士气与纪律如同几座土棱堡一样，正在迅速瓦解。

9月9日，对尼科西亚城墙的第45次，也是最后一次进攻开始了。进攻的重点是遭受一个多月炮击的四座棱堡。凶猛的进攻让守军的尸体堆满了战壕。守军依然缺少火药，当卡拉法棱堡（Caraffa）的一名炮手亲自前去抗议后，守军指挥官才开始尝试提供更多的补给。毕竟能够进行侧向射击的棱堡，只有实际进行射击时才能杀伤敌人。一名见证者记下了这名炮手的话，这段话也成了尼科西亚棱堡的墓志铭：

为什么我们得不到击退他们的火药？只要我的火药还能够维持侧向射击，他们就不可能前进，可恨啊！我们把火药都吃了吗？我们把炮弹都吞了吗？你若是在为圣马可节省——尽管我表示怀疑，便要记住，这只会让我们失去一切！ [14]

火药不足的守军坚持不住，最终让奥斯曼士兵杀进城中。在尼科西亚陷入恐慌之际，北面的凯里尼亚（Kyrenia）城门被打开，城中许多人试图逃跑，却纷纷被奥斯曼士兵砍杀。自知大势已去，丹多洛换上了自己最华贵的礼服，希望让奥斯曼士兵认出他，以便留下他的性命。第一个目的达到了，但第二个目的他没能如愿。丹多洛被奥斯曼士兵斩首，他成了这场大洗劫之中罹难的两万人里职位最高的人。

法马古斯塔围攻战

担心解围部队会在自己庆祝胜利之时抵达，穆斯塔法帕夏迅速开始巩固防御，下令整修尼科西亚的城防，并向北进军。当奥斯曼人安排一名捆在马上的威尼斯军官，带着马鞍两侧的两颗首级来到凯里尼亚城外作为警告时，城中守军很快决定投降。然而法马古斯塔的守军态度却更为坚定，他们决心坚守到救援舰队抵达，即使要求他们投降的警告是盛有丹多洛首级的桶，也没有因此动摇半分。

作为先头部队的奥斯曼骑兵于 9 月 15 日抵达法马古斯塔。穆斯塔法将要面对的局势，与他夺取尼科西亚时有所不同。这里并没有 11 座一半为土质的新式棱堡，而是仅有一个棱堡，余下的都是陈旧的中世纪石墙。然而这些城墙相当厚，且城墙外的城壕也是从基岩中开凿出来的，炮轰不会形成土堆。最坚实的区域是西南角，陆墙的城门得到了外侧巨大的半月堡防护，而西北角则是巨大的马丁嫩戈棱堡，在这个新式的城防工事之上，威尼斯人的火炮可以轰击奥斯曼军队的营地。防御薄弱处是那些小型塔楼，它们是在火炮时代之前建造的，强度和体积都不足以容纳新式火炮。城墙上的一些区域可以布置重炮，特别是伸向港口的塔楼附近，布置在海面的阻拦铁索也由此处控制，这里的火炮可以沿着海墙方向侧向射击。

法马古斯塔城外可能集结了 20 万人，有人评论称，众多的围城士兵"只要每人扔出一只鞋，就能填平壕沟"，并且其在战斗中的损失能够持续得到本土海运而来的兵员进行补充。奥斯曼军队最终投入炮击的火炮总共有145门，包括4门能够投射200磅弹丸的巨型火炮。围城期间，他们大约向城中射击了12万枚铁炮弹、4.3万枚石弹（见彩图21）。守军或许有8500人以及90门火炮。这些火炮颇为高效，甚至有一枚60磅的炮弹飞出三英里的距离，击中了穆斯塔法正在检阅的部队。

守军另一种防御手段就是使用燃烧武器，即所谓的"野火"，一种用"西班牙沥青、黑沥青、硝石、硫黄、樟脑、松脂、石页岩油和烈酒"加热后混合而成的易燃物，装入金属、玻璃或陶制容器之中。这一武器似乎通过爆炸来促使其中的易燃物溅射出来，类似于凝固汽油弹。其他类似的炸弹体积更大，也更依赖其中的爆炸成分，主要靠填装的碎石和枪弹杀伤人员。另外还有完全依靠炸药来进行杀伤的原始高爆炸弹，比如陶罐制作的榴弹。

奥斯曼军队在港口外的岩石区域布置了火炮阵地，同时还在其他地方布置了火炮一同投入射击，另外还进行了大规模的地道挖掘工作。双方的挖掘工作都起到了相当的成效，守军就有一条地道挖到了某个奥斯曼观察哨之下，于是守军使用带绳索的转轮式触发装置在远处点燃了其下的炸药。

尼科西亚和法马古斯塔这两场围城战，最值得注意的差异便是后一场围攻中，显而易见的领导与组织优势。布拉加迪诺和巴廖内都深受士兵的敬仰与欢迎，但他们本人却依然保持着严格的纪律。和丹多洛不同，他们鼓励对敌人发动出城突袭，而且也取得了一定的成功。为了阻止敌人贴近城墙，他们散布蒺藜，给英勇发动强攻的奥斯曼士兵带来了相当大的麻烦。

这场围城战中，有一个远称不上光彩的部分，那便是奥斯曼人派骑兵将尼科西亚守军的首级挑在枪尖上，绕城示众。这或许能干扰城中人的心态，但理论上威胁更大的地道战与火炮轰击，似乎没有取得与尼科西亚围城战时一样的成效。

1571年1月，马尔科·安东尼奥·奎里尼（Quirini）率领一支援军抵达港口，守军因此士气大振。随舰队抵达的还包括1600名士兵以及大量补给品，这让城中人欣喜不已。奎里尼夺取了一艘奥斯曼运输船，还摧毁了数个法马古斯塔附近的敌方滨海建筑。如果正在缓慢集结的大规模欧洲联合舰队，即使是一部分，能够展现出和他一样的英勇与机巧，那么接下来几个月的历史或许就此被改写。然而在真实的历史中，奎里尼虽然无比英勇，却无力改变局势。

奥斯曼军队无法控制法马古斯塔城墙周边区域，因为守军在斜坡的内侧建造了两个封闭的火炮碉堡，可以在这里进行与城壕平行的侧向射击。每个封闭碉堡都通过一条壕沟与城墙相连，而壕沟之上添加了遮盖物与防护。奥斯曼军队的回应是使用4万亚美尼亚工兵以及强征的本地农民，进行规模极大的地道挖掘工作。结果，他们在堡垒以南三英里处完成了一系列由曲折的壕沟组成的迷宫，这个庞大的体系足以庇护全体奥斯曼军队，并且每条壕沟都足够深，骑兵在其中行动时，城中人只能看到他们的枪尖。当地道挖进城中火炮的射击范围后，奥斯曼军队用树枝、干柴裹住泥土，把棉花装进麻袋，搭建起了两个防护工事。

奥斯曼军队总共布置了10个类似的防护工事，并在5月12日开始从这些防护工事中进行近距离射击。重型火绳钩枪也开始进行持续射击以压制守军——这一策略在尼科西亚效果显著。5月19日黎明前两小时，整场围攻战中最激烈的一次炮战开始了。奥斯曼一方在防护工事中使用了74门火炮与全部4门巨炮，轰击从陆墙主城门到军械库塔楼之间的南侧城墙，这给城中带来了极大的破坏。作为回应，威尼斯人的火炮也击毁了几门奥斯曼人的火炮，摧毁了他们的炮兵阵地。然而，围城者近乎无穷无尽的人力，让他们在一夜之间将这些工事整修一新。

不久之后，火药短缺严重影响了守军的火炮反击能力，法马古斯塔的炮手接到命令，每天只能使用30门火炮，进行30次射击。5月24日，奥斯曼军队控制了正门外侧半月堡的斜坡周边区域，随后他们试图强攻夺取半月堡。守军随即引爆了半月堡下埋藏的炸药，将他们的进展化为无用功。

6月3日，奥斯曼军队开始尝试以全新的方式进攻城壕，他们填平一个区段之后在那里布置出了一系列通道作为掩护，接着利用地道穿过城壕。这些通道的高度与城墙相当，因此守军无能为力，只能胡乱地向通道所在的区域投掷易燃物。奥斯曼军队此时逐渐向法马古斯塔城墙的缺口处推进，他们摧毁了遇到的守军地道，并埋下炸药。布拉加迪诺的部下竭尽所能地挖掘反制地道，然而6月21日，奥斯曼军队还是在军械库塔楼下成功引爆炸药，让塔楼正面、两侧胸墙、壕沟之前的整个火炮平台正面护墙及 8 英尺长的侧面护墙全部坍塌。在剧烈的爆炸冲击下，负责防卫军械库塔楼的部队，根本无法对随后冲向他们的奥斯曼士兵进行有效抵抗。但就在这时，其他部队迅速前来支援，他们投掷的燃烧弹给壕沟中的奥斯曼士兵造成了很大程度的阻碍。不幸的是，一枚"野火"在运往前沿阵地时意外爆炸，守军为此付出了 500 人伤亡的代价。巴廖内亲自参与指挥，经过 5 个小时的苦战之后，阵亡约 600 人的奥斯曼军队最终被击退了。

军械库塔楼的缺口于 6 月 21 日夜间被修复。次日，另一艘威尼斯护卫舰抵达港口，守军得到了救援将在 8 天之内抵达的消息。然而在 8 天的期限结束之前，奥斯曼军队又发动了一次进攻。掩护陆墙主城门的半月堡自从被守军用炸药引爆后，就被彻底摧毁了，崩塌的碎石还填平了附近的城壕，这让攻城者有机可乘。奥斯曼士兵再度从他们辛苦挖掘的壕沟体系中冲出，并以火枪对这一区域进行持续射击，让守城者无法抢修。这次进攻最终被击退了，但守军也付出了相当大的损失。

7 月 28 日，守军吃光了储藏的肉与城中所有的马匹、驴和猫。次日，在引爆了一系列地道之后，奥斯曼军队发动了前所未有的大规模强攻。在震耳欲聋的炮声与呛鼻的扬尘之中，守军坚持抵抗，在损失了三分之二的有生力量后守住了缺口。当天夜间，军械库塔楼下的炸药爆炸，将残余的建筑基本摧毁，城中人因为缺少建筑材料，只能用士兵的衣物包裹泥土来进行修补。在随后的两天中，奥斯曼军队对法马古斯塔发动了最后的总攻，双方在曾经是城墙的废墟上进行了一系列的肉搏战。一个名叫詹布拉特（Canbulat）的奥斯曼勇士冲向军械库塔楼，守军则使用一系列刀刃组成的旋转机械，砍杀进入这一狭窄通道的攻城者。詹布拉特也被这一机械绞杀，却在死亡之前将其破坏。他的尸骸被葬在了军械库塔楼的废墟之下，此后这里改以他的名字命名。

奥斯曼军队发动总攻之时，守军的火药已经耗尽，几乎无法用火枪还击。7 月 31 日的检查显示，城中各种火药总共只剩下 7 桶，食物同样稀少至极。见解围舰队完全没有到来的迹象，1571 年 8 月 1 日，守军选择投降。和奥斯曼军队直接攻破的尼科西亚不同，法马古斯塔没有立即遭到屠城。穆斯塔法首先将愤怒倾泻在了布拉加迪诺身上，割下了他的耳朵和鼻子，而后对俘虏展开了屠杀。巴廖内也被斩首示众，大批幸存者被处死。

塞浦路斯的另一场大围攻战就此结束。棱堡一如设计者所愿，既能侧向射击，又能抵御攻城者的火炮，然而没有外援，最坚实的堡垒也终归会有投降的一天。在尼科西亚，守军指挥官的无能加速了这一过程，同时代人因此开始怀疑，精良的新式防御工事，比如棱堡体系，必须要靠优秀的守军才能展现其价值；侧向射击与几何模型的价值，则必须要由火药来支持。

无论如何，围攻的奥斯曼军队表现良好。他们的折角壕沟与土工挖掘方式，是一个世纪之后的沃邦要塞体系的先声。相对落后的法马古斯塔的城防工事都坚持了近一年，这显然暗示着，一座补给良好的新式堡垒，在得到士兵支持的老练指挥官的掌控之下，足以让攻城战陷入长期胶着。诚然，或许任何堡垒都不可能永久维持，但棱堡除了显而易见的坚固之外，可以让守军维持更长的时间。正如一位当代评论者所说：

> 16 世纪的最后 30 年中，城墙—棱堡防御体系，有效阻挡了奥斯曼帝国向西扩张的步伐。而在当时，这一体系确实可谓革命性的进步。防御工事，是16 世纪的欧洲政权对抗奥斯曼帝国的王牌。[15]

旧骑士与新骑士

变革，是本书不变的主题。战争理念、作战模式、战场环境以及所用武器，随着战术、装备和防御策略的进步而不断改变。前面的章节讨论了一系列"革命性"的变革——城堡设计、海战和长枪阵等，接下来我们将讨论文艺复兴时期的骑兵战术，以及如何从骑士发展成骑兵。

按照伟大的军事史学家汉斯·德尔布吕克（Hans Delbrück）的论述，骑士是"一系列合格的战士"，骑兵则是"由骑乘马匹的士兵组成的战术单位"。[1]考虑到轻骑兵，这一定义需要进行更明确的区分。比如，迪贝莱（du Bellay）在 1548 年的《军队纪律》（*Discipline Militaire*）中，定义了四类骑马部队：骑士（gendarmes）、轻骑兵（chevaux legers）、巴尔干雇佣骑兵（estradiots/ginetes）以及骑马火枪手。[2]

这一重大变化，应当通过研究战争与战役来进行解读，但同时也需对骑士个体进行更加详细的分析。接下来要讨论的三位侠义骑士，其生活年代几乎贯穿了本书涉及的所有时间线。这三位骑士是皮埃尔·特利尔（Pierre Tenaille），也就是大名鼎鼎的巴亚尔骑士，他大约出生在 1476 年，去世于帕维亚之战爆发的前一年；布莱斯·德·蒙吕克（Blaise de Monluc），他参与了比科卡之战和帕维亚之战；以及于 1591 年去世的弗朗索瓦·德·拉·努埃（François de la Noue）。这三位时代交叠的骑士的事迹，展现了他们所处时代的战争发生了哪些巨变。火器的发展自然是最大的变化之一，这三位都以某种方式受到了影响：巴亚尔和弗朗索瓦都是被枪弹所杀，而布莱斯也是因为被枪弹所伤才不得不结束战士生涯。

侠义骑士巴亚尔

身为"无畏而无可指摘的侠义骑士",巴亚尔把骑士精神带进了16世纪。他的真名是皮埃尔·特利尔,大约出生在1473—1476年期间,家世十分显赫。他的高祖父在1356年的普瓦捷之战中阵亡,他的曾祖父在1415年的阿金库尔阵亡,他的祖父在蒙莱里抵抗勃艮第公爵时阵亡,而他的父亲则因为在1479年的第一次吉内加特(Guinegatte)之战中受伤而隐退。这显然是个英勇的家族!萨伏依公爵亲自教授巴亚尔战斗,不过他长成之后转而为洛林公爵服役。

巴亚尔第一次有据可查的战斗,是参与法王路易十二在南意大利与西班牙"伟大指挥官"科尔多瓦的战争。在1503年的切里尼奥拉之战(在这一战中,战地工事里的西班牙火枪手击退了法军的进攻)爆发前,巴亚尔在巴莱塔围攻战中,参与了一次精彩的旧式骑士交锋。双方的指挥官——科尔多瓦和内穆尔公爵签订了停战协议。无事可做的他们决定,派出精选出来的法兰西骑士与西班牙骑士进行一场骑士对战,也就是所谓的"十三人之战"。对参战者而言不幸的是,这次战斗有些失控了。当然,双方都没有使用超长枪或者火枪这些武器,但西班牙骑士没有攻击法兰西骑士本身,而是杀死他们的坐骑,法国骑士中只有两人免于坠马。人们认为这样的手段属于违规,坠马的法兰西骑士愤怒地将死去的马匹作为工事据守——怪异地预示了在切里尼奥拉击溃他们的壕沟和尖桩,仅剩的一点英勇似乎荡然无存了。"十三人之战"也成了骑士精神消亡的一个里程碑。

巴亚尔在意大利作战期间,我们见证了另一个关于骑士的英勇故事,即使这个故事放在当时的大背景下多少有些怪异。前面提到,1503年的加里利亚诺河之战的一个关键之处,是加埃塔突堤的一座隐匿的桥梁,西班牙人在此和法军近距离交锋。巴亚尔据说以一人之力据守桥梁,对抗200名西班牙骑士,直到援军赶来。这是个光荣的成就,但接下来,当部队在敌军的数量优势面前溃败并投降以获取安全离开的保证时,这点荣耀变得毫无意义。

之后,巴亚尔参与了法国与威尼斯人的战争。1508年12月,法国、神圣罗马帝国皇帝马克西米利安和教皇,结成康布雷同盟。1509年8月,同盟军围攻帕多瓦时,皇帝请求法军指挥官派出一些骑士,步行引领他的德意志雇佣军,结果得到了巴亚尔的高傲回复:

◎ 法国骑士巴亚尔，他很可能是中世纪最后一位骑士

......国王麾下的士兵都是绅士。让他们和社会地位更低的步卒混编，是对他们的不尊重。

巴亚尔宣称皇帝应该让他自己的"伯爵、男爵和绅士"担负这一任务。当德意志骑士接到下马的命令之后，他们同样以高傲的口吻宣称，他们的任务不包括步行前进、进入缺口，他们真正的任务是以绅士的方式骑马作战。

1510年，巴亚尔参与了费拉拉之战，对抗教皇尤里乌斯二世的部队，这位颇不寻常的教皇亲自率军出征。1512年，巴亚尔参与夺取布雷西亚，但因受伤暂时离开，而后又在拉文纳之战前及时返回法军军营。在拉文纳，巴亚尔似乎担负了骑士的传统任务，他参与了追击西班牙骑兵的任务，尽管他的头脑比指挥官加斯东·德·富瓦更为清醒。他们一路追击了6英里，巴亚尔乞求加斯东停止进军，集结部队。文献中写道，加斯东"许诺如此"，却没有遵守诺言，"因此遭遇厄运"。

事实上，厄运来得稍晚一些，它是在这一战基本胜利，加斯东在远处安然观看西班牙步兵溃败之时才悄然降临的。一些弓箭手向加斯东报告，一批撤退的西班牙人试图绕过法军军阵，逃进拉文纳。加斯东忘记了巴亚尔此前的请求，率部前去追击。然而这些人意志坚定，困兽犹斗，他们以出色的自律集结起了防御阵形。火枪手向法兰西骑士射击，而超长枪兵则放平长枪，发起冲锋。

这批法兰西骑士无一幸免。加斯东在座下烈马被刺倒后坠马，他试图起身时，头部受到重伤，最终不治身亡。这批西班牙士兵走出几英里后，就遇上了返回的巴亚尔以及随同他行动的骑士。巴亚尔并不清楚这些人杀死了他的指挥官，当西班牙军官提出他们不要交战，各自离去时，巴亚尔同意了，毕竟正如那位军官所说："您也清楚，你们已经赢得这一战了。"[3]

金锦原会晤

巴亚尔下一次出现在记载中，是在1513年的第二次吉内加特之战。这一战有着一系列的有趣之处。这几乎是一场纯粹的骑兵交锋，因此又被称为"马刺之战"。第二次吉内加特之战也是英格兰国王亨利八世唯一一次率部参与的战斗，并且他本人还亲自参与了格斗。法军在吉内加特的营地距离阿金库尔之战的战场不远，此时的境况也与亨利五世当年抵达这里时的情景存在许多相似之处。有必要说明一下，1513 年的英格兰军队为何前来与法国作战。人们通常认为，亨利五世入侵法国时展开了一场激烈的战斗，亨利八世入侵法国后却与法国进行了一场盛大的会晤。这场著名的会面发生在 1520 年的金锦原（Field of theCloth of Gold）。英法两国举行的这次伟大的"峰会"，是一场和平会议，不仅展示了自阿金库尔之战以来，双方发生了何种变化；而且还展示了"热爱和平"的英格兰人，相比他们的欧洲邻居是何等的文明礼貌。事实上，真实的情况一如既往地比传说复杂得多。[4]

1509 年，避免英格兰参与欧陆大战的亨利七世逝世，其子亨利八世即位。一直以来，英格兰长弓手以及他们获胜的神话，在英格兰人心中留下了极深的印记。而在 1487 年的斯托克原野（Stoke Field）之战中，兰伯特·西姆内尔（Lambert Simnel）率领的叛军溃败，更让他们坚信这一神话。西姆内尔雇用了德意志雇佣军，这些人带着同时代最新的超长枪战术来到英格兰。然而对他们而言不幸的是，他们没有带来重甲，却要面对英格兰人的箭雨。[5]

亨利八世本人不是长弓手，却也清楚超长枪在对抗骑兵时，远比英格兰人传统的钩镰（bill）有效。当他在 1513 年入侵法国时，他也雇用了德意志雇佣军，因为此时英格兰尚无充足的超长枪兵可用。英格兰重骑兵数量同样不足，因为绝大多数骑士都在一个世纪之前放弃了骑马作战。不过，他有充足的轻骑兵，这些人在征召令中被称为"标枪骑兵"（或"北方骑兵"）与"半甲枪骑兵"（使用半身甲，且无马甲），但全副武装的骑士很少（见彩图 22、23）。亨利八世只得前往低地，征募所谓的"勃艮第骑士"——"大胆"查理的骑士们的精神后继者。

穿过加来（Calais）后，亨利八世首先围攻泰鲁阿讷（Therouanne）。这是个绝佳的时机，毕竟当时法军主力还在意大利，并且在几个星期之前的诺瓦拉之战中被瑞士长枪兵大败。即使如此，法军依然在袭扰亨利八世的入侵部队，但泰鲁阿讷的境况愈发危急了。

法国的旺多姆公爵（Duc de Vendome）见状设计了突破英格兰人围攻阵线的详尽计划，保证他们无暇分兵，以便救援部队可以从薄弱处通过，进入泰鲁阿讷。他们计划从两个方向行动，分别从围城者的西面和南面贴近泰鲁阿讷。

这是纯粹由骑兵进行的快速行动，因此法军步兵留在后方。至于救援的补给品则由骑马的雇佣军——阿尔巴尼亚的巴尔干雇佣骑兵护送，他们在马匹一侧驮着腌肉，另一侧驮着火药袋。

机警的英格兰侦察兵很快向后方传去消息：在吉内加特教堂塔楼的后方发现了"大量枪头"。亨利八世随后派出部队前去迎战，其中包括可观的骑马部队，他的同盟——神圣罗马帝国皇帝马克西米利安也率部与他会合。法军的原计划是进行突袭，因此见到英格兰军队出现后，法军指挥官不得不开始考虑改变计划。然而巴尔干骑兵准备继续行动，一部分法兰西骑士也开始和英格兰骑士开战。一些人手中的骑枪在战斗中折断了，但大多数英格兰骑士清楚他们的后方是大批步兵，于是只能坚持在原地招架对方的进攻。与此同时，骑马的弓箭手纷纷下马射击法军阵列，欣然向附近的阿金库尔致敬。此时，法军指挥官下令撤退，这是个明智的决定，只是来得太晚了，英格兰骑士抓住机会发起了冲锋。[6]

对法军而言不幸的是，携带物资的巴尔干骑兵先是被炮火赶出阵线的薄弱部，等他们抵达法军的侧翼之时，英格兰人刚好发动冲击，引发了一场混乱。"勃艮第骑士"随后冲击法军的侧翼，法国的骑士们纷纷催马向军营逃跑，抛掉骑枪、旌旗乃至马甲以减轻重量。亨利八世没能参与最初的战斗，但此时也加入了追击，他们不停地追赶法国骑士，直到对方得到步兵的庇护。一名法军军官事后声称，如果亨利八世派出步兵全力攻击，法军很可能被就此全歼。然而事实上，法军的损失并不大，伤亡也相当有限，但确实有一批人被俘，其中就包括侠义骑士巴亚尔。

巴亚尔被俘的故事颇具传奇色彩。他的传记作家宣称，巴亚尔来到一个英格兰骑士面前，用匕首指着他的喉咙，以这种方式来向面前惊愕的敌人宣布，伟大的巴亚尔是向他投降而不是被他俘虏的。亨利八世和神圣罗马帝国皇帝马克西米利安都希望面见这位显赫的俘虏。这之后，巴亚尔获准得到名义上的自由，前提是巴亚尔保证在佛兰德斯游历6周，期间不参与任何作战。泰鲁阿讷的驻军在不久之后就投降了，但这次胜利以及此后成功攻破图尔奈（Tournai）带给亨利八世的荣耀，都无法与"马刺之战"相比。

1514年，巴亚尔再度与亨利八世会面，但此时的情况与上次大不相同。由于英格兰与法国签署的和平协议中有一个条件是，路易十二与亨利八世的

◎ 巴亚尔于 1524 年在拉塞西亚阵亡

女儿玛丽·都铎公主成婚，因此巴亚尔此次是受邀前来参加婚礼的。然而路易十二不到一年便逝世了，他的继承人弗朗索瓦一世再度宣称法国拥有对意大利领土的主权。巴亚尔率领法国军队，在当年教育他的萨伏依公爵慈爱的目光注视下，翻越阿尔卑斯山，于晚餐时分突袭了西班牙指挥官普罗斯佩罗·科隆纳的部队。

在爆发于马里尼亚诺的决战中，巴亚尔在战场上的表现相当不错，起了很大的作用。得知瑞士人前来时，弗朗索瓦一世已经穿上了盔甲，他请求巴亚尔为他执行骑士受封仪式，这位久经沙场的战士以极好的礼仪完成了这一任务，而后两人卷入混战之中。巴亚尔当天经历的一件事情，足以证明16世纪的战争是何等的混乱。冲过大批瑞士士兵之后，巴亚尔的坐骑在黑暗之中被葡萄藤绊倒，他被迫下马。他摘下头盔和手套，沿着壕沟快速爬向法军阵地。途中，他偶然遇到了洛林公爵麾下的友军，他们借给他头盔与马匹——这是他当天骑乘的第三匹马，让他得以再度参战。

1523年，巴亚尔在海军军官博尼韦（Bonnivet）麾下服役，为弗朗索瓦一世再度出征意大利。弗朗索瓦一世因国内事务——波旁的查理发动叛乱，而无法亲自参与远征。博尼韦很快证明自己能力不足，不仅米兰围城战宣告失败，还在冬季驻扎期间遭到了袭击。他试图组织有序的撤退，然而1524年4月他还是在拉塞西亚（La Sesia）被追兵击败。在拉塞西亚，巴亚尔对追击的西班牙人发动了绝望的冲锋。战斗中，一枚火枪弹丸击中了他，受了致命伤的巴亚尔坠马不起。法国最后一位伟大的侠义骑士，经历过超长枪战术最初的光辉时代、接受了切里尼奥拉与马里尼亚诺洗礼的战士，就此身亡。将风度保持到人生最后一刻的巴亚尔，只要有可能就一定骑马作战，但在形势所迫时他也能下马作战。他对法国君主时刻保持忠诚，拉塞西亚的那颗枪弹，至少让他免于经历帕维亚之战，见到自己的君主惨败被俘。

布莱斯·德·蒙吕克

当巴亚尔作为骑士为洛林公爵服役时，三位骑士中的第二位，成了他麾下的"弓手"，这个有些怪异的称呼，所指的是法国骑士的侍从轻骑兵。来自加斯科涅的布莱斯·德·蒙吕克出生于1501年，和故事中的加斯科涅人，如达塔尼昂（D'Artagnan）和西拉诺·德·贝热拉克（Cyrano de Bergerac）一样，15 岁时就离开家乡寻求财富。人们依然清晰地记得马里尼亚诺之战的荣耀，因此巴亚尔是当时军中的英雄，年轻的布莱斯视他为偶像。不过布莱斯因为缺钱，没能和他的偶像一样成为重装骑兵，相对穷困的他成了步兵。靠着指挥步兵，布莱斯小有名气。他是在许久之后才开始撰写回忆录的。巴亚尔的"忠实仆从"仿照编年史作家付华萨为他撰写传记，布莱斯的情况却截然不同，他的生平为我们所知，是因为他在解甲归田后撰写了自传。他的文字颇为生动，栩栩如生地描绘了 16 世纪骑士生活的种种细节。[7]

布莱斯的首次参战经历，打破了他对光明未来的美好想象。1522 年的比科卡，是他踏上的第一片战场，在那里，他与屈辱战败的瑞士雇佣军一同为法军服役。更大的羞辱发生在帕维亚，布莱斯和他的国王一同沦为俘虏，却因为不值得勒索赎金而被迅速释放。

这个时候，伟大的巴亚尔已经撒手人寰了。1527 年，弗朗索瓦一世再度与哈布斯堡王朝开战，结果遭受惨败，被迫签署和平协议。就这样，布莱斯赋闲 7 年，在这段时间里他恢复了 1528 年 2 月在福尔尚迪佩讷（Forcha di Penne）之战中手臂上受的重伤。这也从侧面显示了那个时代的骑士们的强大。布莱斯的回忆录中生动地描述了他的敌人：

……不计其数的枪弹飞过，一枚枪弹击中了目标，打穿了我的手臂……另一枚枪弹则打穿了我肩部的骨头，让我失去了知觉。[8]

他的战友将他拖到了安全处，但颇为仓促：

……他们让我滚了下去……滚过废墟上的石头时，我受伤的手臂又添了两处伤。部下找到我之后，我告诉他们，我的手臂仿佛被留在了城中。这时一个士兵将我如围巾一般垂下的手臂举起，绕过我的后背，搭在我另一条手臂上，才让我略感安心。[9]

布莱斯决心再度踏上战场，因此拒绝截肢。就同时代的外科医学水平来

◎ 布莱斯·德·蒙吕克，著名的加斯科涅军官与作家

看，这很可能意味着死亡或者终生贫穷。他选择了养伤，为无法参与接下来的作战而感到苦恼。当年 8 月，意志坚定的他在手臂上绑着衬垫再度踏上战场。

1536 年，布莱斯返回战场，参与了新一轮的哈布斯堡—瓦卢瓦战争。弗朗索瓦一世清楚他的对手查理五世正在多瑙河方向上与奥斯曼帝国作战。神圣罗马帝国皇帝当时刚刚将他的注意力转移到千里之外，出兵占据突尼斯。眼见对手要同时面对如此之多的分心事，法国国王决定趁机发起进攻，他将目标再度定为法国君主们争夺多年的米兰。

充满信心的法军翻越阿尔卑斯山，期待着都灵向他们表示一如既往的热烈欢迎。然而此前的殷勤如今已经不复存在了。萨伏依伯爵查理三世，弗朗索瓦一世的舅父，拒绝法国国王通过自己的领地。他的不配合对法军而言只是个小麻烦，因为 1536 年时的他们已经清楚了阿尔卑斯山口的情况，能够安然进军。他们击退萨伏依部队，夺取了都灵，而萨伏依公爵的新盟友查理五世根本来不及提供支援。这一战的目的——收复米兰，最终没能实现，但法国占据都灵却成了萨伏依公爵家族的灾难。1536—1559 年，法国持续控制着都灵和阿尔卑斯山口。一直到千里之外的普罗旺斯发生了一场变故，萨伏依公爵才最终恢复了旧日的威望与领土。

布莱斯参与了此次作战，抵御入侵普罗旺斯、围攻马赛的查理五世。急于赢得荣誉的布莱斯自愿参与了一次极为冒险的行动，他成功摧毁了普罗旺斯辖下艾克斯（Aix en Provence）附近的帝国军队营地周边的磨坊，干扰了他们的面粉供应。他指挥的行动大获全胜，却没有因此得到赏识。他在皮卡第（Picardy）的战斗也没有交上什么好运，当 1538 年法国与西班牙签订《尼斯停战协议》终结这场战争时，布莱斯觉得自己吃了大亏。

经历了一段漫长的停战期后，布莱斯于 1543 年返回北意大利参战，这场战役随着切雷索莱之战的胜利而结束。他进行了一系列出色的军事行动，伏击了福萨诺（Fossano）的总督，摧毁了卡里尼亚诺（Carignano）的波河桥梁。布莱斯在自己的回忆录中兴奋地记载了这一切。布莱斯在切雷索莱之战中同样担负了重要任务，他负责在长枪队列中布置火枪手，认定这样的布置将很快成为惯例。然而，在他的记述之中，原本的欣喜之情因为事态的发展而多少有所收敛，他写道：

我保证，此前我从未听说过这样的布置方式，也认定我就是最早发明这一战术的人。但我们发现，对手和我们一样机巧，也进行了类似的布置。在双方长枪相接、开始厮杀前，他们从不进行比我们更多的投射。虽然不再开枪，但杀伤效果已经达到了。[10]

布莱斯在切雷索莱战场上被封为骑士。同样是这一年，和他的偶像巴亚尔类似，布莱斯返回法国，在布洛涅（Boulogne）和英格兰国王亨利八世作战。

布洛涅夜袭

1544 年时，亨利八世不再是第二次吉内加特之战时的鲁莽骑士了，他的健康状况虽然大不如前，却依然相信自己参战能够带来奇迹。1523 年，他的妹夫查尔斯·布兰登（BCharles Brandon）对法国的远征随着断粮和兵变宣告结束。事实上，1544 年的入侵同样战果索然，法国的布洛涅虽然在被围攻几个月后陷落，但《克雷皮（Crépy）和约》的达成意味又要将其物归原主。然而亨利八世无视法国人索取此地的要求，坚决占据这里。法国王太子——未来的亨利二世，则利用当时的混乱发起了布洛涅夜袭(Camisade de Boulogne)。[11]

布莱斯随军出征。午夜时分，法军在后方瑞士长枪兵的支援下，通过英军守备松懈的区域进入城中，双方开始恶战。布莱斯声称自己杀死了 200 名英格兰人。自大的法国人获得胜利之后开始四处掠夺，英格兰人随即全力反击，将法国人赶出城外，期间法军后方的瑞士人甚至没有收到前进的命令。

在那个大雨倾盆的夜晚，混战中的布莱斯第一次，也是最后一次遭遇英格兰弓箭手。当时他穿着链甲衣与莫里翁（morion）头盔，手中还有一面盾牌。撤退之时：

……他们向我们放箭，我被射中三箭，还有一支箭击穿了我右臂的链甲衣，这也成了我带回营地的战利品。

在接下来的记述中，布莱斯表达了对弓箭的蔑视，因为其射程和威力远不能与火枪相比。而且，历史上应该也没有多少人能在一只手臂中了枪弹，另一只手臂中了箭矢后，写下枪伤与箭伤的差异对比。他对英格兰人满怀蔑视。他当然听过克雷西之战和阿金库尔之战的故事，但他在布洛涅和英格兰人交战的经历让他认定，所谓英格兰人在中世纪大获全胜是欺世盗名。在他看来，当时英格兰人统治着加斯科涅，法军面前的敌人有一半加斯科涅人，因此英格兰人才会取胜。身为加斯科涅人的布莱斯十分清楚这些事实。

总体上，1546 年签署的对英格兰人有利的协议让他们继续控制着布洛涅。此时的法国海军在英吉利海峡活跃起来，亨利八世决定减少在欧陆的冒险行动，集中力量在英格兰南海岸建造一系列堡垒，而这些堡垒也成了亨利八世以及那个时代的战争的纪念碑。亨利八世与弗朗索瓦一世均于 1547 年逝世，布莱斯此后继续为法国的新君主亨利二世服役，他很清楚布莱斯的能力。和他的父亲一样，亨利二世趁神圣罗马帝国皇帝查理五世忙于防备奥斯曼帝国与德意志新教徒之机，再度于 1551 年宣战，并于 1552 年占据梅斯、图尔和凡尔登。

锡耶纳围攻战

1554 年，忠诚而优秀的布莱斯接受了前所未有的重任——守卫锡耶纳（Siena）。这一战，他证明了自己在围城战中的表现，和在战场上的表现一样出色。18 个月的漫长围攻或许是佛罗伦萨等意大利城邦居民，最后一次展现昔日对城邦的忠诚。尽管布莱斯因此成为英雄，但神圣罗马帝国皇帝的舰队依然掌控着地中海，法国自然不愿意长期维持这个隔海的偏远据点。即使如此，也不妨碍布莱斯展现他的出色。他的记述，尽管有事后诸葛亮之嫌，却依然提出了一系列的新观念，比如在防御战中，使用罗德岛和金茨守城时不曾有过的"半月"阵形：

> 现在我决定，如果敌人使用火炮对我们发动进攻，我将在火炮可能会打开的缺口周围布置部队，让他们安然进入，而后封锁住缺口的两侧，并在城墙两端布置四到五门重炮，用沉重的铁钉铁链固定好。[12]

对敌人完成近距离炮击之后，使用长戟和剑的守军再发动反击。这个手段在这次围城战中得到了运用，除此之外，布莱斯还使用了其他的一系列手段：

农民趁夜出城探听敌人的动向，英勇的妇女则用篮子装土来修复缺口。

但布莱斯也被迫做出了一些颇为艰难的决定，在回忆录中，他提到把"无用的嘴"（bouches inutiles）赶出城，结果这些可怜人又被围城者赶回，饥饿的他们在无人区游荡了 8 天。他在作品中这样写道："上帝应当对我们这个职业怀有怜悯，毕竟我们犯下了如此多的罪恶，带来了如此多的伤害与苦痛。" [13]

法国宗教战争

在意大利和法国，哈布斯堡—瓦卢瓦战争的最后一个阶段即将结束。1555年，因没能夺取梅斯而大失所望的神圣罗马帝国皇帝查理五世，宣布逊位。他将哈布斯堡家族在德意志、奥地利的土地以及皇帝之位，交给了他的兄弟斐迪南，而他的继承人西班牙国王腓力二世，继承了包括低地在内的土地与财产，以及随之而来的纷扰。腓力二世与路易十二的寡妻——英格兰公主玛丽·都铎的婚姻，让他获得了英格兰的支持，因此在 1557 年腓力二世和亨利二世作战的部队之中，包含了规模可观的英格兰部队。

返回法国参战的布莱斯，于 1558 年夺取蒂永维尔（Thionville），证明自己同样能够胜任攻城指挥官。这是他军事生涯的高潮，法国军官们显然对他甚为信任，给了他相当大的权力。布莱斯写下了一段有些古怪的叙述："他允许我自由活动，按照我的想法来安排壕沟。"他所说的这种壕沟，间隔 20 步布置，用于抵御敌人的出城突围。布莱斯写道：

> 在壕沟左手边或右手边布置的折角，我特意进行了扩大，能够驻扎 12 到 15 名火枪手或长戟兵。[14]

蒂永维尔之战是哈布斯堡—瓦卢瓦战争中最后一个大规模军事行动。随着《卡托—康布雷奇和约》的签订，这场战争最终结束。许多军人就此停止冒险，布莱斯就是其中之一，他苦涩地抱怨道，法国放弃了 20 年来苦苦争夺的许多利益。之后，赏识他的国王亨利二世在一次骑士竞技中意外逝世，而新继位的国王弗朗索瓦二世也仅仅在位一年。法国渐渐陷入了混乱之中，不满的贵族们开始聚集在罗马天主教会和胡格诺派（Huguenot）新教的旗帜之下，展开对立，并让国家趋于分裂。接下来发生的一系列冲突，史称"法国宗教战争"。[15]

布莱斯一度支持新教，但之后他选择站在国王一方，并负责维护吉耶讷（Guienne）的和平，而这个任务必然要伴随流血冲突。这次，他和在锡耶纳守城战中赶走无用之人一样，展现了必要的无情。他违心地成了"胡格诺派屠夫"，相信"刑场绞死一人胜过战场杀死百人"[16]。当战争于 1562 年爆发后，布莱斯返回为他的君主服务，展现他出色的外交能力。但战斗仍然不可避免，1570 年 7 月，他开始围攻坚固的纳瓦拉小城堡——拉巴斯唐（Rabastens）。那时布莱斯已经 69 岁了，却依然维持着年轻时的热忱。然而：

> 我下令在城壕边缘搭起三到四架云梯，在我转身要求再拿两架时，一枚枪弹从防御工事的角落射来，击中了我的脸。[17]

鲜血从布莱斯口中涌出，他下令部下继续进攻，接着便撤往后方。人们发现，子弹打掉了他的半张脸颊。虽然他最终得以伤愈，却因此严重毁容，只能在人生的最后几年中戴着面具生活。

孤独又年迈的他，开始撰写回忆录，在书中展现那些在他看来未被世人承认的军事见解。他的评论向来直截了当，对那种让他就此陷入悲惨隐退生活的武器，毫不吝啬地大加谴责道：

> 在天堂之中，这种受诅咒的武器决不会被发明出来。我就不会因为受伤而凄苦，众多英勇之人也不会被那些最可鄙、最胆怯的人杀死。在勇士面前，这些懦夫甚至不敢抬头，但在远处，他们可以用可恶的子弹杀死对方。[18]

当布莱斯服务的安茹公爵成为法国国王亨利三世之后，他得到了新的荣誉——于 1574 年成为法国元帅。三年后布莱斯去世时，得到了他认为自己早就应当得到的认可。法国国王亨利四世此后称布莱斯的作品为"军人的圣经"。巴亚尔的忠实仆从留下了主人的传记，而布莱斯的自传，则显示他居于过渡时期，处在中世纪的巴亚尔与接下来的新战争模式之间。布莱斯从没有以应用这些新战术为耻。

弗朗索瓦·德·拉·努埃

本章所说的三位骑士中的最后一位，只能在史书上了解马里尼亚诺之战和帕维亚之战。直到 1559 年，终结哈布斯堡—瓦卢瓦战争的《卡托—康布雷奇和约》签署前不久，他才开始自己的军事生涯。弗朗索瓦·德·拉·努埃，出生于 1531 年的布列塔尼，他和巴亚尔、布莱斯类似，首先作为贵族的侍从，来到国王亨利二世的宫廷。当宗教争端取代了与哈布斯堡王朝的仇怨之后，弗朗索瓦走上了与布莱斯·德·蒙吕克相反的道路，改宗新教。不过，这至少暂时没有让他失去影响力甚大的吉斯公爵（Duc de Guise）的信任，他于 1560 年派弗朗索瓦前往苏格兰，护送苏格兰的玛丽王后，也就是弗朗索瓦二世的寡妻返回自己的国家。

法国的宗教战争开始之后，弗朗索瓦便成了胡格诺派的重要人物。弗朗索瓦和布莱斯一样热衷写作，他对胡格诺军队的详细记述，既提到了他们的宗教狂热——与此后荷兰独立战争中的情况相同，也提到了他们的可鄙之处——热衷掠夺、盗窃和破坏。他写道："我们的步兵失去了圣洁，开始了放荡的掠夺。"同时，弗朗索瓦还是个重要的军事理论家，他对武器和战术的论述，将成为之后几十年里军官们的重要参考。接下来就以一个范例进行讨论。[19]

军旅生涯初期，弗朗索瓦参与了 1562 年的德勒（Dreux）之战。活下来的他在记述中为这次战斗不寻常的时长——五个小时——而惊讶，也惊异于双方的指挥官都成了战俘。这之外，他还赞扬了瑞士人的适应能力。黑森（Hesse）侯爵评论称，战士会为他们的薪酬发动一次进攻，为他们的国家发动两次进攻，为他们的信仰发动三次进攻。在艰苦的德勒之战之中，新教骑兵为法国的胡格诺派发动了四次冲锋。[20]

弗朗索瓦此后参与了他人生中的第二次战争——1567 年的圣但尼（St Denis）之战，以及第三次战争——1569 年的雅纳克（Jarnac）之战，并在这一战中被俘。在 1569 年的蒙孔图尔（Montcontour）之战中，他再度被俘。然而彻底改变了他人生的，却是丰特奈（Fontenay）围攻战。在这一战中，他的左臂因为重伤需要截肢，与担心手术风险和因此变贫的布莱斯拒绝截肢不同，弗朗索瓦选择了同意。他换上了一条铁假肢，为此得到了"铁臂"（bras de fer）的绰号。这自然让他无法参战，然而作为新教的谈判人员，他很快展现

© 1562 年的德勒之战

出了自己在另一方面的才能。

　　尽管雅纳克之战与蒙孔图尔之战展现了骑士的英勇，但这些细碎的冲突以及赎金谈判，绝非法国宗教战争最值得纪念的事情。1572 年 8 月，人们希望借助纳瓦拉国王与法国国王查理九世的妹妹玛格丽特的成婚，弥合国王与新教徒臣民之间的裂痕。然而一次拙劣的刺杀，导致了恶名远扬的圣巴多罗买大屠杀。数以千计的新教徒被杀，胡格诺派失去了大批指挥官，双方的裂痕进一步扩大并持续数十年。许多胡格诺派成员或逃出法国，或来到最后一座庇护他们的城堡——拉罗谢尔（La Rochelle）。当双方再度开战时，西海岸上的这座坚城成了国王一派的重点打击目标。[21]

　　1573 年的拉罗谢尔围攻战，和法马古斯塔围攻战一样，成为那个时代的史诗级战斗。其过程颇为寻常——挖掘壕沟贴近、炮兵互射、步兵用云梯强攻，但也有值得一提的，那就是布莱斯·德·蒙吕克和弗朗索瓦·德·拉·努埃在后方的作用。布莱斯早在 1567 年便计划夺取拉罗谢尔，此后在回忆录中更是大段讨论了这座堡垒的坚固与战略意义。1573 年，他以安茹公爵的幕僚身份，作为攻城一方；而胡格诺派受人尊重的"铁臂"，弗朗索瓦·德·拉·努埃，则在安茹公爵境况愈发艰难之时前来谈判，商议投降条件。对此时的安茹公爵而言，任何借口都能让他放弃围城离开，而就在这时，他收到了自己被选举为波兰国王的信件。

　　1578 年，阿朗松（Alençon）公爵出兵支援奥兰治的威廉对抗西班牙，弗朗索瓦得以参与新的军事行动。公爵派弗朗索瓦率领 3000 法国与苏格兰士兵，前往西班牙控制的低地。对弗朗索瓦而言，这次远征以灾难告终，他在 1580 年第三次被俘。前两次，把同族之情放在教派差异之前的法国士兵们，出于仰慕迅速释放了他，然而这一次情况大不相同，他落入了外国人手中。他被囚禁在今比利时的林堡（Limbourg），在囚牢中度过了 5 年。和在凄苦岁月中撰写回忆录的布莱斯一样，弗朗索瓦也在监狱中写下了自己的著作《论政治与军事》（Discours Politiques et Militaires）。这一作品涉及了军事学中的每个方面，包括骑兵冲锋和簧轮手枪。这一作品早在 1587 年便被翻译为英文，成为军人必读的书籍之一。[22]

　　1585 年获释之后，弗朗索瓦置身事外，静观法国宗教战争步入高潮。当

131

纳瓦拉的亨利登上法国王位，成为亨利四世后，弗朗索瓦得以率领军队前往皮卡第，结果还是没来得及参与 1589 年的阿尔克（Arques）之战。次年，他在贝尔维尔（Belleville）之战中受伤。1591 年，他返回故乡布列塔尼，围攻朗巴勒（Lamballe）。为了观看己方火炮打开的缺口，他爬上了胸墙，结果被一枚子弹击倒。60 岁的他在 15 天后伤重不治，而了解他与不了解他的人都对他报以敬意。

弗朗索瓦·德·拉·努埃的军事思想中包含了随武器发展而产生的重骑兵新战术，以及这些新发展对重骑兵战术的影响，对此，下一章将具体叙述。就像热衷步兵的布莱斯一样，热衷骑兵的弗朗索瓦，将向我们展示 16 世纪骑士的最后革新，以及进入这个全新领域的过程。

黑衫骑兵的邪恶武器

第十章

如前一章所说，胡格诺派的指挥官，久经沙场的弗朗索瓦·德·拉·努埃留下了一系列著作。在《论政治与军事》中，他花了一些笔墨来讨论重骑兵与近期开始应用的一种威力强大的新式武器——簧轮手枪。弗朗索瓦在讨论这一武器之前，先进行了一番谴责。和之前那些谴责火炮与火枪的人一样，弗朗索瓦称这种手枪为"邪恶武器"，他声称，"一些杂货铺店主发明了（这种武器），想要把整个国家……变为荒原，为墓地添加死尸"。然而，他不安地补充道："因为人们的邪恶，它们已经不可或缺。"[1]

那么，簧轮手枪为何如此让人厌恶，却又不可或缺呢？弗朗索瓦的愤怒，是单纯出于守旧者对新事物的反对——身为"侠义骑士"的弗朗索瓦一生都对骑兵战术颇为关注，还是这些新武器确实带来了革命性的变化，给骑士以及骑士们的战术造成了真正的威胁呢？

簧轮手枪

簧轮手枪，世界历史上第一种被称为"手枪"（pistol）的武器，它或许来自德意志，不过"pistol"这个词出自捷克。本质上，这就是火绳枪的缩小版，以便单手握持与射击。然而它和步兵使用的火绳枪之间的主要区别并不在于大小，而是在于点火装置。此前人们研究了如何在马上使用火绳枪，然而作为骑马弓箭手的后继者，他们和前辈们相比效率并没有提高多少，但手枪却为真正的变革带来了可能。火绳枪使用闷烧着的、冒着火星的火绳，与夹在蛇形龙头上触发火药室的火药，而这种新武器用外侧有锯齿边缘的簧轮取代了这一结构。这一类似发条的机构被上紧之后，拨动扳机，簧轮就会旋转并与金属夹具

◎ 簧轮手枪外部

夹紧的一块黄铁矿（此后改用燧石）摩擦，产生大量火花，从而点燃火药。

　　对忙乱的骑兵而言，簧轮手枪与火绳枪相比优势显而易见：他们不需要使用双手来射击，这对骑手而言是极大的便利，而且也去掉了火绳这个危险的部件。此外，鉴于骑兵可以轻而易举地配备两支手枪——马鞍两侧各插一支，靴筒里还能放第三支，再加上侍从可以把装好子弹的手枪递给他，骑士在马上使用枪具的时代终于到来了。

　　不过簧轮手枪也存在缺陷。簧轮是个精巧脆弱的机构，冲撞或劈砍很容易将其破坏，让手枪无法射击。另外，簧轮也不可能长期储存能量，而且在紧急情况下，簧轮如果上紧的速度太快，很可能因此损坏。参与英国内战中的一名军官发现了这一点，他前一天晚上紧的簧轮手枪就因为这一原因而无法发射。即便拥有这些缺陷，这种手枪仍旧是骑士阶层的理想武器（见彩图 24）。这种变化无常的武器虽然需要频繁调整，但对于拥有众多仆人的骑士而言，这样的武器再合适不过了。[2]

奇怪的是，16 世纪初簧轮手枪刚出现时，并没有被公认为是上流社会的武器，而是以负面评价居多。没有火绳，意味着刺客与盗贼可以隐匿这种武器，神圣罗马帝国皇帝马克西米利安为此试图于 1518 年在帝国境内禁止这种武器。1532 年，成为簧轮手枪制造中心的纽伦堡（Nuremberg），其城市议会抱怨这个禁令既无效也不必要，禁令剥夺了守法者使用这些武器的权利，而不法者却可以大量囤积！不过随着时间的推移，当权者的态度有所变化，马克西米利安的继任者查理五世，颇为推崇簧轮手枪，他自己就有好几把，此时仍施行的禁令只有威尼斯的法令——禁止持有能够藏在袖子中的火枪。

簧轮手枪最初出现在战场上，而不是威尼斯的街头巷尾，是在 16 世纪 40 年代。1543 年，匈牙利使用簧轮手枪对抗奥斯曼人，奥斯曼军队攻破施图尔韦森堡（Stuhlweissenburg，今塞克什白堡）之后，对缴获的簧轮手枪很感兴趣。次年，法军在香槟与德意志骑兵进行前哨战时，遭到了簧轮手枪射击。这种新武器当时被称为"枪管仅有一英尺长的小型火枪"。一些使用手枪的德意志骑兵身穿黑色盔甲，自称"黑衫骑兵"（schwartzenreiter），而法军则称他们为"黑衫恶魔"（diables noires）。此后"reiter"一词成了这种骑兵的代称（见彩图 25），欧洲各国纷纷以此称呼主要使用手枪作战的骑兵。[3]

手枪与半回旋战术

在战场上使用簧轮手枪，最大的缺点在于战术安排上。即使拥有更高的弹丸初速和更好的精准度，手枪的射程仍远远短于火绳枪。为了实现强大的杀伤力，簧轮手枪必须等敌人来到 15 英尺以内再进行射击，然而即使在这么短的距离里手枪骑兵依然可能射偏。等他们贴近并射击时，对手早就用射程比他们远得多的火枪开始射击骑兵们了。

解决这一问题的一个手段就是使用半回旋战术（caracole）：手枪骑兵分成几排，依次射击敌人的队列。第一排射击结束之后，骑兵立马绕到队列后方进行装弹；第二排在第一排结束射击后紧跟着射击，以保证持续输出。最初设计半回旋战术的目的并不是为了对抗火枪手，而是为了对抗那些使用骑枪全然无法撼动的军阵——超长枪部队。这个战术称不上新奇，维格提乌斯（Vegetius）就曾要求罗马军团使用类似的战术。至少在理论上，手枪骑兵可以向敌人枪阵投射足够的弹药，致使其阵列崩溃。然而事实上，如迈克尔·罗伯茨所说，这就是"提供了滥竽充数的借口"。[4]

半回旋战术的最大缺陷是骑兵们不愿意贴近敌人，以免被枪弹击倒，或被长枪刺穿。弗朗索瓦·德·拉·努埃对半回旋战术进行了严厉的批评，他声称后排的士兵听到前排的士兵开枪之后，便纷纷朝天开枪，"仿佛这些声响能够吓跑敌人——如果敌人是绵羊或乌鸦的话或许有效"。胆怯者甚至可能完全不开枪，径直催马退往后方。有效使用半回旋战术，对手枪骑兵的纪律与士气要求极高，只有这样才能避免出现混乱。冲到敌人近处射击的震慑效果自然可观，但同样重要的是，骑兵必须训练有素，才能够在移动中开枪，同时还要避免撞上同伴或他们的马匹。弗朗索瓦敏锐地意识到，射击结束后的绕后动作与撤退极为类似，如果敌人利用手枪骑兵队列的混乱发动反击，后退就要变成真正的撤退了。

即使如此，半回旋战术仍有热忱的支持者。参与荷兰独立战争的迪格斯（Digges）兄弟，认为半回旋战术是应对长枪阵的绝佳方式，远胜过骑枪。尽管存在热忱的支持者，大多数军官还是反对半回旋这种"精巧"的战术。优秀的军史学家德尔布吕克在研究中对这一战术持否定态度，认为半回旋战术只适合用于训练，他采纳的是 16 世纪的主流说法。事实上，对半回旋战术的否定态度，甚至让骑士在使用手枪的问题上一并遭受了强烈质疑，毕竟这多少与阶级地位相关。

最终，军界没有因噎废食，因为他们在拓展视野之后，找到了另一个用途：手枪骑兵攻击步兵的效果或许有限，但在骑兵之间的对抗中，用手枪攻击对面的骑士效果很好。这也是弗朗索瓦做出本章开头那段结论的原因。虽然他对手枪进行了一番谴责，对半回旋战术也表示了批评，但他在对手枪骑兵对抗手持骑枪的骑士这一安排进行过讨论之后，终于改持正面态度了。弗朗索瓦的讨论开篇便是分析骑兵在结阵和作战时，应当使用的队形，而这个问题，在簧轮火枪出现半个世纪之前，军官们就已经在思考了。法国骑士传统上使用薄队列（en haie），以最大限度发挥骑枪的效果。这个阵形强调骑士的个人勇敢，也只有靠骑士的勇敢才能实现。德意志骑士则截然不同，他们使用厚队列（en host）。大约在 1480 年时，菲利普·冯·塞登内克（Philip von Seldenek）认为队列应不少于9排。他在给出200人（14排）和1000人（28排）的布置范例时，设想使用楔形队列，大批骑兵由第一排5名或7名经验丰富的骑兵引导，而后每排的人数渐渐增加，直到达到最后一排的21人。

重骑兵使用这样的队形，似乎是笨拙不堪的，事实上1479年的第一次吉内加特之战——时而被视作中世纪的最后一战，法兰西骑士的薄队列就包抄了德意志骑士的厚队列，然而厚队列面对的最大威胁不是骑士而是火炮。在1512的拉文纳之战中，法布里齐奥·科隆纳的骑兵结成厚队列等待时，便因遭受炮击而伤亡惨重，只一颗炮弹就击杀了33名重骑兵和他们的坐骑。不过到16世纪40年代时，手枪的使用让情况变得截然不同起来。于是如何组织队列的辩论又开始了，弗朗索瓦显然倾向于德意志阵形：

在这个问题上，必须承认德意志人胜过其他所有民族，因为他们队形紧密，仿佛拴在了一起……就算队列崩溃、阵形解散后，他们依然保持相对的距离，而这是枪骑兵做不到的。

而后他对比了多排枪骑兵的作战效果，认定他们的冲击同样无效，理由和他认为半回旋战术对步兵作战无效一样——队列会陷入混乱，无法有效冲击敌人：

……我必须承认，尽管枪骑兵可以进行英勇冲锋，却无法起到太大的效果，因为冲锋之初，骑枪无法杀死任何人，而此后如果骑枪还能刺死人，就可谓奇迹了。

相反，弗朗索瓦注意到德意志手枪骑兵：

……在贴近之前不会使用手枪射击，而在近距离射击时，他们可以轻易瞄准对手的面部或胯部。第二排也可以同时进行射击。如此一来，对面重骑兵阵形的前排，才刚刚接战便要有半数人伤亡坠马了。[5]

因此，手枪骑兵在对抗其他重骑兵时，成功的秘诀并不是半回旋战术，而是冲进敌人的队列之中，因为"手枪骑兵威胁最大的时候就是跟敌人混战时，那时他们每个人都可以开枪了"。总而言之，手枪骑兵的冲锋可以视作骑兵冲击，并且手枪能够在几乎可以忽略的距离内射击披甲敌人的薄弱处，比如面部。冲入敌阵的手枪骑兵打空子弹之后，还可以继续使用佩剑作战，下文将对此举例。这一战术之后被视作古斯塔夫·阿道夫（即古斯塔夫二世）在17世纪时的创举，实际上在16世纪，这一战法的使用者就已经取得可观的战果了。弗朗索瓦写道："我被迫承认，使用手枪的骑兵只要忠实执行战术，足以打垮使用骑枪的骑兵。"按照阿尔巴公爵的说法，完成这样的任务，骑兵阵形要分为17排。他如此计算的原因是紧密排列的阵形之中，前后两名骑兵之间的距离是左右两名骑兵之间的距离的三倍。因此总共17排，每排100人的队列，其横向宽度是纵向宽度的两倍。[6]

手枪骑兵发动传统的骑兵冲击时，使用新式火器的他们可以带来极佳的效果。在手枪骑兵发动骑兵冲击的战场上，人们注意到骑兵行动的时间比此前要短。另一位军事评论者塔瓦纳（Tavannes）冷淡地写道："大型手枪……让混战变得极为危险，因此所有人都想离开，尽快结束战斗。""手枪革命"——如果可以这么说的话，必然让重骑兵战术出现相当大的变化，但半回旋战术却是个死胡同，优秀的将军不应因此而分心。事实上，使用半回旋战术的手枪骑兵，处境比薄队列的骑枪骑兵还要糟糕，因为后方那些打空子弹的骑兵，会成为对方骑兵冲锋的绝佳目标。在1610年的克卢希诺（Klushino）之战中，波兰的骠骑兵（hussars）便充分利用了这一弱点。[7]

放弃骑枪

16世纪80年代，弗朗索瓦在林堡的监牢中写作时，他的战友——法国的骑士们，已经开始在骑枪之外携带手枪了，但他们依然不愿彻底放弃骑枪，因为他们认定使用簧轮手枪"低贱而卑屈"。阅读前文，我们知道弗朗索瓦的前辈布莱斯·德·蒙吕克，对火器的态度表现出了类似的偏见，他认为簧轮手枪是绅士的武器，火绳枪则是低贱平民的武器。他的理由或许源自两者在技术上的差异，不过布莱斯有理由厌恶火绳枪，毕竟他的半张脸是被火绳枪打烂的。

没有这么傲慢的弗朗索瓦则意识到，手枪骑兵作战需要的秩序与纪律超过了普通贵族骑士的水平，而这可能改变战争，"认为手枪是一种恐怖而危险的武器，绝非夸大其词"。[8]

那么，要如何应对手枪骑兵呢？吉斯公爵亨利在 1588 年写道："要击败手枪骑兵，必须靠组织严密的重型火绳枪手和火绳钩枪手……这些才是他们真正的克星。"[9] 布莱斯也相信，要靠枪弹而非骑枪来对付他们，他写道：

我们骑枪的用途大打折扣了，或许是因为没有良好的马匹，在我看来那些优良品种正在衰退；也或许是因为我们使用骑枪时，无法和前辈们一样高效。我发现，我们在用德意志的手枪替代骑枪参加大规模战斗时，其效果比骑枪要好。[10]

手枪骑兵作战

布莱斯和弗朗索瓦去世之后，有关骑兵战术的辩论依然持续了许久。1605年的基希霍尔姆（Kircholm）之战与 1610 年的克卢希诺之战，为这场辩论提供了重要的现实依据，这在接下来的章节中将进行具体说明。直到 1616 年，约翰·雅各比·冯·瓦尔豪森（Johann Jacobi von Wallhausen），欧洲第一座骑兵学校的创立者，才对这些争议下了一个和稀泥的结论：重骑兵应当身穿防弹的盔甲，同时使用手枪、剑和骑枪！[11] 重甲骑士和骑枪的时代，是要就此结束，还是仅仅改变武器和战术？同时代战场上的情况又是如何？

如前文所述，1544 年在香槟的前哨战或许是簧轮手枪第一次用于战场，然而手枪骑兵参与的第一次大战，则是施马尔卡尔登联盟（Schmalkaldic League）与神圣罗马帝国皇帝查理五世的战争。施马尔卡尔登联盟于 1530 年创立，是德意志贵族中的新教徒建立的联盟。这一联盟预告了一代人之后，西班牙控制下的荷兰举旗反叛。联盟中的成员处于军事革新的前沿。按照威尼斯大使的说法，施马尔卡尔登联盟的骑兵能力出色，组织有序，能够遵守军号声迅速行动。[12]

自 1544 年和法国签订《克雷皮和约》（The Treaty of Crépy），1546 年和苏丹长期停战后，查理五世终于腾出手来处理国内事务了。然而他的对手先发制人，1546 年 7 月，他们从两个方向开始进攻。一支大军由黑森的菲利普与萨克森（Saxony）选帝侯约翰·腓特烈率领，从北面进攻查理五世；另一支军队则从西南方向赶来。[13] 原本，查理五世本很可能陷入凶险的夹击之中，但两个意料之外的事件改变了这一发展。首先，他的敌人更想谈判而非开战，皇帝因此得以集结充足的部队；其次，施马尔卡尔登联盟遭到了一次重大打击，迈森（Misnia）边境伯爵（Margrave）莫里斯，联盟最重要的成员之一，倒向了皇帝。莫里斯是选帝侯约翰·腓特烈的同族兄弟，他抓住时机占据了这位选帝侯的大片领土。约翰·腓特烈赶紧率领大部分新教军队北上驱逐莫里斯，留下黑森的菲利普独自对敌。查理五世见敌人自行分兵，便迅速对实力较弱的菲利普发起进攻，旗开得胜。[14]

　　与此同时，约翰·腓特烈对族兄弟莫里斯发起反击，将他赶出了图林根。随后，他又歼灭了查理五世派来的，由霍亨索伦–库尔姆巴赫（Hohenzollern‐Kulmbach）的阿尔贝特率领的 7000 人。之后，查理五世亲率 3 万部队前去与他决战，仅有对方部队一半军力的约翰·腓特烈只能在米尔贝格（Mühlberg）通过易北河撤退，并摧毁桥梁。此时的约翰·腓特烈孤立无援，因为黑森的菲利普已经开始与查理五世和谈，显然是为了保住自己的封地。

　　查理五世在易北河上集结了规模可观的渡船，准备建造一座浮桥。这时，一名田地被选帝侯的部队在撤退时毁掉的本地农民，欣然为查理五世的部下指出了可以涉水渡河的浅滩。1547 年 4 月 24 日，一个浓雾笼罩的清晨，皇帝的军队开始渡河。[15] 施马尔卡尔登联盟的军队希望借宽阔的易北河阻挡敌人，却不料枪弹不断地向他们飞来。他们仅仅体验过旧式火绳枪和手枪，这些武器射出的弹药不可能飞过易北河。事实上，查理五世的将军，阿尔巴公爵，使用了一种新式火枪。那是一种架在支架上射击的重型火绳枪（musket）①。

　　查理五世的军队中，坚韧的西班牙步兵率先涉水渡河，重型火绳枪手击杀了对岸船上的士兵后，叼着短刀泅渡过河的西班牙士兵抢走了这些船只。随

---

　　① 译注："arquebuse"和"musket"指代的武器含义，在不同时代和不同语境下有所不同，因此本书在汉译中，有具体指代的部分按照语境分别翻译为"火绳钩枪"和"重型火绳枪"，无具体指代的部分翻译为"火绳枪"。

◎ 萨克森选帝侯约翰·腓特烈，他在 1547 年的米尔贝格之战中战败

后轻骑兵涉水渡河，再之后便是查理五世亲率的手枪骑兵。提香（Titian）的作品记录下了这一场景：先头部队迅速控制对岸，并开始建造预定的浮桥，为余下的渡河部队铺平道路。

萨克森选帝侯约翰·腓特烈对此毫无防备。他的营地距离河流 3 英里，收

◎ 1547 年的米尔贝格之战

到己方被突袭的灾难消息时，他正在安然地吃着早饭。他甚至没有打算反击，下令部队立即撤往维滕贝尔格（Wittenberg）。查理五世意识到对手已经撤退之后，便派阿尔巴公爵亲率部队袭扰撤退的敌军。选帝侯的部队刚刚走了 3 英里，后方便遭到了攻击。担心手枪骑兵追上自己，约翰·腓特烈决定就地抵抗。集结起阵形的查理五世，立即派出手枪骑兵和其他骑兵部队，进攻选帝侯脆弱的侧翼骑兵部队。在皇帝军阵右翼的，是迈森边境伯爵莫里斯的旧式骑马火绳枪手，他们在削弱了萨克森的部队之后，成功发起了冲锋。皇帝的其他骑兵部队也完成了包抄，他们从通往维滕贝尔格的道路上掩杀而来，随后开始了血腥屠杀。使用长剑自卫的选帝侯被俘，带到皇帝面前。之后，约翰·腓特烈被终身囚禁，他的领地以及萨克森选帝侯的头衔，则都被交给了迈森边境伯爵莫里斯。米尔贝格之战中，皇帝以旧式与新式的步骑兵联合进攻瓦解了施马尔卡尔登联盟。黑森的菲利普本可能解救约翰·腓特烈，但他无动于衷，结果同样换来了被囚禁的命运。

142

应当提及的是，这之后还有一次怪异的后续战斗：新任萨克森选帝侯莫里斯重新拾起了新教徒的旗帜，和法国结盟对抗查理五世。然而他幻想的风光未来，在 1553 年的锡沃斯豪森（Sievershausen）戛然而止。在这场战斗中，双方的手枪骑兵展开了前哨战，而一发簧轮手枪的子弹击中了曾经的迈森边境伯爵，他在两天后伤重不治。

法国宗教战争中的簧轮手枪

在有关哈布斯堡—瓦卢瓦战争以及法国宗教战争的记载中，往往会提及双方都使用了手枪骑兵。早在 1548 年，法国国王亨利二世就在麾下保留了一支使用簧轮手枪的部队。在接下来的 40 年里，法国让手枪骑兵和使用骑枪的重骑兵并肩作战。这些身穿重甲的德意志雇佣军在战场上兢兢业业，在战场下却骄纵不法、肆意掠夺、时常哗变，因此不受信任。这些人常常被称为"胸甲骑兵"（cuirassiers），因为他们使用骑士的胸甲、手臂护甲和头盔，但不穿腿甲，而是使用结实的长筒皮靴代替——这也很快成了西欧的常见装备模样。

雇用的手枪骑兵通常是两个或三个由 300 人组成的分队。按一份雇用协议的说法，手枪骑兵应当是：

……出色而勇敢的骑兵，擅长作战和服役，真正的德意志人，拥有良好的马匹，配备胸甲、链甲手套、铁护手、莫里翁头盔，还有两支手枪、一把军刀（cutlass）和一柄骨朵（mace）。

手枪骑兵部队应当有特殊的工匠随同，包括制造手枪的工匠，他们对维护武器而言至关重要。在 1557 年的圣康坦（St Quentin）之战中，参战双方都使用了手枪骑兵。在 1558 年的格拉沃利讷（Gravelines）之战中，法国元帅德特梅斯（des Thermes）雇用了背弃神圣罗马帝国皇帝的手枪骑兵，与对面依然忠于皇帝的手枪骑兵作战。

接下来要讨论的两场战斗，是手枪骑兵使用簧轮手枪和军刀作战的典型例子。第一场是纳瓦拉的亨利在 1587 年的库特拉（Coutras）之战中，使用手枪与骑兵冲击打败了他的对手——法国国王亨利三世的宠臣茹瓦约斯（Joyeuse）公爵阿内（Anne）[16]。纳瓦拉的亨利擅长使用骑兵，他认为领袖应当身先士卒，于是经常亲自率领部下发动骑兵冲锋，这让他的臣属们颇为担忧。决定战局的手枪骑兵的行动，发生在茹瓦约斯公爵率领旧式骑士，向亨利的中军发动骑枪冲锋时。骑士们使用了薄队列，但队列很快散乱成了一系列松散小队，拥有良马的骑士和勇敢者在前，马匹较差的人和胆怯者则被甩在后面。亨利的步兵展开的火枪射击加剧了法军的混乱，接着，亨利排成楔形队列的 6 排手枪骑兵对面前队形散乱的敌人发起了冲锋，并如同弗朗索瓦所预言的那样，将他们彻底击溃。[17]

接下来的几分钟，成了展示伟大的胡格诺派名将军事理论的经典教科书场景，由一位拥有中世纪骑士全部冲刺能力的骑兵领袖来实施：茹瓦约斯公爵的骑枪骑兵被亨利的胸甲骑兵使用手枪近距离轻易击杀。这是亨利一生中最辉煌的时刻之一，他击杀了遭遇的第一名骑兵，而后又从第二人手中缴获了一面旗帜。茹瓦约斯公爵向包围他的胡格诺派投降，高声宣称自己能够换来大笔赎金，但其中一人举起手枪，打烂了公爵的脑袋。

在 1590 年的伊夫里（Ivry）之战中，曾经的纳瓦拉的亨利，现在的法国国王亨利四世，依然亲率部下作战。他对麾下军官们宣称："如果你们找不到我的旗帜，就追随我的盔缨吧。"伊夫里之战中的骑兵表现值得一提，因为前文所说的各种骑兵部队和骑兵武器，几乎都参与了这一战。亨利四世的天主教对手使用三种骑兵同时发起进攻，其中布置在右翼的手枪骑兵，使用了半回旋战术，结果犯下经典的错误：遭遇火绳枪手射击之后，他们以手枪还击，但过早地调转了方向。他们的指挥官，不伦瑞克（Brunswick）的埃里克不幸阵亡。

对他们的战友而言不幸的是，后退的他们在一片混乱中撞上了中央的友军，这些重甲骑士手持长枪，结成薄队列。他们的指挥官，吉斯公爵马耶讷（Mayenne）的查理，被迫暂停前进，让手枪骑兵通过，结果已经发动的冲击威力大为折损。在左翼，另一支由火绳枪手组成的骑兵部队，他们的战况要好得多，对法国国王的部队完成了一轮齐射，并杀死了亨利四世的旗手。正因如此，在接下来的混战之中，法军士兵只能靠国王头盔上的白色羽饰来辨认他的位置。[18]

在亨利四世的率领之下，法军发起了反击，马耶讷的查理那混乱的枪骑兵阵线随即被突破。混战之中，查理的骑士们扔掉了无用的骑枪，拔剑格斗，这也是他们能使用的唯一武器了。亨利四世的骑兵全部使用簧轮手枪，于是随后的 15 分钟便成了近距离射击的簧轮手枪和刀剑之间的战斗。亨利四世在楔形阵列的最前方冲破敌军。而与此同时，亨利的右翼，由迪特里希·冯·朔姆贝格（Dietrich von Schomberg）率领的德意志手枪骑兵，遭遇了骑马火绳枪手。他们同样以传统的德意志阵形前进，抵进之后使用手枪射击敌人，而后拔剑继续格斗。[19]

伊夫里之战将弗朗索瓦·德·拉·努埃在漫长军事生涯中所预言和论证的一切推向了顶点。在他的《论政治与军事》之中，他尖锐地批评了那些相信骑士罗曼史的年轻人，因为他们认为战争的胜利是依靠"由仙子或魔法师加持过的神奇武器和装备"。但事实上，黑衫骑兵以及他们那"邪恶"的簧轮手枪，才代表着现实，代表着重骑兵真正的未来。

火焰、寒冰与洪水

军事历史学家很少对一件事感到讶异，更是很少感到震惊。因为对于有经验的研究者而言，人类在战争中一而再，再而三地重复着一些愚蠢行为，实在没有多少变化。不同时代、不同地方、不同人留下的对野战与攻城战的记载，总是似曾相识。然而有时也会有一些不同寻常的、出乎意料的战争。这些战争和其他任何一场战争一样与勇气有关，但不同的是，独特的环境带来了严峻的挑战，人们应对挑战的方式如此怪异新奇。正因如此，这样的军事行动才格外引人入胜，因为除去军事行动本身之外，还有着许多不寻常之处。这类不寻常战争的典型范例，就是荷兰独立战争。参战双方都不乏英雄主义、骇人听闻的野蛮和惊人的决心，只为争夺一片偏远的土地。而那里怪异的地理环境如同参战的第三方，带来了火焰、寒冰、洪水，它们与对方的骑士、簧轮手枪、火炮和超长枪一样，成了参战方要应对的敌人。[1]

荷兰独立战争

低地地区的 17 个省份，最初是在勃艮第公爵治下实现统一的，而后被神圣罗马帝国皇帝查理五世继承。这里的居民在帝国政府的宽松统治下保持着和平与满足，然而之后继承它的西班牙国王腓力二世却决定摒弃旧日的宽容，在这里进行更严厉的统治。1566 年 8 月，低地地区的新教徒再也遏制不住愤怒，加尔文派（Calvinist）冲进教堂之中，破坏了天主教的圣像。这样的行为在所难免地激起了统治者的报复，其手段犯了众怒，众人联合起来，决定以宗教叛乱摆脱这个遥远的君主那不受欢迎的统治。1567 年 8 月，西班牙在佛兰德斯的军队总指挥官——阿尔巴公爵，也就是托莱多的费尔南多·阿尔瓦雷斯（Don

Fernando Alvarez de Toledo）奉命前去平息骚乱。阿尔巴公爵是查理五世麾下的宿将，前文也提到了他在突尼斯与米尔贝格的战果。自从他来到西班牙统治的低地之后，他的决绝统治激起了全体居民的反感，无论是地位最低微的农民，还是贵族领袖，"沉默者"奥兰治的威廉便是其中之一。

阿尔巴公爵平息叛乱遇到的第一个麻烦就是补给。远离西班牙本土，隔着并不友好的法国，西班牙大方阵的士兵们必须坐船前往意大利，而后走陆路通过阿尔卑斯山，越过一系列或友好或不友好的地区，才能来到这片遥远的土地。对西班牙士兵而言，这里仿佛天涯海角一般。[2] 这个遥远省份的南部，今比利时的部分土地，是"骑士的国度"。离开这片坚实的草地往北，便是荷兰和泽兰（Zeeland），这里成了反抗西班牙人统治的核心，其地形颇为特殊：四条大河——莱克河（Lek）、利涅河（Ligne）、马斯河（Maas）与瓦尔河（Waal），共同组成了一道天然屏障，阻碍从南方来的敌人。荷兰被一系列河流、运河与排水渠分割得支离破碎，而历史悠久、得到细致维护的排水沟与风车，则阻拦了大河与波涛汹涌的北海涌入它们庇护之下的低洼土地。

阿尔巴公爵对反对者的残酷与毫不留情，激起了更强烈的反抗，随着1568年海利盖莱（Heiligerlee）之战的爆发，漫长的"八十年战争"拉开了帷幕。这一战以骑兵为主，因此给我们提供了手枪骑兵作战的良好范例。[3] 拿骚（Nassau）的洛德韦克，是奥兰治的威廉的兄弟，负责指挥由德意志雇佣步兵和手枪骑兵组成的少量雇佣军。他的对手是阿伦贝格（Aremberg）伯爵让·德·利涅（Jean de Ligne），此人指挥着来自撒丁岛的西班牙大方阵，以及其他的西班牙和德意志部队。双方在这一地区的典型地形——泥炭沼泽地的周边进行了一番激烈的前哨战之后，阿伦贝格伯爵发动了骑兵冲锋。在这场战斗中，手枪骑兵罕见地进行了一对一的决斗，战斗双方是阿伦贝格伯爵和拿骚的阿道夫（Adolphus），他们都使用了簧轮手枪。被枪弹击中的阿伦贝格伯爵，开枪反杀了对手，击穿了敌人的躯干。他还用另外两只手枪击倒了阿道夫的两个同伴，然而伯爵的坐骑被人射中了。受伤的马匹无力承载伯爵撤退，于是同样受伤的伯爵只得自己跌跌撞撞地后退，结果几分钟后便被刀剑杀死了。

海利盖莱之战虽然为荷兰独立战争打响了第一枪，却并不具有典型性。对西班牙霸权的武装抵抗，绝大多数都是由"海上乞丐"——一群以英格兰

◎ 1568 年的海利盖莱之战，打响了荷兰独立战争的第一枪

148

为基地的海盗，在海上进行的。1572 年，"沉默者"威廉在"海上乞丐"的陪同之下，在泽兰的布里勒（Brielle）登陆，指挥意在推翻西班牙统治的荷兰人。"海上乞丐"在海战中逐渐占了上风，但随后的陆上争斗则很大程度上涉及城镇与据点的反复争夺，而"沉默者"威廉在这些军事行动中几乎均以失败告终。骑兵部队在这场战争中起到的作用较小，事实上，1578 年的让布卢（Gembloux）之战（有限的几次野外决战之一）结束之后，一位同情荷兰人的英格兰人聊以自慰地认为，这种情况下的失败，与强化防御阵地带来的挑战相比不值一提，因为，"守备坚固的城镇足以挫败强大的军队"。

这一说法可谓明智，因为绝大多数荷兰城镇的防御都很坚固。这些城镇或许没有几何意义上近于完美的砖石棱堡，却有一套结合中世纪城墙、棱堡与半月堡的防御体系。其半月堡的设计，显示出低地地区的地形与干燥的塞浦路斯平原截然不同。荷兰人擅长使用水进行防守，缺少石料的他们将水与土结合起来，在城镇周边建造起了夯土建筑。其与法马古斯塔的马丁嫩戈棱堡相比，尽管整体形状类似，外观却截然不同。虽然许多堡垒是使用夯土建造的，但通过精心的设计与维护，城墙足以吸收炮弹的冲击力，而花费仅仅是同等水平的砖墙或石墙的零头（见彩图 26）。[4]

即使如此，这些防御系统也存在一系列缺陷。周围的水渠或许能够阻止攻城者挖掘坑道，但如果水面封冻，攻城就会变得容易许多。土墙是可以击垮的，不过为了击垮土墙，攻城者必须贴近城下，而城外的土垒、水渠、运河与堤坝紧密相接，形成了难以逾越的防御体系。几个城镇的周边有大型湖泊，湖水沿着河道流向庞杂的岛群，也就是泽兰岛群（直译即"海中陆地"）。按一位同时代的英格兰人所说，这一地区：

……是欧洲的大泥沼，世上再没有这么平坦的沼泽地了。所有的地方都难以行走……确实，这里就是世界之臀，满是血肉，却没有骨头。

胡斯的海底

1572 年末，证明荷兰独立战争在军事史上独特地位的第一个事件发生了。从泽兰群岛附近流入北海的斯海尔德河（Scheldt），在近代通过围海造陆改变当地地形之前，流经南贝弗兰岛（Zuid-Beveland），那里位于贝亨奥普佐姆（Bergen op Zoom）以西，距离海岸 6 英里。南贝弗兰岛之上，有着一处战略要地，那就是胡斯（Goes/ Tergoes）堡垒，叛军对这里发动了围攻。阿尔巴公爵决定坚守这里，他下令部下加急前去援救。因此 3000 名西班牙士兵来到南贝弗兰岛对面的大陆，奉命援救胡斯。他们中的绝大多数人，或许认为接下来他们的指挥官克里斯托瓦尔·蒙德拉贡（Cristobal Mondragon）会寻找渡船，事实却并非如此。这位指挥官下达了一个军事史上极为怪异的命令之后，西班牙军队开始涉水渡海。[5]

之所以有这个出乎意料的行动，是因为指挥官收到了忠于西班牙政府的本地官员发来的一些可信情报。南贝弗兰原本并非是岛屿，一次大风暴带来的涨水切断了这里和大陆的联系，留下一段海域，也就是所谓的"淹水地"（Verdronken Land）。"淹水地"涨潮和退潮时的水位落差约有 10 英尺，海底泥泞难行，其间还有三条深沟，但选择在合适的潮汐情况下出发，由经验丰富的向导率领，他们可以徒步涉水通过这段海域，水深不会超过 5 英尺。遵从这个可疑的说法，3000 名士兵将火药和干粮高高举起，在黑夜之中出发，花了 6 个小时，在寒冷与潮湿之中尝试渡海。

这次远征的记载提到，士兵们在得知了可以涉水通过的消息之后，便立即踏入了"淹水地"，走上了那条狭窄而危险的道路。他们排成一列纵队，蹒跚前行，一路挣扎，还在滑倒后被迫游泳。水从未没过他们的肩膀，却至少淹到他们的胸口，终于在黎明之前，前锋部队登上了南贝弗兰岛的干陆地。这3000 名士兵在危险的涉水渡海期间仅有 9 人落水失踪。稍事休整之后，坚强的士兵们继续进军胡斯，那里的围城者很快得知西班牙军队渡过海洋前来支援。面对这些勇气异于常人的坚定士兵，围城者很快放弃了进攻。由此可见，西班牙步兵冠绝欧洲，绝非浪得虚名。[6]

纳尔登的火焰

当部下在胡斯写下军事史上特殊的一笔时，阿尔巴公爵正忙于攻击东北方向的城镇，以孤立荷兰和泽兰。他遭遇的抵抗很有限，因为西班牙人在抵抗的城镇纵火劫掠的消息很快传开了。梅赫伦（Mechelen）就此被攻破。聚特芬（Zutphen）由于对腓力二世的部队做了些许抵抗，破城之后阿尔巴公爵下令屠杀城中全部居民，将城镇化作一片焦土。士兵忠实地执行了命令，俘虏被两两捆在一起推入河中。这场屠杀迅速而突然，以致附近前来援救的部队根本没有意识到发生了什么。尼乌波特（Nieuport）伯爵写道："上周日，聚特芬传来了令人悲伤的消息，据说城中人遭到了屠杀，然而究竟发生了什么，我们无从得知。"[7]

胜利的西班牙军队随后向西，前往态度友好的阿姆斯特丹，这里也是整场战争之中，唯一全程忠于西班牙国王腓力二世的地方。阿姆斯特丹可以作为进攻荷兰和泽兰叛军的基地，然而前往那里，要经过须得湖（Zuider Zee）湖畔的纳尔登（Naarden，见彩图 27）。在得知了聚特芬的结局之后，纳尔登的居民们仓促派人前去与西班牙军官会谈。经过一番谈判之后，双方同意以城市钥匙换取全体居民的生命安全。然而西班牙军队掌控了纳尔登之后，便立即开始了系统性的屠杀，他们在城市之中纵火，驱赶躲避在住宅中的居民。阿尔巴公爵之后写道："他们割开了所有市民与驻军的喉咙，没让任何一个母亲的儿子活下来。"另一个西班牙人附和称，劫掠纳尔登是为了"惩罚异端在荷兰的第一个窝点"。[8]

哈勒姆的寒冰

哈勒姆（Haarlem）是西班牙军队的下一个目标。那里的市民们非常忧虑，因为西班牙士兵的暴行早在他们抵达之前传来，然而，一个不寻常的事件鼓舞了守军。突然降温的天气将几艘荷兰军船冰冻在阿姆斯特丹城外，一些西班牙军队谨慎地通过冰面，进攻在他们看来已经无可奈何的船中人。然而船员们做好了准备，他们利用浮冰完成了防御工事。更让西班牙人惊讶的是，荷兰火枪手从浮冰工事中杀出时，是利用靴底的怪异冰刀在冰上迅速滑行的，数以百计的西班牙士兵被杀。在经历了 24 小时的抵抗之后，冰面终于解冻，船只得以成功逃离。[9]

这次不寻常的冰上前哨战，拉开了下一场围攻战的序幕，这一战也将成为荷兰独立战争中最漫长、最艰苦的围攻战之一。哈勒姆是西班牙控制的低地地区中最大的城市之一，却也是防御最脆弱的城市之一，那里仍是中世纪的旧城墙，仅在主城门前方设置了半月堡。城西侧是浪涛汹涌的北海与狂风之中的滨海丘陵；向东 10 英里便是阿姆斯特丹，两座城市之间并无陆地直接相连，而是相隔一个巨大的内湖——哈勒姆湖（Haarlemmermeer）。这一湖泊此后被彻底抽干，作为今斯希普霍尔（Schipol）机场的一部分。1572—1573 年的冬季，哈勒姆湖封冻。当阿尔巴公爵集结多达 3 万人的部队前往哈勒姆城下时，冰面上不计其数的雪橇和滑冰者，在最后一刻为这座危城带来了补给品和弹药。城中居民得到充足的装备后下定决心，宁肯与阿尔巴公爵的部下周旋到底，也不想落得纳尔登市民的结局。

阿尔巴公爵决定以最快、最有效的方式解决哈勒姆，随即对两座城门进行了三天的猛烈火炮轰击，总共耗费 1500 发炮弹。然而城中人立即使用碎石、沙土来修补缺口，甚至连天主教教堂里的雕像，也被这些加尔文派轻蔑地拉来当作建材。圣像被塞进炮弹击穿的缺口中，这样的举动让虔诚的天主教围攻者大为恼怒，坚信在荷兰独立战争中，他们是作为真正的十字军对抗异端。

令阿尔巴公爵惊愕的是，炮轰结束后的强攻在付出了惨重的代价后被击退了。公爵决定改变战术，下令在某座城门之外的半月堡下挖掘地道。与此同时，奥兰治的威廉安排的支援部队也开始向哈勒姆靠拢，但这些部队不幸在大雾中迷失了方向，很快被西班牙人击退，只有极少数部队通过了封锁。援军副指挥官的首级被攻城者扔进城中，这成了哈勒姆攻城战暴行的开端，市民们随即把西班牙俘虏的首级扔出城外作为报复。

当西班牙人的地道向前推进时，荷兰的反制地道从侧向截住了他们，随后双方在地下展开了激烈的肉搏战。1573 年 1 月，一大批补给品装在雪橇上滑过哈勒姆湖。西班牙人随即发动大规模突击，夺下了半月堡，结果发现守军在半月堡中又设置了半月阵地，并借此发动反击，再度击退西班牙军队。伴随长期围困而来的缺粮，迫使居民们冒险，一群人在浓雾的掩护下贴近西班牙炮兵阵地，企图在他们的眼皮底下弄坏敌人的火炮，却在炮口下被全部杀死，死时手中依然握着锤子和长钉。双方抓获的俘虏会被迅速吊死示众，用来向对方示威。如一位西班牙评论者所说，攻城者和围城者都“仿佛在报复特殊的私仇一般”。[10]

哈勒姆围城战一直持续到了 1573 年春季。征战 60 年的阿尔巴公爵在给西班牙国王腓力二世的信中写道:"这是一场我从未目睹或耳闻过的战争。"但春季也意味着哈勒姆湖不再封冻,围城战的重心将转移到争夺湖面的水上战斗。西班牙人取得了这场争夺战的最终胜利,哈勒姆的市民就此失去了输送补给的生命线。

7月1日,哈勒姆城的缺粮问题变得极其严峻,守军开始考虑安排谈判,然而讨论随着一阵凶猛的炮击而终止。阿尔巴公爵没有下令进行强攻,因为他相信城中人很快就要投降了。确实如此,奥兰治的威廉从代尔夫特(Delft)派来的援军已被歼灭,哈勒姆的居民随后从他们的领主那里得到了协议投降的命令。城中人大受打击,更令他们沮丧的是,他们清楚西班牙人入城之后会发生什么。最终的结果是,城中驻守的英格兰与德意志雇佣军被释放,余下的所有士兵均被处死。城市没有遭到劫掠,然而超过2000人被处死,作为抵御西班牙人8个月的报复。[11]

阿尔克马尔的洪水

下一个直面愤怒的西班牙军队的城镇,是阿尔克马尔(Alkmaar),它位于哈勒姆与阿姆斯特丹以北的半岛尖端附近。800名士兵和1300名居民要应对拥有16000人的精锐围城部队。和哈勒姆的陈旧城墙不同,阿尔克马尔的8个新式棱堡提供了更可靠的防护,地理上的有利条件,让市民们相信自己不会重演哈勒姆的悲剧。

然而很快他们就陷入了绝境,阿尔克马尔市民决定打开几英里外泽普(Zyp)的水闸,再摧毁几道堤防,以洪水冲击西班牙军队。不过这样做会破坏周边的大片土地,因此一个城中人自告奋勇,前去请求城外居民同意。在他离开时,和哈勒姆攻城战一样凶猛的进攻开始了,不过这一次西班牙人被击退了。在保卫阿尔克马尔的战斗中,市民们俘虏的一个西班牙人向他们提供了大量信息。此人许诺为荷兰人而战,但当他声称"愿意和他们一样尊崇恶魔"时,坚定的加尔文派信徒无法接受这样的冒犯,立即将他处死。

围城者很快发现,他们驻扎的区域开始愈发泥泞。无论出于何种目的,破坏堤防必然相当困难,城中人在水闸处安排了守卫,以免农田淹水的农民前去关闭。守军需要一阵强烈的西北风,将海水吹进来,而后两道大堤便可以拆毁,引入洪水。奉命前去劝说的使节成功返回阿尔克马尔并潜入城中，但其携带的信件却被西班牙人截获。围城者直到此时才明白周边涨水的原因，以及之后的糟糕后果。担心16000人就此溺亡，西班牙军队撤走了。阿尔克马尔得以保全，却也付出了沉重的代价，因为即使堤防尚未被完全破坏，通过围海排水将这一地区恢复到攻城战之前的水平，依然花费了荷兰工程师近一百年的时间。[12]

莫克尔海德的军饷

荷兰人在阿尔克马尔毁田防守的行动，成了战争的转折点。除了恐惧、洪水以及市民的勇敢抵抗之外，其他因素也开始变得对西班牙人不利起来。此时的阿尔巴公爵，不仅为哈勒姆的胜利付出了惨重的代价，损失了一万人；还因禁止士兵劫掠，导致没能及时得到薪水的士兵发生哗变。自西班牙人对阿尔克马尔展开的为期三个月的艰苦围攻以失败告终后，成为其下一个进攻目标的莱顿（Leiden）居民受到鼓舞，展现出了和同胞们一样的坚定决心：

你们也听到了，我们的城镇里有狗、牛和马，即便我们吃完了这些，我们还可以吃掉自己的左臂，用我们的右臂继续作战，将暴君以及你们这些该死的爪牙，赶出我们的城市。

被围困的莱顿居民的英勇反抗，证明阿尔巴公爵的无情镇压，在军事上和心理战上都以失败告终。无法争取到荷兰人支持与爱戴的他，必须要离开了。1573年末，阿尔巴公爵的最高指挥官职务被路易斯·德·雷克森斯（Luis de Requescens）取代，此人虽然曾掌管米兰，英勇而沉稳，但他早已苍老，只想早日隐退。

1574年的西班牙军队在新指挥官就任后，又面临了新的危机。1月，莱顿仍遭受围攻之时，叛军夺取了米德尔堡（Middelburg），奥兰治的威廉因此掌控了战略要地——瓦尔赫伦岛（Walcheren）。3月，莱顿围攻战被迫暂停，西班牙军队不得不掉头应对拿骚伯爵洛德韦克率领的援军。一个偶然事件帮助了洛德韦克，他为威廉征募到了一支英勇的雇佣军。此前，德意志边境集结起了几千名雇佣兵，他们奉命护送法国的安茹公爵前往波兰接受王位——16世纪的欧洲政局就是如此复杂！雇佣关系结束之后，这些人自然乐于接受荷兰人的雇用，与西班牙军队作战。

西班牙人立即做出应对，他们迅速进军洛德韦克伯爵，伯爵于是决定在莫克尔海德（Mookerheyde）进行决战。然而时机对洛德韦克不利，因为他的军队几乎全是新招募的雇佣军，而雇佣军需要直接的回报。西班牙军队赢得胜利之后可能会哗变，但德意志雇佣军可能在开战之前就会哗变，洛德韦克的境况颇为艰难。[13]

侦察兵为洛德韦克伯爵带来了情报：西班牙军队的指挥官，桑乔·德·阿维拉（Sancho de Avila），在马斯河上用船建造了浮桥，准备开战。桑乔选择了有利的阵地，他清楚洛德韦克的骑兵规模更大，因此把自己的部队布置在河流与低矮山丘之间的狭窄地域，让骑兵难以通行。经过一番前哨战之后，西班牙一方得到了援军的支援，并且他们还带来了更多部队即将抵达的消息。此时似乎应当谨慎行动，但西班牙的指挥官清楚，洛德韦克的首要任务是和他的兄弟威廉取得联系，如果不立即发动进攻，这支机动性甚好的部队很可能绕过西班牙人的阵地溜走。因此西班牙人加紧进攻，洛德韦克随即以英勇的骑兵冲锋作为回应。当双方的步兵在中央交锋时，洛德韦克派出他的手枪骑兵对抗敌方左翼的骑兵。手枪骑兵面对的是使用半回旋战术的西班牙骑马火枪手。起初境况尚佳，他们冲散了阿维拉的骑马火枪手，但战到后来，他们的身后出现了一批使用骑枪的西班牙重装骑兵。此时，大批手枪骑兵已经绕后装弹，余下的骑兵则位于这些正在转向的骑兵们的侧翼。队形混乱之际，向来是半回旋阵形最脆弱的时刻，也正是对其发起冲击的良机。西班牙重骑兵随即催马挺枪前进，赢得了以骑枪战胜手枪的惊人胜利。

然而莫克尔海德之战结束后不久，西班牙人所赢得的一切就消散了，因为这支胜利之师发生了哗变。这些士兵的军饷已经拖欠了三年，如果欠款不全额支付，莱顿围攻战就不可能继续。在战场上，军饷胜过一切刀枪。

莱顿围攻战

在两支军队相继得到军饷而安定下之后，5 月，路易斯·德·雷克森斯率领 8000 瓦隆和德意志士兵，再度围攻莱顿。围攻者围绕城市建造了 62 座哨所，彻底完成了封锁。此前在西班牙人忙于莫克尔海德之战时，莱顿市民并没有加紧修理城市的防御工事，直到奥兰治的威廉为此大怒，市民们才开始有所行动。西班牙军队的再度围攻，终于让死气沉沉的莱顿居民醒悟。6月末，居民们开始严格控制食物配给，并拿出大笔钱财，赏赐将敌方士兵首级带进城中的勇士。

奥兰治的威廉并不在城中，而是在波尔德瓦特（Polderwaert）堡垒之中，这座堡垒位于代尔夫特和鹿特丹之间，在这里他和解围阿尔克马尔时一样为莱顿提供支援。波尔德瓦特堡垒紧邻马斯河与艾瑟尔河（Ijssel）的堤坝，威廉计划掘开这些堤坝，并打开鹿特丹、斯希丹（Schiedam）和代尔夫特斯哈芬（Delftshaven）的大型水闸。这个壮士断腕的计划会带来和围攻阿尔克马尔时一样巨大的破坏，却得到了逆来顺受的爱国者们的支持。他们高呼："宁肯土地被水淹没，也不愿土地被人夺走。"

和阿尔克马尔的情况不同的是，以洪水淹没莱顿的内陆地区，在军事上另有好处，因为广阔的洪涝区足以覆盖莱顿城外的封锁线，而食物可以使用船只穿过淹水的陆地运入城中。与此同时，西班牙围城部队的指挥官巴尔德斯（Valdez）则试图以宽恕城中居民的许诺，诱使他们投降。此时他的上级是路易斯·德·雷克森斯，并不是阿尔巴公爵，然而城中人对公爵的残忍记忆犹新，他们决定无视一切投降的可能。

围城的西班牙军队很快发现，莱顿周边的水位相比围城之初上涨了约10英寸，不断涌来的洪水让攻城者反而遭到了围困。然而对莱顿的居民而言，登上高塔之后看到的城外景象，并不能让他们安心。显然，城外的土地正在涨水，但这就能保证他们能够解围吗？城外是陆地时，他们都无法摆脱饥饿与西班牙人的刀剑，城外变成一片汪洋之后，他们获救的可能性，是不是变得更低了？

通过洪涝区运输补给进入莱顿的任务，交给了"海上乞丐"。莱顿到外侧堤坝的距离约是15英里，但外侧堤坝与城市之间还有其他堤坝，以防备堤坝意外决口引发洪涝灾害。这些障碍依然有效，尽管洪水已经涌入，但水位距离第一道堤坝的顶部仍有18英寸。舰队若想通过，就必须要掘开这些内侧的堤坝，而此时西班牙军队已经在这里布置了重兵，并且莱顿城外依然保持着封锁。

争夺第一道堤坝的战斗随之打响。荷兰人成功夺取了堤坝，并将其立即炸毁。洪水迅速涌入，舰队也随即进入，然而行进不到一英里，他们又遭遇了一道堤坝。荷兰人再一次夺取了堤坝。这道堤坝后方是一个湖泊，援救舰队希望能够安然通过这里。然而不幸的是，不利的风向降低了湖泊的水位，让舰船难以航行，唯一的通行道路只剩下一条运河。运河的深度足以保证通航，但西班牙人已经在运河的一座桥梁上构筑了工事。遭受炮火轰击后，荷兰舰队只得暂停前进。整整一周，舰队仅仅向莱顿方向前进了两英里，而城中人的缺粮情况，已经比哈勒姆围城战时更加严重了。就在水路援军无可奈何之时，天气帮了他们大忙。当月18日，突然吹起了强劲的西北风，水位再度上涨，舰队的指挥官得以绕过运河与运河上的桥梁。他们随后来到西班牙军队守卫的一道小堤坝，这里的士兵正为陆地迅速涨水惊讶不已，只做好陆战准备的他们，完全没有做好和一支舰队进行海战的准备。

不久之后，这些舰船终于来到了西班牙人控制下的莱顿外围工事。这些防御工事被他们焚毁，火光让莱顿城中饥饿的居民看到了希望。然而风向再度起了变化，处于下风处的舰队无法前进，困在了最后一道堤坝的前方。城中街道上已有居民因饥饿而倒毙，一些不满的市民将饿死者的尸体放在某个显赫市民的家门口，请求他率众投降。在一次演讲中，莱顿守军的指挥官甚至许诺把自己的肉交给饥饿的居民作为食物（见彩图28）。就在这样的危急关头，信鸽给莱顿带来了消息，解救他们的物资已经距离不远了。

莱顿解围

这个时候，可谓万事俱备只欠东风，而荷兰人最重要的盟友——风和洪水不久之后也将到来。不到24小时，一阵猛烈的西北风就让水位上涨了两英尺，援救部队的舰船趁势攻击西班牙围攻部队尚未被水淹到的岗哨（见彩图29）。围攻莱顿的最后一战就此打响。西班牙人战败逃走，他们没能带走的炖牛肉，也成了每年莱顿解围纪念日上的保留菜品。运输舰队胜利进入后，莱顿的运河堤防很快涌上了大批饥饿的市民，一些饥民甚至在疯狂的喜悦之中被噎死。但莱顿终究解围了，西班牙国王碰了一个硬钉子。如奥兰治的威廉所说：

如果困窘的居民即使被所有人遗弃，依然和现在的他们一样，坚持到最后一刻……那么西班牙人想要解决掉我们，就必须要消耗掉全国一半的人力与物力。

洪水在低地的威力再度展现，西班牙人绝不会忘记这次教训，他们开始总结经验。洪水给西班牙人留下了深刻的印象，1574—1575 年的冬季，西班牙政府开始讨论，是否要破坏荷兰的全部堤防，用洪水彻底消灭这个国家。这个极端的提议被否决了，一方面这样的破坏或许不可逆转，另一方面忠于西班牙国王的臣民也会因此受损。更何况，西班牙人在历史上会留下残忍至极的恶名。然而拒绝了这个计划之后，其他可行的方针就只有和前几年一样，继续这场缓慢而丑陋的战争了。1577 年，完全看不到战争结束可能的一位西班牙高官阴郁地预言：消灭低地叛军的战争至少要进行 50 年。历史的发展证明，他的估计有两个错误：第一，西班牙人失败了；第二，这场战争打了 80 年。

革新者与他的敌人

第十二章

大城市安特卫普矗立在斯海尔德河河畔，位置在布拉班特与佛兰德斯之间。安特卫普宽阔的港口可供 2000 艘大型船只停靠，澎湃的河水庇护着这座港湾，并从这里流向西北方向，在泽兰岛周边留下不计其数的大小沙洲。而泽兰，正是"海上乞丐"反抗西班牙统治的最初据点。

荷兰独立战争爆发的头几年里，安特卫普的市民们无疑从战争中获得了不少好处。这里的商业运输受到的干扰十分有限，某种程度上甚至有所增加，因为大规模战争带来了额外的人力与物资需求。然而形势的变化开始让安特卫普的商人们紧张起来，他们清楚，这座城市对荷兰叛军意义重大。阿尔巴公爵同样清楚这一点。冷静而明智的公爵指出，如果荷兰人初期的叛乱模式在安特卫普重演，那么他更应该防备的是城内的暴动，而不是外来的进攻。对此，他必须未雨绸缪。

正因如此，出于政治方面的考虑，阿尔巴公爵在安特卫普修筑了防御工事，并将其中的棱堡进行了微妙的修改。安特卫普新修建的城市堡垒，与其说是为了抵御城外的敌人，倒不如说是为了震慑城内潜在的叛乱者。其中央是一套绝佳的棱堡体系，由意大利军事建筑师帕乔托（Paciotto）主持设计，他在都灵设计的星形城市堡垒已经让他成为新式军事建筑的推动者之一。安特卫普的居民们发现，这个名义上为了保护他们的宏伟军事建筑，事实上让西班牙驻军可以安稳地掌控全城的局势。更让他们不满的是，阿尔巴公爵还将自己打败荷兰叛军的英勇姿态做成雕像，放在堡垒之中。[1]

心怀不满的市民们勉强接受了这个城市堡垒。1573 年，颇受欢迎的路易斯·德·雷克森斯接替阿尔巴公爵后，下令将阿尔巴公爵的雕像撤下，不在公

© 1577 年，安特卫普居民拆除安特卫普城市堡垒

众面前展出，这使他更加深得人心。此时，令城中人忧虑的，不是城市堡垒那坚实的墙壁，而是其中的驻军。前一章提到，在低地的西班牙军队并不受本地居民欢迎。这些夹杂雇佣军的外来者，时常因为西班牙政府无力按时支付薪酬而暴怒。已经出现战斗过程中西班牙人因为军饷不能及时发放而失败的案例，随之而来的哗变，很可能使这些士兵无所顾忌、肆意妄为。

因此，当 1576 年安特卫普城市堡垒驻军发生哗变时，居民们忧心忡忡。安特卫普城中的哗变者，与周边城镇和堡垒中的其他叛军保持着联系，他们在等待机会，以图对棱堡之外的城区发动最后一击。居民们尽可能地做了准备，他们在前来守卫城区的德意志部队和瓦隆部队抵达之后，开始近乎疯狂地修建防御工事，在城市堡垒之外建起了土垒和木栅。然而这些工事毫无意义，因为留下了一系列脆弱不堪的缺口，一条主干道上的障碍甚至只是一辆翻倒的马车。进攻开始后，哗变的西班牙士兵肃清了面前的一切。高喊着"或在天堂饮宴，或在安特卫普庆祝"，这些驻军以及一批新来的叛军，冲向了城市堡垒下方的"蜜罐"。随之而来的便是这场战争中最臭名昭著的屠杀之一，史称"西班牙人之怒"。在"八十年战争"中，任何恶劣事件都无法与洗劫安特卫普相比。接下来三天里，有 8000 人被杀，城市被洗劫一空，大片城区被焚毁。[2]

鉴于"西班牙人之怒"是哗变的士兵所为，洗劫后的安特卫普城留给了幸存的市民们收拾。他们随即开始了痛苦的重建与改建工作。1577 年 3 月，西班牙政府新任命的低地总督唐·胡安（勒班陀海战中的英雄，奥地利的唐·约翰）决定不在安特卫普城市堡垒中维持驻军。这座城市堡垒就此被放弃，而市民们也停止了这里的重建工作，自发开始拆毁这座给他们带来痛苦的防御工事。市民们不分男女老幼，不分高低贵贱，都挥舞着锄头和铲子，将他们遭受压迫的象征——曾经庇护加害者的城墙夷为平地。在拆除行动中，他们在某个废弃的地窖中发现了阿尔巴公爵的雕像。仿佛俘虏了阿尔巴公爵本人一般，他们将雕像拖出，一阵乱锤后将这尊青铜像砸成了一堆废料。[3]

让布卢之战

1577 年尚未结束时，唐·胡安征召自己的外甥亚历山大·法尔内塞（Farnese），未来的帕尔马公爵，前来西班牙人控制的低地，作为自己的副手。

◎ 帕尔马公爵亚历山大·法尔内塞，他通过长期围攻成功夺取了安特卫普

亚历山大同样参加过勒班陀海战，此人能力出众且颇有谋略。他在外交上和军事上的表现同样优秀，作为意大利公爵领的继承人与西班牙国王的外甥，他还有着极广的人脉。亚历山大在荷兰独立战争中遇到的第一个对手，是手持骑枪的骑士。

1578 年初，唐·胡安的部队开始向荷兰叛军进军，双方向那慕尔（Namur）靠拢。叛军本打算主动进攻西班牙人，但得知唐·胡安正在向他们进军之后，谨慎的叛军指挥官，瓜尼的西厄尔（Sieur de Goignes），决定率部后退以占据地利，他选中的正是距离那慕尔约 9 英里的让布卢。[4]

荷兰叛军后退时分成三个部分行动：前锋是得到轻骑兵掩护的步兵，中央是来自苏格兰与英格兰的部队，而重骑兵则位于后方。唐·胡安立即下令追击。他将几乎全部西班牙骑兵布置在前方，让两个步兵方阵跟随在后面。唐·胡安身边飘扬着绣有十字架的军旗，上面用拉丁语写着："我曾在这面军旗下征服奥斯曼人，我也将在这面军旗下征服异端。"

西班牙人派了少许骑兵斥候上前探查可能的埋伏。至于荷兰军队的意图，已经得到俘虏提供的情报证实。很快，西班牙人看到了撤退的叛军的后队。唐·胡安派出 600 名骑兵和 1000 名步兵，将他们分为两队，前去尽可能地进行袭扰，避免正面决战。起初，这些士兵严格遵守了命令，但之后至少有一名大胆的骑兵军官因为冒险突前而被召回。

在前哨战期间，帕尔马公爵骑马上前进行侦察，发现撤退部队的一侧是满是泥泞与河水的谷地，在这里前行如同涉水渡过宽阔的河流一般困难。当满腹牢骚的步兵在泥泞中挣扎向前时，敏锐的帕尔马公爵发现他们的枪尖东倒西歪。他换上一匹体力充沛的烈马，宣布要对陷入混乱的敌人发动骑兵冲击。他高喊着："告诉胡安阁下，帕尔马的亚历山大愿以身涉险，此去要么战死，要么带回胜利！"

帕尔马公爵一马当先通过了泥沼，而后他放下骑枪，等待部下赶上会合。经过短暂的休整之后，他将部队结成紧密的阵形，冲向敌人毫无防备的后方队列。叛军骑兵纷纷逃走，将中军暴露给敌人。帕尔马公爵再度发起冲锋，冲击陷入混乱的大批步兵，而这些毫无防备的步兵几乎没有进行任何反击。西班牙骑兵甚至连伤者都很少。事实上，西班牙的步兵似乎完全没有参战，一个半小时之后，约有 1 万人的敌军大部分已被歼灭，西班牙人缴获了 34 面旗帜以及大量火炮，俘虏了 600 名敌人。这些俘虏大多从那慕尔的一座桥上被推下溺死。

同年 9 月 29 日，唐·胡安再度进入堡垒之中，然而这时他已在军中染上了瘟疫，生命垂危。弥留之际，他推举帕尔马公爵亚历山大·法尔内塞接替他，继任西班牙低地总督之位。这个选择可谓明智。帕尔马公爵清楚，低地南部地区的居民多信奉天主教，事实上并没有参与叛乱。北方的情况则有所不同，信奉新教的省份以乌得勒支（Utrecht）联盟的名义统一起来，决定赢得最终的胜利。因此，帕尔马公爵的策略是和南部信奉天主教的省份和解，同时于 1579年夺取重要据点马斯特里赫特（Maastricht），重创"沉默者"威廉。[5]

围攻安特卫普

接下来几年中，帕尔马公爵巩固了忠于西班牙国王的低地南部与叛乱的北部之间的分界线，并通过一系列围攻战肃清了北方叛军的据点，其中最重要的一战，便是为期 13 个月的安特卫普围攻战，这也是 "八十年战争" 中最引人注目的军事行动之一。[6]帕尔马公爵的计划，包括在斯海尔德河上建造桥梁，截断安特卫普向北的交通线。在许多人看来，这样的设想相当荒诞。在周边存在大批叛军的前提下，如何在半英里宽的河上架桥，是他们质疑的原因之一；而另一个原因，便是几年前安特卫普尚由西班牙政府控制时，"沉默者" 威廉便试图架桥，结果桥梁被湍急的水流与浮冰击毁。即使西班牙人很难取得成功，威廉依然力排众议，决定严肃对待这一威胁，他打算以激进的行动挫败帕尔马公爵的计划。

威廉的计划是以洪水完全摧毁这一地区。位于安特卫普下游的斯海尔德河，通过两侧一系列复杂的堤坝体系维护，而其中最重要的堤坝平行布置于河与海之间。右侧的阻碍是坚固的布劳瓦加伦堤坝（Blauwgaren），与之垂直布置的则是同样坚实的科文斯丁堤坝（Kowenstyn）。两座堤坝相接处不远，便是荷兰人控制的坚固堡垒利略（Lillo）。如果摧毁布劳瓦加伦堤坝，科文斯丁堤坝也会一同被毁，随之而来的大洪水将让安特卫普变为港口城市，让围城者难以实现封锁。

若是 "沉默者" 威廉的命令立即得到执行，安特卫普也许能够解围，然而在这个至关重要的时刻，一场浪费时间的辩论改变了一切。几个星期之后，威廉遇刺身亡。这个拆毁堤坝的计划显然不怎么被待见。一些人根据阿尔克马尔的情况指出，有 1.2 万头牛依赖这两道堤坝庇护的土地生存，如果帕尔马公爵打算切断安特卫普的交通线，迫使城中人因断粮而投降，那么他自然乐见荷兰人自行毁灭如此之多的储备食物。

帕尔马公爵决定在距离安特卫普约 9 英里的小村卡洛（Kallo）建造桥梁，然而这一建造任务相当艰巨，到 1584 年的秋季仍没有多少进展。安特卫普依然能得到水运的补给，而运输船队在溯河而上经过帕尔马公爵的堡垒时，还冒险进行炮战。就在此时，安特卫普当局出台了一个出乎意料的政策。原本，粮食输入被封锁的安特卫普后可以卖出四倍的价钱，这样的利润吸引着水手们闯

LE PONT DE FARNESE.

A Alexandre Farnese, appuiuant le dessein. B fort sainte Marie. C chateau. D pont large de 12. pieds long de 2400. E. S.t Philippe. F barques garnies de pointes de fer pour la defence du pont. G Galeres de garde du pont H navires de garde du pont. I remontans entre les galeres et les navires de garde et ceux d'Anvers. K la Perle. L Rarude l'Escaut. M Anvers. N le cha

© 帕尔马公爵在斯海尔德河上建造的浮桥

165

过西班牙人的火炮。然而，城中的当权者突然为外来的补给规定了统一售价，同时开始管控私人储藏的粮食。见无法获得利润，运输船队纷纷放弃驶向安特卫普。如此彻底的封锁，连帕尔马公爵都无法完全做到！

与此同时，"沉默者"威廉曾经积极推动的洪水方案终于开始实施，不过规模大为缩减。颇具讽刺意味的是，打开佛兰德斯一侧的水闸，事实上让帕尔马公爵获得了更便捷的交通线，因为周边乡村被淹没后，他在安特卫普的锚地迅速得到了扩大。当荷兰当局终于决定破坏布劳瓦加伦堤坝和科文斯丁堤坝时，西班牙人已在这里布置了大量驻军以阻拦荷兰人的行动。特别是科文斯丁堤坝，此时已经如同配置棱堡的城墙一般，布置了火炮和长枪。

另一边，桥梁修筑工作也在缓慢地推进着。西班牙人在佛兰德斯一侧建造了圣玛利亚堡垒，在布拉班特一侧建造了以西班牙国王腓力二世命名的堡垒。沉重的木料从两个桥头堡延伸出来，逐渐向河中央会合。桥梁宽 12 英尺，配有坚实的碉堡用于防守。荷兰一方对建筑工人进行了一系列袭扰，试图阻挠桥梁拼接，但这都只是小冲突。尽管安特卫普当局一再请求支援，但"沉默者"威廉逝世后的权力真空，让荷兰当局无法组织成规模的进攻。

此时的帕尔马公爵则是缺少资金，他的部队已经两年没有支付军饷了，而他也没有许诺以掠夺代替军饷的权力。叛军试图夺取帕尔马公爵围城部队补给中心——斯海尔托亨博斯（s'Hertogenbosch）的行动失败之后，公爵愈发坚定了完成桥梁的决心。此时真正的阻碍只有寒冷的天气。即使海浪托着浮冰冲击桥墩，桥墩依然坚实，但桥梁中央部分水流湍急，无法打桩，因此这一段被迫使用浮桥。总共有23艘船在河流中央下锚，并用铁链相接，其上还装备了火炮。

帕尔马公爵的桥梁在 1585 年 2 月 25 日完成，其长度是尤利乌斯·恺撒修建的那座莱茵河大桥的两倍，而且是在极度恶劣的天气下完工的。为了确保安全，桥梁两侧都有一个已经下锚的、又长又重的浮筒筏，它用木料绑在一起并得到船桨的支持，而上面排布的铁质尖刺如同长枪方阵的正面一般。桥梁可供成建制的陆军同时通过，或者直接在桥上停驻。为了震慑安特卫普市民，帕尔马公爵的士兵特意展现了这两个功能。

为了好好展现这一宏大建筑的坚实与宽阔，一个本可能被绞死的被俘荷兰间谍，被领到桥上游览了一圈后获释，回去报告他亲眼见证的宏伟。"还要告诉他们，"帕尔马公爵对这个惊愕的密探说道，"我绝不可能放弃围攻，要么埋葬在这座桥上，要么通过这座桥进入安特卫普！"

恐怖的水雷

然而，重围之中的安特卫普市民，依然有一张可能反败为胜的王牌，那就是居住在城中的同情叛军的意大利工程师贾尼贝利（Gianibelli）。帕尔马公爵满怀热忱建造起那座大桥，而贾尼贝利怀着同样的热忱，打算用船只运载炸药将其摧毁。他向安特卫普当局提议组织舰队，然而当他的提议被批准时，悭吝的当权者仅仅提供了两艘舰船，这让贾尼贝利甚为失望。虽然数量很少，但这两艘被乐观地命名为"希望"号和"幸运"号的舰船，都颇为庞大。两艘舰船几乎称得上人工火山，在其砖砌成的基底之上，是几乎与船体等长的大理石室，石屋中装满了火药，而上方的大理石"锥顶"，也被塞进了石碑、石块、炮弹、链弹、铁钩、犁铧，以及其他在安特卫普城中找到的、可以杀伤敌人的重物。两船在石质结构之外还包裹着木料，将外观伪装成寻常的火船。两艘船的一个区别在于点火方式，"幸运"号利用延时引信，"希望"号则是使用发条和燧石，它们可以说形成了放大版的火枪簧轮。在两个恐怖的水雷顺水而下之前，32 艘装着炸药的小船将先一步出发，吸引桥上守军的注意力，以保证两艘大船抵达帕尔马公爵的大桥边，将其彻底摧毁。

进攻日期定为 1585 年 4 月 5 日破晓时分，这个重任交给了海军军官雅各布·雅各布松（Jacob Jacobzoon）。他最初的举措颇为失策，32 艘前锋舰船没有按照原计划依次出发，而是几乎被他同时派出。河两岸、附近堤坝与堡垒中的西班牙军队纷纷集结起来，数以千计的士兵盯着将黑夜照成白昼的火船队。一些船只撞上了桥梁两侧的木筏，被上面的铁尖刺卡住，而后便毫无意义地烧毁了。其他船只或撞在河岸上搁浅，或因为火势太猛而直接沉没。

对守桥的士兵而言，这样的进攻仿佛毫无意义，然而不久之后，在这些小船后面出现了两艘大型舰船的影子。这两艘舰船仿佛毫无目的一般顺水漂流，因为上面的舵手早就弃船逃生了。"幸运"号顺水漂到了河岸边，虽然让西班牙人略感不安，但它事实上根本没有靠上目标——桥中部伸出的木筏。"幸运"号最终搁浅，然而就在西班牙守军尚不清楚情况之际，船上的延时引信终于完成了点火。"幸运"号的爆炸造成了一定的破坏，但效果相当有限，以至于帕尔马公爵派出的士兵很快登上其残骸，检查内部情况。

他们并没有长时间停留，因为"希望"号也追随其姊妹舰顺水而来。虽然上面的舵手没有坚持到最后一刻，但"希望"号依然来到了极佳的位置，撞上了位于中央浮桥区域一端的碉堡。不过，撞击完全没有对坚实的桥梁造成任何破坏，帕尔马公爵对此颇有信心。以为这仅仅是艘火船的西班牙士兵跳上了甲板，看到外面伪装用的木料早已燃尽，他们大笑起来。然而就在此时，一个预感到形势不妙的掌旗官突然前来乞求指挥官离开。见此人言辞恳切，帕尔马公爵不情愿地回到了圣玛利亚堡垒。此举救了他的命，就在他离开后不久，"希望"号爆炸了。

船只荡然无存，一同消失的还有大半段桥梁、部分河岸与堤防，以及一系列碉堡，甚至斯海尔德河的水位都在炸药爆炸时发生了巨变。这或许是人类历史上前所未有的大爆破，火光照亮了夜空。这次爆炸造成的破坏，西班牙人花了几个月的时间才计算清楚，其结果令人震惊。随着桥梁中央部分被整体炸毁，当场死亡的西班牙士兵超过 1000 人，尸骸无处寻找。附近的房屋如同遭受地震一般坍塌，巨大的冲击波将附近的人纷纷震飞。塞在船中的炮弹和石块，与当场身亡者的残肢一同落下，在爆炸中炸飞的几块花岗石板甚至飞到了 6 英里之外的地方。

卷入爆炸中的人们的故事，也值得一提。在桥上指挥的马奎斯·里什堡（Marquis Richebourg）在爆炸中失踪，几天之后人们才发现他的遗骸，他被帕尔马公爵安置在河上的一条铁链挡住。比伊领主（Seigneur de Billy）的遗骸则在几个月之后才被发现，人们在残存的某个桥墩之上的一摊血污中找到了他的金质项链坠饰。帕尔马公爵十分幸运，只是被飞来的木桩打晕而已。一艘船上的某个军官被炸飞之后，安然落在了另一艘船上。一个名叫图奇（Tucci）的军官被当场炸飞，落入河水之中，幸亏他及时清醒过来，脱掉身上穿着的胸甲游泳逃生。另一名年轻军官则被炸飞过河，安然落在半英里外的河岸上。

守军原本的计划是，雅各布在爆炸之后，立即发射信号火箭，而后大批荷兰士兵将乘船发动攻击。然而被爆炸惊呆的他根本没有发出信号，火箭没有飞出，也就没有人前进。帕尔马公爵先一步恢复了清醒，他在混乱中展现出了不可思议的领导能力，指挥部下立即开始修复损坏的桥梁。荷兰人的进攻随时可能到来，然而事实上并没有到来。破晓时分，帕尔马公爵不得不相信这个难以置信的事实：荷兰叛军完成了自火药传入欧洲之后，规模最大的一次爆破行动，并在敌人建造的桥梁上炸开了缺口；然而现在，他们却要任由自己的敌人修复桥梁。虽然难以置信，但事实就是如此。

科文斯丁堤坝

失去主动权之后，安特卫普守军花了一个月时间，才再度组织起对帕尔马公爵围城部队的反击。新一次反击的目标不是受损的桥梁，而是坚实的科文斯丁堤坝。由于目标是土质大坝，爆炸效果有限，因此破坏这道堤坝的方式被定为用长枪兵和火枪手强行夺取堤坝，而后通过人工挖掘来破坏。这个计划技术含量很低，而且很可能需要付出相当的代价。

进攻部队成功登上堤坝之后，一场血腥的对决在科文斯丁堤坝上展开了。就在叛军几乎被挤压进水中之时，他们的友军从安特卫普顺流而下，前来支援。在这场围攻战中，协同行动终于起到了效果，3000 荷兰叛军控制了一段堤坝。"沉默者"威廉的儿子与继承人——时年 18 岁的拿骚的莫里斯，也在这 3000 人之中，这一战成了他威名赫赫的军事生涯的开始。在双方士兵用火枪、长枪与刀剑拼杀之时，工兵们则进行了截然不同却又互补的行动：一部分人在堤坝上挖掘，另一部分人填补挖掘的缺口。最终，随着海水流过新挖掘的缺口，荷兰人开始欢庆。不久之后，一艘泽兰的运输船通过了缺口。

西班牙军官展现了出众的冷静，即使他们的总指挥官不在场，他们也没有陷入慌乱。他们明智地意识到，这个缺口虽然能让泽兰的运输船通过，却依然不能让整个舰队通过，只要夺回堤坝，就可以修复这个缺口。随后他们对堤坝发动了连续 5 次进攻，证明西班牙步兵依然是冠绝欧洲的精锐。在最后一次进攻中，西班牙军队取得了胜利。不久之后，安特卫普收到的情报将证明，他们进行的庆祝为时太早。

失败让安特卫普市民陷入了绝望之中，这迫使城中的统治者寻求谈判。他们向帕尔马公爵提出了三个请求：城中人保持宗教自由；西班牙人不在城中驻军；不会重建他们厌恶的城市堡垒。帕尔马公爵清楚，腓力二世不可能接受

◎ 科文斯丁堤坝之战

这些"过分要求",他警告安特卫普市民,西班牙人依然在封锁他们的城市。不过在谈判桌上,帕尔马公爵另有筹码,他劝说称,安特卫普曾经是"庞大、繁盛的商业城市",未来同样可以是。富裕的安特卫普,到底为什么要和荷兰与泽兰那些"海上乞丐"为伍呢?加入忠于国王的南方不是更有利吗?

帕尔马公爵的谨慎源自冬季将至,当年的寒冬足以让帕尔马公爵的桥梁难以维持。最终在入冬之时,双方达成了协议。允许西班牙部队驻扎在安特卫普,这个不大的让步被双方共同接受,于是在 1585 年 8 月 17 日安特卫普开城,城市本身没有遭受一枪一炮。没有屠杀,没有劫掠,帕尔马公爵的士兵没有得到一丝战利品,但是却得到了现款军饷。高尚的帕尔马公爵达成了他的目标,也达成了一个重大的成就,即使他本人并没有意识到这一点。安特卫普以及更南面的土地脱离了低地联盟,这样就确立了一条清晰的边境线。1648 年,作为《威斯特伐利亚和约》(the Treaty of Westphaliae)的一部分,这一边境线得到了承认,帕尔马公爵亚历山大·法尔内塞,成了比利时的缔造者。

荷兰步兵改革

政治事件,而非完全的军事问题,迫使帕尔马公爵在安特卫普围攻战结束之后,无法巩固他夺取的土地。1590 年,他被迫将他的佛兰德斯部队调往法国,支援天主教徒。[7] 荷兰人清楚这是重大战机,却无法在同年有效利用这个机会。他们唯一值得一提的成功,是在 3 月夺取布雷达(Breda),这也是1580 年后荷兰叛军夺取的第一座大型城镇。[8]

在夺取布雷达的鼓舞下,荷兰人在 1591 年进行了更大规模的行动。此时的荷兰军队由"沉默者"威廉的儿子——拿骚的莫里斯全权指挥,莫里斯决心尽全力利用帕尔马公爵前往法国带来的机遇。莫里斯欲使用帕尔马公爵的策略,建立控制区,划出易于防守的边境线与机动空间。为完成控制区的建立,他出兵进攻帕尔马公爵在 16 世纪 80 年代占据的东北部城镇。莫里斯率领的部队多达 1 万人,此外还有规模可观的炮兵进行支援。1591 年 5 月,莫里斯夺取聚特芬,6 月夺取代芬特尔(Deventer)。这一系列行动,暴露了此前讨论过的、理论上无懈可击的棱堡体系的真正弱点:若是没有机动部队前来支援,再精良的防御工事也会使守军陷入孤立与绝望之中。

当帕尔马公爵返回时，他已无力阻止荷兰人的进军了，因为他把 6000 精锐部队留在了法国，还有 2000 人因为欠薪而哗变。解围奈梅亨（Nijmegen）的尝试失败之后，他率部向南撤退。当他再度被调往法国时，莫里斯加速了自己的行动。因此当帕尔马公爵于 1592 年最后一次返回低地时，已经有更多的堡垒落入了荷兰人手中。1592 年 11 月，这位伟大的西班牙指挥官心力交瘁，在阿拉斯（Arras）去世。[9]

之后几年中，莫里斯指挥的荷兰军队靠着断断续续的围攻战，收复了整个荷兰东北部地区。到 1597 年时，荷兰共和国的腹地已经安稳了。[10] 拿骚的莫里斯不但是出色的攻城者，他和他的堂兄弟威廉·洛德韦克推动的火绳枪齐射，还被后世视作步兵战术的重大改革。[11] 和军事史中众多的"发现"不同，这个改革有着明确的日期——1594 年 12 月 8 日。就是在这一天，拿骚的威廉·洛德韦克写下了给堂兄弟的信。威廉·洛德韦克研读了阿里安（Aelian）论述罗马军团训练的著作后，满怀兴奋地给莫里斯写信，分享他的新构想。罗马军团通过使用标枪和投石索的士兵进行轮流投射，得以维持不间断的压制打击，具体操作是：前排的士兵完成投射之后转往后排，与此同时，第二排的士兵向前投射。威廉·洛德韦克绘制了图表，认为荷兰士兵也可以用 6 排重型火绳枪手完成类似的轮射。[12]

拿骚伯爵为自己的发现兴奋不已，但他并没有就此宣称自己的构想是完全原创。除了罗马军团提供的灵感之外，拿骚伯爵提出的所谓"欧洲轮射体系"，几乎完全复刻了骑兵那"高贵"的半回旋战术。然而和半回旋战术不同，步兵的火绳枪轮射似乎更加行之有效，尽管要实现持续射击，必须要维持 10 排火枪手，而不是 6 排。实现这一战术的条件远不止于此。从外部分析，成功的关键在于训练；从内部分析，成功的关键在于纪律。不久之后，莫里斯、威廉以及莫里斯的兄弟约翰，便开始通过反复的演练，让荷兰共和国的步兵掌握这两个成功的关键。[13]

因此，欧洲轮射体系的原创性，并不在于理念本身，而在于这三位荷兰革新者为推动这一体系而创造的系统性演练方式。坚信这一手段代表军队未来发展方向的他们，在部队组织的方方面面进行了变革，以达成持续射击的目标。军队被他们分为规模更小的队伍，而这些队伍又要结成尽可能拉长的队列。在火力投射方面，这一体系远比西班牙大方阵高效，却也因为不易变换队列而易受攻击。[14] 因此，此后成为规范的训练体系之中，存在两个任务目标：让队列中的士兵毫不犹豫地进行射击；同时，让一部分部队能够迅速转向，有效抵御来自侧翼的攻击。为此，荷兰士兵进行了不间断的训练，不但要迅速完成重型火绳枪的装填与射击任务，还要找准自己在队列中的位置。两个重要的革新，保证了火枪的装填与射击任务：其一，莫里斯投入了足够多的资金，让全军装备了大小与口径相同的火绳枪；其二，约翰研究了火绳枪使用的具体操作方法，他将其分解为 25 步，进行编号与绘图，并总结到一本操典之中。1606年，火绳枪的演练规程被进一步分解为 42 个动作。[15] 莫里斯还安排部队按照军鼓敲击的速度解散队列与重组队列，并将其编入操典之中。他在 1612 年提到，由于所有人都清楚自己的位置所在，2000 人只需要 22 分钟就能完成整队，而此前完成 1000 人的整队通常需要一个小时。这个体系，莫里斯不打算做进一步的修改了。所有人都能各司其职。[16]

接下来的 10 年之中，荷兰轮射体系的名号传遍了整个欧洲。拿骚的约翰编写的操典被译为各种语言广泛传播，而他则在 1616 年开办了军事学院。[17] 这个手段在训练场上有效，在操典中有效，那么在战场上的效果如何呢？这个问题很难回答，因为世纪之交的荷兰，由于政治形势的变化，很难有检验这一理论的机会。火枪手和超长枪兵在阵地决战中演练这一体系的机会只有两次，1597 年的蒂伦豪特（Tournhout）之战和 1600 年的尼乌波特（Nieuwpoort）之战。前一场战斗中，荷兰骑兵击败了一支联合部队，而荷兰步兵除了最前方的 300 名火枪手外都未能参战。[18] 后一场战斗之中，荷兰人取得了胜利，却也付出了一定的代价，本身莫里斯进行这次决战就是相当失策的。无论如何，尽管没能赢得一场大胜，这一理论依然被广泛接受。17 世纪初，欧洲各国开始纷纷效仿他们的理念。荷兰轮射体系被不加怀疑地接受了，却也还没有遭遇挑战。

异域骑兵

荷兰独立战争期间，欧洲北部其他地区也爆发了战争。相比低地和地中海的战事，这些战争知名度较低，时常被视作军事史上的次要事件，没有多少人关心。但情况并非如此，这里和欧洲其他地区一样，也在发生着军事变革，并且受到本地特殊的地理、社会与经济环境的影响，在这里作战的人们完全清楚这些不同。1581 年，波兰国王的书记大臣扬·彼得罗夫斯基（Jan Piotrowski）在进攻普斯科夫时，在日记中提到了外来雇佣军的抱怨，并用一句话总结了情况："我们不是在法国或低地作战。"[1]

彼得罗夫斯基是为国王斯特凡·巴托里（Stefan Bathory）① 服务的，这位国王在军事进步上做出的贡献将在本章下文具体讨论。作为 16 世纪伟大的军事领袖，斯特凡在波兰颇受爱戴，然而统治着波兰—立陶宛联邦（这一政治联盟在 14 世纪时已经形成）的斯特凡却并非波兰人或立陶宛人。这个情况源自波兰选举君主的政治习俗。这一习俗存在相当的问题，也带来了一系列的失败，然而有时也会获得一定的成功。在 1576 年的选举之中，人们选定了特兰西瓦尼亚领主巴陶里·伊什特万，即斯特凡·巴托里，他便是成功之一。[2]

斯特凡是天生的军人，在成为波兰国王前已在军界与政界颇有名望。他曾在帕多瓦大学学习，在维也纳的皇帝宫廷服役，还在和奥斯曼军队的战斗中负伤。然而在诸多的才能之中，最让 1576 年的波兰选举会议在意的，还是他的军事经验。一年前，波兰遭受了历史上最大规模的一次鞑靼人掠夺，而俄国

---

① 斯特凡·巴托里为其波兰语译名，匈牙利语译名则为巴陶里·伊什特万（Báthory István）。

174

◎ 被选为波兰国王的特兰西瓦尼亚领主巴陶里·伊什特万（斯特凡·巴托里）

沙皇伊凡雷帝，一边宣称参与波兰的王位选举，一边掠夺波兰的东部地区。正所谓，国难思良将。

斯特凡·巴托里于 1576 年 5 月 1 日在克拉科夫（Cracow）加冕成为波兰国王。很快，他就展现出了如秋风扫落叶般的气势。他首先处理了国家的内部事务，武力平息但泽（Danzig，今格但斯克）的叛乱，随后便着手改革军队。一支使用重型火绳枪的步兵部队在他的组织下成立，而波兰的骑兵也开始编组为著名的"翼骑兵"，并在下个世纪的东欧战场上扬名。此前的波兰骠骑兵，是根据东欧战争的实际需求与变化应运而生的，其所乘马匹较小但很灵活，武器则是长骑枪。这些骑枪用于冲锋，但在冲锋过程中很容易损坏，损坏后他们便拔出大弧度的马刀继续作战。骠骑兵也使用弓箭，其射击速度远超同时代的重装手枪骑兵。[3]

这一时期，火绳枪和簧轮手枪的射程与射速，在骑兵贴近之前只能够完成一到两轮齐射。波兰人的翼骑兵往往进行波段冲击，他们会排成三到五排轮番冲击，坚信即使对方的齐射击倒了第一排，也很难击倒第二排。为尽可能减少伤亡，波兰人在敌人射击之前保持松散队列，等齐射结束之后便立即收缩队形，以保证最大的冲击力。这是"骑兵战术的关键——使用骑兵和马匹的冲击力来摧垮敌人的阵形……如今已经完全失传了，仅有波兰例外"[4]。

伊凡雷帝

被选为波兰国王之后，斯特凡许诺"为保卫基督教世界而战"。[5] 如果这句话来自欧洲其他任何一位君主，都基本意味着是在许诺率领军队进行十字军战争，对抗奥斯曼帝国。然而斯特凡此时的目标并不包括君士坦丁堡，他向来仰慕奥斯曼文化，也早已接受特兰西瓦尼亚臣服于奥斯曼苏丹的事实。斯特凡考虑对付的，事实上是波兰的东部邻居——伊凡四世统治之下的沙皇俄国，这位"伊凡雷帝"，即"恐怖的伊凡"，是第一位自称沙皇的莫斯科君主。

近两个世纪以来，伊凡雷帝和他之前的莫斯科君主所施行的对外政策，主要目的都是夺取波罗的海的出海口。自 13 世纪以来，波罗的海滨海地区的绝大部分土地控制在条顿骑士团的分支——利沃尼亚（Livonian，又译为立窝尼亚，即拉脱维亚与爱沙尼亚）骑士团手中。随着利沃尼亚骑士团的势力逐渐衰弱，许多政权都在打它的主意，希望从中获利，莫斯科公国只是其中之一。伊凡雷帝在 1558 年进行的干预意义重大，这一年沙皇俄国入侵利沃尼亚，迫使利沃尼亚骑士团进行最后的抵抗。1560 年，在阴沉的拉脱维亚森林中的埃尔梅斯（Ermes），最后一批条顿骑士被伊凡雷帝的军队歼灭。骑士团的半数部队或被杀，或被俘，团长和其他高级军官则被押往莫斯科处决。这个历史悠久的骑士团就这样画上了屈辱的句号。[6]

事实上，早在 1560 年之前，条顿骑士团的衰落就已经带来了危险的权力真空，这一地区显然成了整个欧洲北部争夺的焦点。波罗的海的贸易于 15 世纪步入繁荣，控制波罗的海沿岸港口与城市的政权将获得极为可观的利益。绝大多数的贸易点都属于以吕贝克（Lübeck）为中心的汉萨同盟（Hanseatic League），但这个古老的同盟不得不向本地的统治者让步，依赖瑞典、丹麦、波兰—立陶宛和莫斯科这些强权。波兰人于 1466 年夺取了但泽，而利沃尼亚骑士团的虚弱也让里加、雷瓦尔（Reval，今塔林）以及重要的堡垒纳尔瓦任人抢夺。此前，莫斯科公国靠吞并其他罗斯小政权进行扩张；这时，它很可能前去抢夺这些地区。1478 年，莫斯科公国夺取了诺夫哥罗德，1492 年又在芬兰湾建立伊万哥罗德，其与纳尔瓦仅有一河之隔。1510 年，普斯科夫大公向莫斯科公国无条件投降，莫斯科就此与波兰—立陶宛联邦直接接壤，双方在接下来的几十年之中争斗不休。

1558 年，伊凡雷帝大举进军利沃尼亚，并在埃尔梅斯之战中大败利沃尼亚骑士，这成了这次远征中伊凡雷帝唯一一次真正取得的成功。利沃尼亚最大的战利品——关键港口城市里加和雷瓦尔，都在对抗中依托新式防御工事挡住了他。雷瓦尔建造了几个圆形火炮塔来防护其中世纪城墙，包括绰号为"偷看厨房"（Kiek in de Kok，由于格外高耸而得此绰号）的六层火炮，另外还有庇护港口城门的低矮圆堡垒，绰号"肥胖的玛格丽特"。1560 年，纳尔瓦堡垒已经建成了三个棱堡，不过这一新式工事却没能阻止俄军破城。[7]

在击退了伊凡雷帝的进攻之后，雷瓦尔和里加决定寻求友好的外部势力的庇护。1561 年，雷瓦尔依附于瑞典，里加则在 1562 年依附于波兰—立陶宛。此举令伊凡雷帝恼怒不已，他于 1570 年重返利沃尼亚，这一次雷瓦尔在围攻之下坚持了 8 个月。然而 1572 年，伊凡雷帝夺取了邻近的魏森施泰因

（Weissenstein，今派德）。1577 年，沙俄军队再度试图夺取雷瓦尔，以此作为沙皇亲自领导的夏季袭击的序曲。伊凡雷帝穿过拉脱维亚的进军势不可挡，一路率军直抵文登（Wenden，今采西斯）。城镇很快被攻破，但曾为利沃尼亚骑士团首府的城市堡垒依然在坚守。当伊凡雷帝侦察城防之时，一枚炮弹落在了他的身边，这一挑衅行为促使他宣称要在破城之后屠杀全部居民。有 300 名男女老幼没有给他履行诺言的机会，绝望的他们聚集在一座塔楼之中，引爆了屯在这里的 4 吨炸药。

取胜之后，只剩下里加、雷瓦尔以及孤立的厄瑟尔岛（Oesel，今萨雷马岛）仍在坚持，但伊凡雷帝无法巩固他夺取的领土。在仍想要保住雷瓦尔的瑞典的援助之下，波兰国王斯特凡·巴托里发起了反攻。同年，文登被收复。1578 年 2 月，伊凡雷帝发起的反击被击退。与此同时，瑞典人进军沙皇俄国夺取的爱沙尼亚西部，成功夺回利尔（Leal，今利胡拉）和哈普萨尔（Hapsal，今哈普萨卢）。

1578 年 9 月，伊凡雷帝的实力大为受损，他准备和谈。但斯特凡对和谈不感兴趣，他想要把沙皇俄国的势力彻底赶出利沃尼亚。然而斯特凡一世也意识到，直接进攻伊凡雷帝控制的利沃尼亚领土，无法取得速胜。因此他大胆地决定围魏救赵，直接进攻敌人的领土，随后他对沙皇俄国接连发起了三次进攻。1579 年，波兰国王收复了波拉茨克（Polotsk）。次年，斯特凡的王国首相扬·扎莫希奇（Jan Zamoyski）在人迹罕至的森林行进了三个星期，而后摧毁大卢基（Velikie Luki）堡垒。匈牙利的工程师最后主持建造了通往波拉茨克的坚实道路，在莫斯科和利沃尼亚之间插进了一个楔子。[8]

1581 年，战斗再度转向北方，指向普斯科夫方向，但此时的斯特凡承受了另一方面的压力。他的国会投票通过了为战争准备两年的资金，条件是迅速结束战争。见财政压力能够被解决，斯特凡雇用了一批老练的外国雇佣兵。斯特凡最终投入普斯科夫方向的部队里，包括 838 名手枪骑兵，其中绝大多数是德意志人，另外还有一些苏格兰部队，以及一些意大利、法国和西班牙的佣兵军团。伊凡雷帝抱怨称，他遭受了整个意大利的进攻，确有一些道理。[9] 斯特凡靠着这支多国部队向他的第一个主要目标——大城市普斯科夫进军，对其发动了围攻。

围攻普斯科夫

1581 年的普斯科夫围攻战，明确展现出了欧洲东北部战争的特点、需求与西欧的围攻战有何不同。关于防御工事和骑兵使用这两方面，彼得罗夫斯基的那句评论——"我们不是在法国或低地作战"，可谓恰如其分。16 世纪的普斯科夫，是仅次于莫斯科和诺夫哥罗德的俄国第三大城市。圣三一大教堂所在的城市堡垒，即"克里姆林"（Kremlin），位于韦利卡亚河（Velikaya）和普斯科瓦河（Pskova）交汇处的陆岬上，恰如微缩版的君士坦丁堡和贝尔格兰德。城市堡垒环绕着雄伟的中世纪式石灰岩城墙，它在之前的半个世纪中还得到了圆形火炮塔的加强（见彩图 30）。圣母仲裁之塔（Pokrovskaya），位于韦利卡亚河畔的城市西南角，是城墙中最坚固的区段，有 20 英尺厚。这座塔楼的另一个名号是"圣母的面纱之塔"，这是源自君士坦丁堡的虔诚说法，认为圣母会用自己的面纱来庇护这座城市。[10]

和贝尔格莱德与君士坦丁堡不同的是，普斯科夫的陆墙不仅截断了半岛，还在外侧越过了并不宽阔的普斯科瓦河。冬季两条河流都会封冻，这也是城防会如此布置的原因之一。城墙跨过河流时留下了两个格栅式的水门。庇护北侧水门的格列米亚察亚塔楼（Gremyachaya），建于 1525 年，是城市堡垒北侧的坚实据点。外侧城墙总长度超过 5 英里，总共配置了 39 座塔楼。普斯科夫城中众多的教堂也参与了城防。城市被分为六个区域，每个区域都有一座独立教堂，各区域的居民负责防御一段城墙，火药则储藏在教堂的地下室中。围攻开始之前，普斯科夫的一名火炮工匠声称见到了圣母的幻象，圣母还告知他在何处布置火炮最为有效，并向他保证城市不会陷落。[11]

尽管斯特凡的主攻方向是普斯科夫，但沙皇俄国依然要防备波兰人在整条俄罗斯—立陶宛边境线上展开大规模进攻，事实也确实如此。瑞典很可能进攻诺夫哥罗德，伊凡雷帝为此将大部分部队留作预备队，把普斯科夫的防御工作交给了出色的领主伊万·彼得罗维奇·舒伊斯基（Ivan Petrovitch Shuisky）去指挥。伊万率领 7000 射击军（strel'tsy），以及负责出城突袭的 2000 骑兵前去守城，他的到来受到了城中 1 万居民的欢迎。[12]

斯特凡通过人迹罕至的林地前往普斯科夫，然而途中遭遇大雨。彼得罗夫斯基记录称，他们"在黑暗的荒野之中，仿佛落入地狱的中心"。[13] 他那数量有限的火炮或通过水路运输，或时常要靠人力拖过泥泞地区。8月，攻城的阵地已经准备好了，进攻即将开始。

《斯特凡·巴托里进攻普斯科夫记》留下了有关普斯科夫之战的生动记述，俄国一位佚名爱国作者，在这一战发生几年之后以史诗的风格完成了这一作品。[14] 开篇他这样写道：

> 骇人而残酷的时代到来了……和永不餍足的地狱吞噬灵魂一般，波兰—立陶宛国王也准备靠他的军团吞噬普斯科夫城。[15]

斯特凡将火炮集中在城墙南段，试图打开缺口，并在9月8日发动了对普斯科夫的第一次大规模进攻。城市中央的山丘之上，圣巴西尔教堂的钟声响起，向市民们发出了警报。随即，俄国人的火炮向前进的敌人发起了攻击。编年史中写道：

> 当天6点，他们听到了如同连续惊雷一般的巨响，而后敌人全军号叫着冲向堡垒城墙之上的缺口，手持盾牌、火绳枪、长枪与其他武器……但我们的战士和天上的繁星一般岿然不动，让敌人无法登城。[16]

编年史作家在下文中提到，波兰人的火炮成功打开了足以让骑兵通过的宽阔缺口。这个位置在今天的普斯科夫依然被称为"巴托里缺口"，位于圣母仲裁之塔与"猪之塔"（Svinuzskaya）之间，后者在攻城战中坍塌。当代纪念这次围城战的纪念碑就树立于此。俄国人开始在城中建造临时工事，尽管建造工作在波兰人的轰击之下受阻，但他们依然使用木材和堆土完成了第二道防线：[17]

> 而后国王派出精选的2000名突击人员以及国王的私人卫队，开始强攻"猪之塔"，这座塔楼已经被他们摧毁了。同时，他们也在城墙上的窗口射击基督徒和俄国民兵。他们的子弹如同暴风雨中的雨点一样，涌向俄国的勇士们。这些子弹如同蛇的毒牙一般杀死了基督徒。其他敌人则通过缺口夺去圣母仲裁之塔，肃清了塔楼之中的俄国勇士，准备最后夺取城市。[18]

普斯科夫解围

但城市并没有陷落。波兰人夺取圣母仲裁之塔和"猪之塔"的消息传来后，东正教的神父和僧侣在大教堂中最神圣的圣像面前祈祷，祈求上帝引导信仰罗马天主教的斯特凡，放弃他"不法的拉丁异端"。如同回应他们的祈祷一般，名为"豹"的俄国重炮射出的炮弹正中"猪之塔"。编年史作家提到，在被占据的塔楼之下大量火药被引爆。这或许是了解塔楼下方地下室构造的俄国守军通过挖掘地道的方式完成的。此举效果极佳：

> 国王那些自负的骑士、臣属和贵族，此前还在乞求国王允许他们夺取普斯科夫……此时却依照上帝的旨意被炸上了天……而那些自夸能将俄国军官押到国王面前的贵族，则被压在了"猪之塔"的废墟之下，在审判之前永受死亡之苦。[19]

现在正是反击的时机，教士们带着城中最神圣的圣像绕城巡游一周。普斯科夫的市民们鼓起勇气，妇女和男人一同登上城墙，搬运波兰人抛弃的火炮，一些妇女则为坚持作战的守军挑水并搬运石头。决定性的时刻随着收复圣母仲裁之塔终于到来，"在基督的恩典下，我们在普斯科夫的石墙上肃清了立陶宛恶徒"。（见彩图 31）[20]

9 月初的进攻也成了为期 8 个月的普斯科夫围攻战中，唯一一次大规模攻城行动。波兰国王的火炮和火药都不多，他仅仅带了 20 门重炮来攻击普斯科夫。围攻战最初几天的情况也证明，火炮打开缺口之后，城中守军会依托城内的防御工事与木料、堆土建造的障碍发动反击。俄国人的士气十分高昂。在这样的情景之下，靠着长期围困迫使守军断粮投降，才是唯一合理的解决手段。此前我们已经注意到，即使城堡最终投降，在援军可能到来的信念支持下进行的长时间抵抗，依然足以给攻城者带来极大的损害。斯特凡在决定围攻普斯科夫时显然清楚这些，但他的行动与西欧的情况相当不同。这些任务很大程度上是依靠他的骑兵来完成的。在西欧，人们认为骑兵在围城战中毫无用处，但在波罗的海和俄国的西部平原上，他们意义重大。

骑兵的第一个作用就是分散并击溃解围部队。围城开始之前，5000—6000

人的部队被安排在东面负责掩护斯特凡的侧翼，并把沙皇俄国的部队阻挡在主战场之外。另一个重要作用，就是保障围城部队所需的补给。波兰军队最初带来的补给不可能无限期使用，8月末，面包和啤酒已经出现不足，而到9月末，喂马的干草和燕麦也所剩不多了。

由于伊凡雷帝破坏了本来就没多少村庄的边境地区，斯特凡的部队只能到远方搜寻粮秣。120名骑兵组成的小队搜寻一次粮秣可能要花费6天，还要面对冬季的危险，一个小队就在通过封冻的佩普西湖（Peipus）时因冰面破裂而落入湖中。见证了普斯科夫围攻战的奥斯曼使节惊异地评论道，苏丹根本不可能让自己的部队在如此低的温度下坚持作战。1582年1月，一次搜寻粮秣的行动就需要花费一个月，部队甚至已经来到波罗的海岸边了。如果只靠步兵，大军早已断粮了。[21]

斯特凡的骠骑兵为围城提供了重要支援。900名骑兵长期在普斯科夫城外警戒，监视城市堡垒，并在守军出城突袭时立即发动反击。他们也愿意下马作战，并且懂得如何与步兵一同在壕沟之中作战。1581年12月，大部分德意志雇佣军步兵离开了普斯科夫，扬·扎莫希奇下令每个150人的骑兵部队选出7人，每个100人的骑兵部队选出5人，专门步行作战。能够迅速机动的骑马部队，取代了其他战场上成为惯例的漫长防线。斯特凡返回克拉科夫后，特别赞扬了那些愿意履行这些低微任务的骑兵。[22]

如此使用骑兵，也反映了这一地区对待城堡的态度与西欧存在差异。这一地区的大型石质城堡和城墙数量相当有限，普斯科夫以及此前利沃尼亚骑士团的城堡都属于例外。绝大多数的防御工事，都是以木质结构为主的小型堡垒，不可能抵御长时间的围攻，军事上的价值也相当有限。事实上，1567年，有人提出在与沙皇俄国的边境线上建造一系列堡垒。波兰大统帅扬·乔德凯维奇（Jan Chodkiewicz，1560—1621）轻蔑地宣称，波兰军队不应该分散在山丘顶端坐以待毙，而是应当留在国王身边，以决定性一击歼灭沙皇俄国的军队。小规模的沙俄驻军完全可以无视，因为"如果我们在上帝的指引下在决战中取胜，那这些关在鸡笼子里的人就不得不投降了"。[23]

当然，普斯科夫不是"鸡笼子"，尽管斯特凡竭尽所能，并保持充足的耐心，他依然无法攻破这座城市。在消耗战中，波兰一方首先支撑不住了。跟随斯特凡出征的一名亲历者记录下了国王对这些俄国守军的钦佩：

> 这些俄国人在守卫城镇时，毫不考虑自己的安危，他们坚定地守卫着城墙和壕沟，夜以继日地战斗，丝毫不在乎枪弹与刀剑，不怕被地道中的炸药炸上天，也不怕因为断粮而饿死。他们决不投降，因为他们只在意国家的存亡。[24]

即使深受触动，疲惫而失落的斯特凡还是在 1582 年放弃了普斯科夫围攻战。双方都宣称取得了大胜，不过似乎波兰人获得的利益更多一些，因为确认战争结束的《亚姆扎波尔斯基和约》（Yam Zapolski）是在 1582 年 1 月 15 日围攻仍在进行时签署的，波兰—立陶宛联邦获得了整个利沃尼亚。不过，波兰人把攻城战之前夺取的绝大部分领土归还给了沙皇俄国，但保留了波拉茨克。

戴上桂冠的斯特凡开始考虑更大规模的征服。1583 年，他有意向伊凡雷帝示好，以组成十字军进攻克里米亚。1584 年，他开始考虑夺取君士坦丁堡，但当伊凡雷帝逝世的消息传来时，斯特凡开始谋划波兰、立陶宛、利沃尼亚、匈牙利和莫斯科组成大联盟，共同进攻奥斯曼人。但他的臣属，特别是纳税人，对这一计划并不热心。被臣民们拒绝的斯特凡怀着愤懑写下遗嘱，让他的故乡特兰西瓦尼亚从中获利。他于 1586 年骤然离世，有可能是被毒杀的。[25]

对沙皇俄国而言，斯特凡对普斯科夫的进攻带来了出乎所有人预料的结果。1581 年冬季，伊凡雷帝的儿子、沙皇的继承人（Tsarevitch）伊凡，向他的父亲请求亲自率军前去解救普斯科夫。沙皇陷入了惯常的狂怒之中，用手杖将儿子打成重伤，结果这个年轻人几天之后不治身亡。[26]1584 年，伊凡雷帝逝世之后，继承他位置的儿子没有其兄长的能力，沙皇俄国随即陷入了"混乱时期"，波兰军队也将再度威胁边境。

在新时代冲击

　　斯特凡·巴托里的改革，让 17 世纪初的波兰拥有了一支忠诚、灵活、足以震慑敌人的骑兵部队。1683 年，波兰国王扬·索别斯基（Jan Sobieski）麾下的高级军官，在维也纳围攻战中率领他们取得了胜利，他称这些骑兵为"欧洲最美的骑兵"。他们装饰华丽，使用骑枪和马刀，行动时甚为壮观。在他们的装备之中，最惹眼的就是羽毛装饰的"翼"。这些"翼"的作用目前尚存争议，猜测有防御刀剑劈砍、防御套索之用，甚至有人设想是为了让骑手装扮成"复仇天使"！它们显然有震慑敌人的作用，无论这套"翼"能否产生所谓的尖啸声，其夺目的外形至少足以起到作用了。

　　普斯科夫围攻战中，翼骑兵的原型——骠骑兵参与了围城，而他们要到 20 年之后才在战场上，以骑兵的身份遭遇挑战者。然而，这个时代终究属于荷兰创立的步兵轮射体系，以及使用手枪的黑衫骑兵。骠骑兵要如何和他们对决？这个问题在 1605—1610 年得到了解答。面对使用最新作战方式的敌人，波兰这些表面上仍属于中世纪的落伍部队，理论上会在任何一个战场上失败。

瑞典的挑战

　　17 世纪初，瑞典取代沙皇俄国成为利沃尼亚的主要争夺者。准备远征前，瑞典国王卡尔九世（Charles IX）邀请拿骚的约翰前来，按照荷兰的方式训练超长枪兵和火枪手。这些经过训练的士兵，理论上能够组成抵御骑兵冲锋的完美体系。但瑞典并不是荷兰。拿骚家族的堂兄弟们花了几年时间训练并约束自己的士兵，才最终实现了欧洲的步兵轮射体系。尽管约翰竭尽所能，却也没有足够的时间来提升瑞典士兵的纪律与训练水平。在有限的几个月中，拿骚的约翰教会了他们如何操练，然而他们缺少装备，而且火枪手进行一丝不苟的机动动作时，也没有熟练的超长枪部队庇护他们。当约翰于 1602 年离开瑞典时，他留下的是一支未完成训练的部队，他们在战场上难免自乱阵脚。[1]

需要超长枪庇护的卡尔九世购置了 8000 支超长枪。在科肯胡森（Kokenhusen，今拉脱维亚科克内塞），瑞典步兵依靠车阵（wagenburg）与拒马桩抵御波兰人。然而，随着瑞典骑兵被击溃，瑞典步兵被彻底孤立了。波兰人一边派哥萨克骑兵追击逃跑的瑞典骑兵，一边将火力与机动性结合在一起，开始清扫步兵。次年，波兰统帅斯坦尼斯瓦夫·茹乌凯夫斯基（Stanislaw Zolkiewski，1547—1621）在雷瓦尔城外与瑞典军队交锋。见超长枪兵占据有利地形，阻挡了自己前进，他便命令骑兵发起反复冲锋以拖住敌人，同时让哥萨克骑兵进行大迂回，从后方袭击被拖住的瑞典人。[2]

波兰人很快就在和瑞典人的战斗中，赢得了他们最著名的骑兵胜利之一。这一战发生在里加城外几英里处，德维纳河（Dvina，今道加瓦河）河畔的基希霍尔姆。瑞典人拥有数量优势，结果却遭遇惨败。战斗开始前，卡尔九世留下 3000 人继续围攻里加，他自己则率领主力部队沿河追击波兰统帅扬·乔德凯维奇。自以为能够轻易取胜的卡尔九世于 1605 年 9 月 27 日清晨，在德维纳河与多树丘陵之间的一道狭窄山脊上列阵。他做了充足的准备，还在步兵军阵上安排了通道，供瑞典骑兵往来。步兵则按照长枪兵和火枪手的划分组成方阵。

乔德凯维奇决定将瑞典人引出阵地。他派出轻骑兵在双方的主军阵之间进行袭扰，并下令部队结成紧密阵形，显得数量比实际情况要少。经过 4 个小时的等待之后，乔德凯维奇假装撤退。他的计策起效了。瑞典人之前在大雨中连夜行军赶来，此时天气又甚为炎热，他们绝对不肯让对手就此离开。赶在瑞典人靠近之前，乔德凯维奇选择了一个绝佳的时机发起攻击。他的骠骑兵冲进了瑞典军阵中央的一个步兵方阵。他们在付出了一定的伤亡之后撤退了，不过这次进攻的目的本就不是击溃敌人。决定性的进攻将在两翼完成。在左翼，1200 名骠骑兵和哥萨克骑兵，在步兵火力的持续支援下冲进瑞典人的军阵。瑞典人在进行了短暂的抵抗后便溃散了，他们的溃逃引起了第三线步兵的混乱。在右翼，尽管部队数量更少，波兰人也取得了类似的效果。双方派出了各自的预备队，半个小时之后，两翼的瑞典骑兵都开始退却了。波兰轻骑兵前去追击他们，而装甲更重的骠骑兵则集中攻击中央的瑞典步兵。随后便是一边倒的屠杀。从数据上来看，基希霍尔姆之战是历史上最为血腥的战斗之一，通往里加的道路上遍布着瑞典骑兵的尸体。[3]

混乱时期

不久之后，波兰的骠骑兵便再度与沙皇俄国的军队作战了。1597 年，鲍里斯·戈杜诺夫（Boris Godunov）成为沙皇。在他的政敌看来，戈杜诺夫是一名可耻的篡位者。诸多强势的波雅尔（boyar，即贵族）需要面对一个非此即彼的选择：承认戈杜诺夫为沙皇，或者另外推举一个沙皇。出乎众人意料的是，1603 年，这样的人选从天而降。他是一名在波兰流亡的僧侣，声称自己是季米特里王子，伊凡雷帝的幼子。如果这个神秘的僧侣是冒充者，那么他对冒充对象的选择实在诡怪，因为所有人都相信季米特里早在 1591 年还是儿童时便夭折了。季米特里有癫痫症，某一天下午，他在宫中和四个小伙伴玩扔飞刀游戏时，癫痫症突然发作，手中的刀子割伤了自己，而后因为失血过多而死。12 年后，这个怪异的僧侣莫名其妙地出现，声称被刀子划伤实际上是戈杜诺夫谋划的一场刺杀，另一个孩童代他死亡。

这个自称季米特里的人的实际出身已经无可稽考，但他的真实身份，相比他宣称的身份意义不大。对波兰而言，支持这个后世被称为"伪季米特里一世"的人，可以获得极大的好处。然而，若波兰以军事干预来支持他，将引来了相当大的争议。首先，波兰和沙皇俄国签署了 20 年的停战协议，为这样一个继承权合法性严重存疑、夺取政权可能性极低的人打破协议，未免过于冒险。因此，波兰国王齐格蒙特三世①没有公开支持伪季米特里，但允许这个僭称者组织私人武装。

1604 年 10 月，伪季米特里率领波兰—哥萨克雇佣军，越过边境进入俄国。此前，他已向莫斯科通告了自己的主权宣称，请求领主们向他效忠。他最终获

---

① 译注：齐格蒙特三世的父亲是瑞典国王，母亲是波兰公主。他因为母亲的关系被选举为波兰国王，又因为父亲的关系成为瑞典国王，不过他后来被瑞典议会废黜了国王之位。齐格蒙特（Zygmunt）是波兰语的译名，瑞典语则为"西吉斯蒙德"。

得的支持者之中，虽然有一些人认定他就是合法沙皇，但其他人追随他仅仅是因为他反对戈杜诺夫。戈杜诺夫恰巧在 1605 年 4 月 13 日逝世，他是被刺杀的吗？没有人清楚实际情况如何，然而他的政敌确实在戈杜诺夫骤逝之后杀死了他的继承人。伪季米特里就此胜利进入莫斯科，并于 7 月 21 日加冕为沙皇。次年 5 月，他的波兰新娘来到莫斯科，成为皇后。但紧接着，形势急转直下。

伪季米特里一世的死亡

皇后的加冕典礼，让莫斯科仿佛变了成波兰城市一般。波兰的权贵们带来了众多随从，他们不明智的高傲行为使当地人与他们疏远开来。瓦西里·舒伊斯基领导下的波雅尔们意识到，行动的机会来了。5 月 17 日夜，密谋者封锁了克里姆林宫的全部城门，不允许任何人出入。当凌晨 4 点莫斯科的钟声响起时，全副武装的舒伊斯基骑着战马在红场上等待。他稍加煽动与劝说，便让全城居民决定进攻波兰人居住的区域。混乱之中，波雅尔们冲进了克里姆林宫，逮捕了伪季米特里一世。一个外国游客写道：

> 他被敌人追赶，于是从窗户一跃而下，落在了人行道上。他的居所位于城堡的最高处，他没有因此摔断手脚或者直接摔死，已经是奇迹了。

无法逃跑的伪季米特里一世被迅速处死，而后尸体被剥光衣服拖进红场示众。最后，他残缺的尸体接受了最大的羞辱——塞进火炮中被轰出。1606年 5 月 19 日，舒伊斯基成为俄国沙皇。波兰人对沙俄政局的干预就此在各种意义上以灾难告终。然而，更失败的干预还在后头。

沙俄爆发内战后，波兰一度置身事外。舒伊斯基并没有得到所有人的支持，不久之后，俄国西面又出现了僭称者的威胁。这个新的僭称者依然受波兰人支持，仍旧自称季米特里王子，而"季米特里"已经死了两次了！和之前一样，这位伪季米特里二世的真实身份意义索然。1608 年春季，新的僭称者已经准备在波兰人的支持下进军莫斯科了。他将指挥部设在莫斯科以西 8 英里处的图希诺（Tushino）。此时，这个悲哀的故事已经沦为闹剧，因为刚刚丧偶的皇后依然在世，伪季米特里二世的支持者需要她承认这个模仿者就是她的丈夫。起初她拒绝参与这个疯狂的阴谋，但她无法违背父亲的意愿，为了确保合法性，她被迫秘密与伪季米特里二世成婚。

伪季米特里二世进攻舒伊斯基的军事计划就是包围莫斯科，切断该城的供给。这一命令等于允许部下肆意妄为地进行掠夺和破坏，甚至袭击了愿意支持他的城镇。一次著名的行动发生在 1608 年 9 月，他们袭击了谢尔盖圣三一修道院。这次围攻过后，修道院的僧侣树立起了一个纪念碑，宣称修道院在三次劫难中幸存下来：斑疹伤寒，鞑靼人入侵，波兰人的袭击。伪季米特里二世以为完成这次行动不费吹灰之力，然而修道院院墙坚实，在僧侣、本地哨兵、民兵和农民的共同守卫下，坚持了 3 个月，使伪季米特里二世对莫斯科的封锁线留下了一个缺口。

尽管如此，舒伊斯基的境况依然近乎绝望。他最终寻找了一个能够援助他的盟友，即使这必然导致波兰进行官方干预。1609 年 2 月 28 日，沙皇和静观俄国事态发展的瑞典国王卡尔九世结盟。舒伊斯基向卡尔九世保证，在双方的争议领土上做出重大让步。瑞典的远征军于 1609 年 4 月抵达诺夫哥罗德。这支 1.5 万人的部队成分复杂，绝大多数是来自德意志、荷兰、英格兰、苏格兰、法国和西班牙的雇佣兵。此前曾和伊凡雷帝作战的雅各布·德·拉·加尔迪（Jacob de la Gardie），负责指挥这支部队。瑞典人还得到了 3000 俄国士兵的支援。

作为回应，波兰国王齐格蒙特三世于 1609 年 9 月入侵沙皇俄国。斯摩棱斯克成了波兰人入侵的第一个目标，负责指挥进攻部队的是波兰最优秀的军人之一，统帅斯坦尼斯瓦夫·茹乌凯夫斯基。对后世而言幸运的是，茹乌凯夫斯基留下了关于这次远征的详尽记述。他留下这段记述是为了说明，某些行动是国王的命令，国王亲自指挥部队，而且从来不接受茹乌凯夫斯基的不同意见。[4]

第一次产生分歧是在斯摩棱斯克的问题上。这座城市的城墙很长，高耸厚实的塔楼虽然因为过于狭窄而无法安置重炮，却依然守备严密。茹乌凯夫斯基提议绕过斯摩棱斯克，直接进军莫斯科，但国王下令以夺取这座城堡为首要目标，命他展开围攻。受坚实城墙庇护的守军拒绝谈判，波兰人只得召开作战会议："……问到一个年老的苏格兰军官时，他声称它充其量算是个动物园，而非城堡，因此可以轻易夺取。"茹乌凯夫斯基不同意他的观点，请求国王不

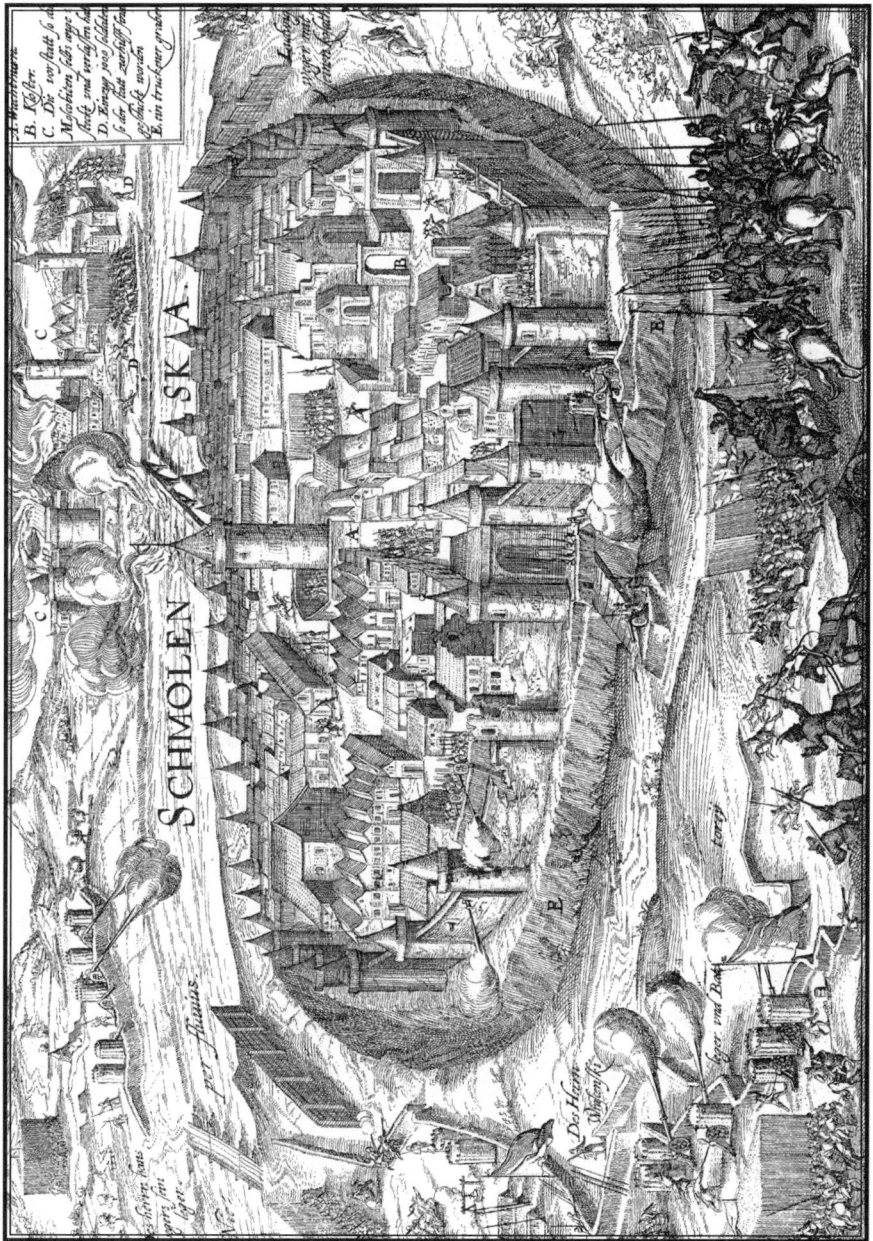

© 1609—1611 年，波兰人围攻斯摩棱斯克

要贸然进攻，但"国王陛下被一些可能有效的手段打动，坚持要进行尝试"。

波兰人使用的第一件武器是攻城炸药桶。这个怪异的爆炸装置可以十分有效地炸开城门，然而必须要人工布置在目标旁边才能发挥作用。通往斯摩棱斯克城门的道路颇为狭窄，只能供一人骑马通行，于是：

> 帕恩·诺沃德沃尔斯基（Pan Nowodworski）只得带着炸药桶沿着这条道路前进，并俯下身子躲避城上的枪炮。他在第一道城门和第二道城门下安置了炸药桶，并完成了起爆。但这样的行动受到了严重的噪声干扰，火炮和各种其他火器的声音接连不断，我们根本看不到炸药桶是否爆炸，因为城门在我们视线无法看到的位置。因此，前方的士兵并不清楚那里发生了什么，也没敢走上那条狭窄的道路。[5]

用来宣告炸药桶起效的军号声没有传来，因为号手"在混乱中不知所终"。绝佳的机会就这样被浪费掉了。在炮击和挖掘坑道都没有起到什么效果之后，茹乌凯夫斯基再度请求国王绕过斯摩棱斯克，进军莫斯科。

齐格蒙特三世拒绝召集火炮工匠重铸损坏的火炮，也不肯雇用更多的部队（他宣称自己缺少资金），不过还是下令从里加运输重炮前来。[6] 但这一切都需要时间，而事实上，斯摩棱斯克围攻战持续了两年。这是重大的军事盲动，因为在这期间，瑞典军队全程在北面活动。他们首先在一次长达两天的战斗中击败了伪季米特里二世的军队。然而，他们的军官没有足够的钱财来支付雇佣军的薪酬，许多人起程返乡，一路随意掠夺。不过之后，雅各布·德·拉·加尔迪又以某种方式将他们重新集结起来。重组的部队随即向伪季米特里二世在谢尔盖圣三一修道院的围攻阵地进军。1610 年 1 月 12 日，修道院解围；3 个月后，联军胜利进入莫斯科。

警惕起来的伪季米特里二世逃往卡卢哈（Kaluga），这时他发现他的波兰盟友很乐意为了自己的利益出卖他。在斯摩棱斯克城外签署的协议之中，伪季米特里二世的所有个人宣称都告作废，齐格蒙特三世提出让自己的儿子波兰王子瓦迪斯瓦夫（Wladyslaw）成为俄国沙皇。

这个消息传到了沙皇瓦西里四世（舒伊斯基）耳中，他宣称对来自波兰的"天主教十字军"发动圣战。他下令进军援救斯摩棱斯克，并率领4.6万人的部队进攻齐格蒙特三世的围攻阵地。然而这一战的结果却是，波兰人赢得了他们历史上最伟大的胜利之一。

克卢希诺之战

当茹乌凯夫斯基向莫斯科进军，迎战他的敌人时，他遭遇的第一个障碍是察罗沃·扎姆耶斯季耶（Tsarovo Zamyestye）。这座城镇位于一条溪流旁边，当地的水坝让溪流形成了一个小湖，上面有一条颇为宽阔的堤道可供通行。然而这里的防御工事仍未建造完成，因此波兰人决定在对方完成防御工事之前发起攻击。茹乌凯夫斯基率领的侦察部队在堤道附近遭到火枪射击，原来，俄国人在堤道周围的壕沟与芦苇丛中暗藏了数百名火枪手。由于茹乌凯夫斯基并没有中计，这些按捺不住的伏击者主动暴露了自己的位置。茹乌凯夫斯基派出一些哥萨克骑兵下马，俯身向前推进：

> 这些人暴露之后，堤道上的人跳下去与他们搏斗，堤道下的士兵则冲上去进行射击与肉搏。混乱之中，火枪手纷纷逃走，我们的士兵则在他们身后追击。[7]

夺取堤道后，波兰军队安然通过小湖。察罗沃·扎姆耶斯季耶的堡垒虽然尚未被夺取，但波兰人建造了小型工事对其进行封堵。这正是茹乌凯夫斯基在斯摩棱斯克城下给齐格蒙特三世提供的建议。至于主力军，则准备迎战沙俄大军。据俘虏透露的情报显示，俄军计划到克卢希诺宿营。

茹乌凯夫斯基已经决定进攻行进中的俄军了，但他不肯泄露自己的决定，甚至不肯召开作战会议，以免暴露计划。他下令波兰军队行进之时，不得使用号角和军鼓。大军在森林之中连夜通行，走了4英里的路程。对他们而言，幸运的是俄国人并没有做好防卫，绝大多数人还在营中安睡。茹乌凯夫斯基本可能凭借突袭全歼敌人，但实际情况颇为复杂：

> 如果我们能够动用全部部队，他们根本来不及穿衣，但我无法让士兵们迅速走出森林。统帅带上了两门隼炮（falconet），这两门炮挡住了道路，士兵

无法绕道前行。另外一个障碍也阻挡了我们立即攻击：通向地方军营的原野上有一道篱笆，而在篱笆之后有两个小村。因此，必须要等部队全部抵达之后才能拆毁这些篱笆。[8]

波兰士兵在两个小村庄点起火来，这惊醒了沙俄军队。波兰人敲响军鼓、吹起军号后，立即开始与篱笆后驻扎的俄国人交战。

就在这时，隼炮和一些步兵一同抵达。这起到了很大的作用，因为炮兵射击了篱笆旁边的德意志步兵。我们的步兵虽然数量不多，但久经沙场，他们立即冲向前方，杀死了一批德意志士兵。[9]

沙俄步兵被赶出篱笆附近后，波兰翼骑兵就可以投入战斗了。克卢希诺之战的见证者——萨穆埃尔·马什凯维奇（Samuel Maskiewicz）记载称，翼骑兵向敌人发动了8次或者10次冲击。骑兵冲击效果极佳，沙俄军队纷纷撤往营地，而波兰人则挥舞着马刀追击。[10]

在随后的关键时刻，波兰的骑兵战术得到了绝佳体现。然而出乎意料的是，茹乌凯夫斯基本人并没有对此进行详细描述（见彩图32），仅仅写道：

我们的士兵在面对沙俄军队时更加轻松，因为这些人没有坚守，而是开始逃跑，我们的士兵则跟在后面追击。[11]

反倒是萨穆埃尔·马什凯维奇留下了一段生动的记述，记载了接下来发生的事情。起初，波兰骑兵被篱笆阻挡（马什凯维奇称之为栅栏）。无论当时这一障碍究竟是何种情况，可以确定的是它只有一部分被拆毁，而缺口只能够供10匹马排成紧密队形勉强通过。这让他们无法使用惯常的阵形进攻。火枪手的设计虽然给波兰人带来了杀伤，但俄国骑兵已经开始动摇了。因此，瓦西里四世请求雅各布·德·拉·加尔迪派出他的骑兵进行支援，加尔迪的回应是命令手枪骑兵进行半回旋射击。波兰翼骑兵抓住了战机：

他们自己将胜利交到了我们手中。他们到来时，我们正处于混乱之中。他们完成一轮射击之后，前排便立即按照习惯转往后方进行装弹，由第二排士兵继续射击。我们没有等待，在敌人完成射击准备绕后时，挥舞着马刀发起了冲锋。前排无法装弹、后排又未能射击的敌人纷纷后退。我们冲进沙俄大军之中，这些人还在他们的军营入口处整队，看见我们后很快就陷入了混乱。[12]

换句话说，波兰人使用马刀击溃了刚刚完成半回旋的俄国骑兵。[13] 当他们的瑞典雇佣军（规模同样比波兰军队多）决定倒戈时，胜利属于波兰已是确定无疑了。[14]

当波兰人在克卢希诺取胜的消息传到伪季米特里二世的耳中后，他加急赶往莫斯科，抢在波兰人之前抵达。战败的瓦西里·舒伊斯基，即沙皇瓦西里四世，被俘后被迫成为僧侣，然而波雅尔们不肯接受伪季米特里二世。赢得胜利，相信自己能够掌控平衡的茹乌凯夫斯基开始和俄国人进行谈判。波雅尔们发现，他们可以提出更多的要求。茹乌凯夫斯基被迫同意让瓦迪斯夫大王子在前往莫斯科加冕之前皈依东正教，并迎娶一位同样信仰东正教的新娘。这样的让步确实非同寻常，然而还有一个远比让波兰王储改宗更困难的绊脚石：王储的父亲——波兰国王齐格蒙特三世，决定自立为沙皇！

茹乌凯夫斯基惊讶地得知，自己辛苦摘得的胜利果实会因为如此怪异的对立而陷入丢失的危局之中。国王与他忠实的统帅最后一次最无法调和的分歧，让茹乌凯夫斯基决定撰写回忆录，从而为我们留下了如此之多的有关军事史的生动记述。但在俄国人看来，情况很简单：他们的首都并不是被僭称者占据，而是被外来入侵者占据。当他们得知伪季米特里二世已被谋杀时，对波兰人的不满情绪很快上升为民族仇恨。1611 年 1 月，梁赞（Riazan）爆发叛乱，下诺夫哥罗德（Nishni-Novgorod）和喀山（Kazan）随即起兵响应。3 月，联合部队抵进莫斯科。3 月 13 日，莫斯科城里的俄国人和波兰人爆发冲突。

局势愈发紧张。为了防备外敌进攻，波兰军官命令一批莫斯科马车夫将波兰人的火炮拖到克里姆林宫的城墙之上。然而马车夫拒绝从命，随后居民开始暴动。为波兰人服役的雇佣兵借机袭击莫斯科人，让事件进一步升级。城中居民在各地收集武器并准备临时工事，波兰人则以纵火焚烧莫斯科作为回应。

茹乌凯夫斯基记述道：

我们的士兵随后计划在这个以木屋为主的城市纵火，而在白墙之后的人们则在克里姆林宫与基泰哥罗德（Kitai-gorod）据守，攻击射击军以及遭遇的其他人。在复活节之前的星期三，他们开始纵火。完成整队的他们成建制地行动，很快在这个木屋城市之中点起了大火。

波兰军队在莫斯科肆意掠夺。一个夸张的说法是，掠夺了大量财富的波兰士兵甚至将珍珠装进火枪中射击，而非铅弹。茹乌凯夫斯基写道："莫斯科就这样付之一炬，许多人因此丧生，损失不可估量，因为这座城市庞大而富裕。"

然而纵火的直接结果，却是波兰人在接下来的19个月之中，被困在了莫斯科内城，也就是克里姆林宫中。波兰军队三次增援莫斯科，补充守军并带来补给，但境况仍在迅速恶化。与此同时，远在西面的波兰国王齐格蒙特三世，仍在围攻斯摩棱斯克。当茹乌凯夫斯基率部前去克卢希诺时，斯摩棱斯克围攻战的指挥权被移交给了布拉克劳（Braclaw）总督将军，此人因为有机会立功而欣喜万分，并轻蔑地称斯摩棱斯克为"鸡窝"。然而，攻城战远没有他想的那么简单。在回忆录之中，茹乌凯夫斯基对继任者的行动颇为不屑：

他根本没有考虑到，在城墙的后方，大概十几码处，还有一道旧城墙，那是这座城堡在我们先祖时代修筑的城防，比沙皇费奥多尔在位时建造的石墙还要坚固。即使石墙在火炮的轰击之下迅速坍塌，另一道高耸的城墙依然能够封锁进入城堡的道路。事实也的确如此。

布拉克劳总督将军命人用火炮在石墙上打出缺口后，随即让部下发起冲锋，然而两侧的炮火让他们无法通过，因此依然未能攻破斯摩棱斯克。不过，随着围城时间推移，守军开始因为瘟疫而病倒。当饥饿与疾病让守军大量减员时，攻城者终于有机会进行全面进攻了。来自城中居民的情报提及，城墙之上的一个排水渠有利于安置爆炸物。事实也确实如此。

1611年6月3日夜，在猛烈的炮火与排水渠旁的炸药被引爆的双重打击下，波兰人成功以强攻夺取了斯摩棱斯克。绝大多数守军战死，幸存者进入大教堂之中避难，但不肯投降的他们引爆了地下室的火药。茹乌凯夫斯基写道："整个城堡几乎都被焚毁了。"他发现城中储存了许多未使用的炮弹与大量食物，包括麦粒、燕麦、鹅、鸡，甚至还有孔雀。16 天之后，人们在废墟之中挖掘时，发现了两个依然活着的儿童。

撤出莫斯科

攻破斯摩棱斯克或许能让莫斯科的波兰守军欣喜，但驻守莫斯科的压力却在与日俱增。在继续守卫了一年之后，士兵们只能靠吃制造马鞍的皮革与羊皮纸度日，吃人的情况很可能已经发生了。当沙俄军队终于在 1612 年 10 月 22 日攻破城防时，克里姆林宫的波兰守军最终投降了。尽管有投降协议的保护，一些波兰士兵还是被当场杀死，余下的人则被囚禁。齐格蒙特三世从莫斯科逃离。10 月 25 日，克里姆林宫城门大开，胜利的沙俄军队进入城中（见彩图 33）。1613 年 1 月，一位新沙皇在这里加冕，他的名字是米哈伊尔·罗曼诺夫，这个家族将在未来名扬天下。[15]

尽管俄国人遭受了浩劫，但他们依然以"混乱时期"为荣，因为残忍的入侵者最终被赶走了。然而，除了名声大作的翼骑兵之外，波兰从未有过足以彻底征服沙俄的军事力量，这次冒险，无非是一场激烈内战中借机上演的骑士罗曼史。统帅茹乌凯夫斯基在他的回忆录中，宣称自己最开始便反对这次意义索然的远征，他仅仅是出于对国王的忠诚与责任感，才会坚持服役。波兰国王齐格蒙特三世虽然撤出了莫斯科，但 1612 年不是 1812 年，他也不是拿破仑。

雇佣兵与新花样

第十五章

在低地和利沃尼亚长期陷入战争中时，奥斯曼帝国和奥地利哈布斯堡王朝的边境线却保持着平静，直到 1593 年。战端再起之时，位于最前沿的匈牙利又一次成为主战场。欧洲一方很快将战争升级为十字军东征，即使这个早已声名狼藉的理念正遭受宗教改革者的唾弃。基督徒向来态度乐观，因为他们认定，奥斯曼帝国遭受军事上的重大挫败之后，巴尔干的居民就会揭竿而起，反抗他们的统治。战争爆发的那一年，便有对欧洲有利的信号传来，三个重要的奥斯曼附庸——摩尔多瓦、瓦拉几亚和特兰西瓦尼亚都有了新的统治者，而且三位领主都不愿意再接受奥斯曼的统治。很快，这几位领主便控制了多瑙河下游。他们不但控制了奥斯曼帝国在这一地区的领土与堡垒，还切断了对方在黑海沿岸的主要食物供应链。三个地区之中，特兰西瓦尼亚的领主，巴陶里·西吉斯蒙德（Sigismund Bathory）——巴陶里·伊什特万（斯特凡·巴托里）的侄子，攻击最为猛烈。1593 年，奥斯曼军队在克罗地亚的锡萨克（Sissek）被彻底击溃。这一战成了"十三年战争"的开端，一位基督徒评论者称其为"人类屠宰场"。[1]

愤怒的奥斯曼帝国很快做出了回应。得知锡萨克战败的消息之后，大维齐尔锡南（Sinan）帕夏将哈布斯堡王朝的皇帝使节投入监狱，率领苏丹的全部欧洲征召军与 1.3 万新军，进军匈牙利。他首先夺取了哈布斯堡王朝最外侧的据点——维斯普雷姆，然而由于新军拒绝在冬季作战并因此哗变，他没能继续前进。次年（即 1594 年），锡南帕夏返回匈牙利，他这次率领的部队军力更强，或许是苏莱曼大帝时代结束之后规模最大的奥斯曼军队。这一行动迫使奥地利放弃围攻格兰，退过多瑙河。锡南帕夏随即开始围攻科马尔诺（Komarno），

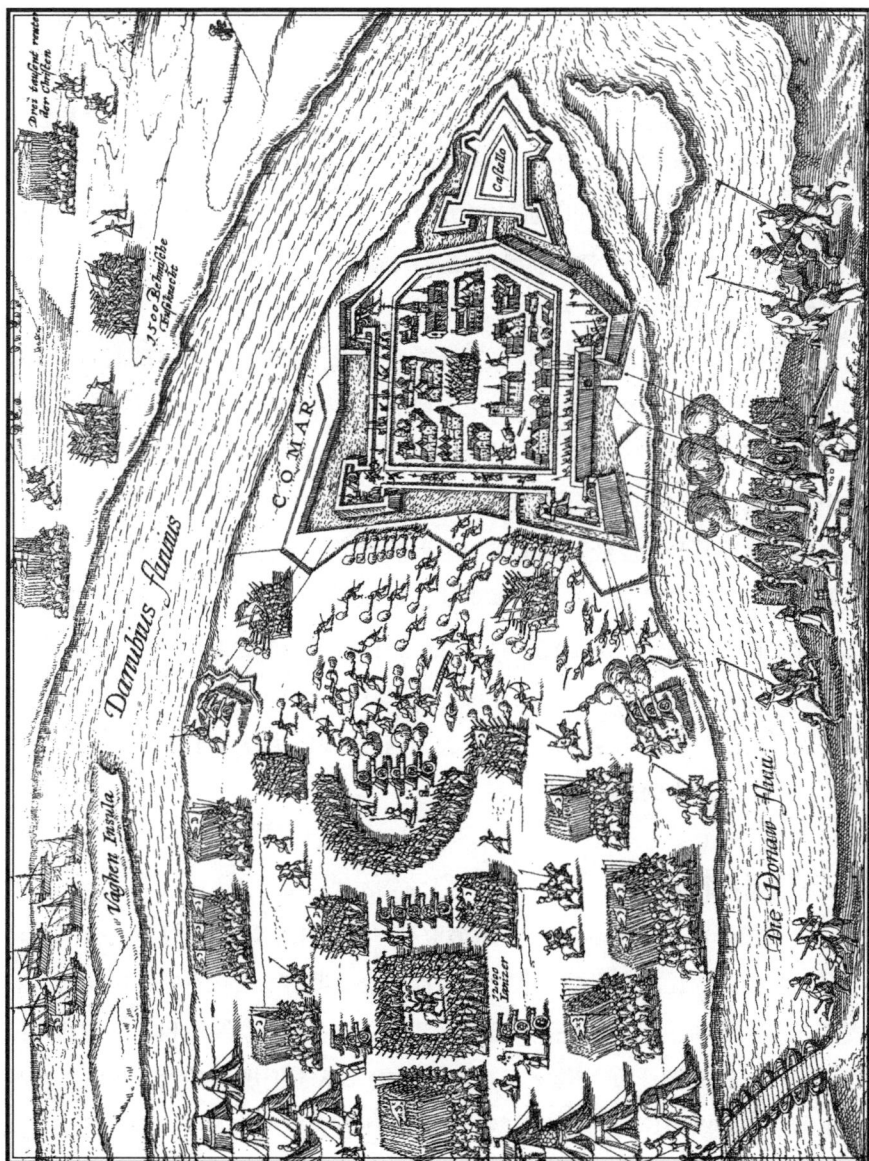

◎ 1594 年的科马尔诺围攻战。科马尔诺位于多瑙河畔，在今斯洛伐克境内。这幅同时代的画作，展现了棱堡的具体细节

然而这个横跨多瑙河的坚固军事基地坚守到了入冬，奥斯曼军队被迫撤退。对奥地利而言，1594 年的战果尚可。

1595 年，奥斯曼帝国迎来了新任苏丹穆罕默德三世，他在统治之初弑杀了 19 位兄弟。苏丹穆罕默德三世继位时，奥斯曼帝国境况颇为危急，因为特兰西瓦尼亚的统治者巴陶里·西吉斯蒙德倒向了神圣罗马帝国。这让奥斯曼帝国的右翼完全暴露。锡南率领奥斯曼军队最远到达布加勒斯特（Bucharest），但最终还是被赶回了多瑙河对岸。

在这次胜利的鼓舞下，奥地利军队乘胜前进，从奥地利沿多瑙河而下，终于成功夺取了坚实的格兰堡垒，结束了奥斯曼帝国自 1543 年起对这里的控制。而后，位于多瑙河畔一座山峰上的维谢格拉德（Visegrad），也落入了奥地利手中，奥斯曼帝国控制的其他北匈牙利堡垒如同多米诺骨牌一般依次倒下。不久之后，奥地利骑兵已经在埃迪尔内附近袭扰了。对奥斯曼帝国而言，形势已经相当严峻了，苏丹决定亲自率军出征，从匈牙利的东北角开始反击。穆罕默德三世率军进攻埃劳，这里位于奥地利和新投奔来的特兰西瓦尼亚之间。1596 年 10 月 12 日，埃劳陷落，一定程度上这跟驻军中雇佣兵的背叛有关。即便如此，这样的战果也足以令奥斯曼一方大为满意，因为埃劳曾长期阻挡苏莱曼大帝。事实上，更大的战果还在后头。

凯赖斯泰什之战

埃劳投降时，前去援救埃劳的奥地利军队还未抵达。奥地利大公马克西米利安和特兰西瓦尼亚大公巴陶里·西吉斯蒙德集结了大批军队，决定冒险和奥斯曼军队决战。双方最终在凯赖斯泰什（Kerestes，今匈牙利东部的迈泽凯赖斯泰什，见彩图 34）交锋。奥地利一方的军队不但规模甚大，部队组成也颇不寻常——以骑兵为主，步兵数量有限，还有大批火炮。而在骑兵之中，又包括大批手枪骑兵。[2]

一支奥斯曼骑兵试图阻止这支军队进入阵地，但他们很快就被驱逐。当奥斯曼军队主力抵达时，穆罕默德三世发现，他的敌人已经布置好了阵地工事，并得到蒂萨河（Theiss）支流冲刷出的一片泥泞区域的庇护。苏丹派出一支轻骑兵作为先头部队，试图通过这片泥泞区域，结果被击退。随后，奥斯曼军队在大约一英里外的地方构筑了类似的阵地。

10 月 24 日，奥斯曼军队开始攻击，但进攻再次被击退，双方都付出了一定的伤亡。两天后，他们又一次发动了进攻。苏丹不愿亲自指挥，提出要转移到后方，却又担心士气因此受损，最后选择留下。奥斯曼轻骑兵开始进行包抄，主力军则强行通过泥泞区；除此之外，还有一支部队被指示隐匿起来。

帝国军队已经做好了防卫奥斯曼军队进攻的准备，当奥斯曼军队发起进攻时，他们的骑兵迅速冲出阵地迎战。右翼的奥斯曼骑兵被击退，在混乱之中退过了泥泞区。奥地利大公此前下令不得过河追击奥斯曼人，然而此时他麾下的军官们见有机可乘，便无视了命令。右翼卷击敌军之时，中军也乘势开始前进，消灭了一支在废弃教堂中坚持抵抗的新军。苏丹虽然勇敢地留在了战场上，但他最后还是后退并放弃了营地。

战局却因此戏剧性地倒向了奥斯曼一方，因为右翼的帝国军队在大胜之后放弃了对奥斯曼军队的追击，开始肆意掠夺苏丹的营地。由于战利品过于丰厚，贪婪的骑兵们纷纷下马，冲进营帐之中掠夺。这正是苏丹那支隐匿起来的部队所等待的战机。他们立即发起冲锋，击溃了这些彻底陷入混乱的骑兵，即使他们曾经是帝国的骄傲。溃败的部队再度退过泥泞区，这让后方的帝国军队陷入了混乱，奥地利大公很快就无人可用了。帝国所有的火炮都落入了奥斯曼人手中，伤亡十分惨重。因为凯赖斯泰什的惨败，神圣罗马帝国皇帝，奥地利的鲁道夫，禁止在一年之内进行任何宗教庆典活动，以示哀悼。

城堡与雇佣军

如果奥斯曼帝国乘胜前进，战争或许未必会持续 13 年之久。然而这个时代，战争的主旋律是攻城战，攻城战向来耗时；而且，在凯赖斯泰什损失惨重的哈布斯堡王朝，依然在次年夏季集结起了两支部队。一支部队在奥地利大公马克西米利安的率领下夺取了帕波（Papa）和托提斯（Totis，今陶陶），一支部队在特兰西瓦尼亚大公的率领下开始围攻泰梅什堡（Temesvar，今蒂米什瓦拉）。1598 年，奥斯曼帝国的形势进一步恶化：一方面，奥地利收复了拉布（Raab，今杰尔）和维斯普雷姆，他们甚至围攻了布达，但没能在入冬之前夺取该城；另一方面，奥斯曼军队对大瓦代恩（Grosswardien，今称奥拉迪亚，属罗马尼亚）的进攻也被击退。1598 年的失利，促使奥斯曼帝国在 1599 年进行更大规模的回应，但向格兰的进攻效果索然，大军只得在入冬时退回贝尔格莱德。

奥斯曼帝国意识到，他们所面对的敌人，职业化程度已经远胜从前，并且还雇用了在低地的苦战中锻炼出来的雇佣军。这些人经验丰富、装备精良，生活方式在同时代人看来非同寻常。令当代旅行者嫉妒的是，1600 年左右的雇佣兵可以轻易通过国境线，只为获得更高的军饷，比如在 1595 年的西班牙军队中服役的盖伊·福克斯（Guy Fawkes）。很多情况下，这些雇佣兵前一天为一方服役，后一天便来到昨日雇主敌人的麾下为对方服务。比如罗杰·威廉姆斯，他在 1572—1573 年为荷兰叛军服役，却在 1574—1577 年为西班牙服役，转头对抗荷兰叛军，之后又在 1578—1587 年再度为荷兰人服役。显然，两个雇主都没有对此抱怨过。

1600 年的战事爆发后，奥斯曼帝国就是靠着这些雇佣兵的背叛得以收复帕波的。帕波的驻军是法国人，他们直接把城堡卖给了围城者！不敢进攻格兰的大维齐尔随后围攻卡尼萨（Kanicsa，今瑙吉考尼饶），而在这里他将与最著名的英格兰雇佣军军官之一——约翰·史密斯（John Smith）交锋。在他前往美洲冒险，迎娶波卡洪塔斯（Pocahontas）的传奇发生之前，史密斯已经是颇有名望的雇佣兵了。他起初在低地服役，而后前往东方，这段激动人心的冒险，甚至远非他此后在美洲的冒险可比。[3]

卡尼萨围攻战是史密斯在匈牙利参加的第一场战斗（见彩图 35）。指挥卡尼萨城堡防务之人，被史密斯称为"埃伯斯博特领主"（Ebersbaught），他是史密斯在奥地利见到的"出色而勇敢的绅士"之一。似乎在格拉茨（Graz）初次会面时，史密斯就将火光信号技术教给了埃伯斯博特领主，而这或许是他从低地学到的技术。很快，这种技术便投入了实用，因为约翰·史密斯加入了援救卡尼萨的部队。法国的梅尔克尔公爵（Duc de Mercoeur，约翰·史密斯在记述中称他为"墨丘利公爵"）指挥 1 万人出征，但奥斯曼军队已经在城外构筑了坚实的阵地，无法从外侧突破。

唯一成功的可能，是城中人出城突袭的同时，城外援军袭击围城者的后方。因此，史密斯前去面见梅尔克尔公爵，建议他尝试在夜间利用火光与城中的埃伯斯博特领主交流。这位指挥官同意进行尝试，并给这个英格兰人安排了火炬与士兵。但埃伯斯博特领主会注意到远方群山之中，乍看上去杂乱无章的火光信号吗？史密斯认为必须进行尝试，因为他坚信，埃伯斯博特领主会留意到此前和他约定的信号。精力充沛的史密斯在山上按照计划打出火光信号，但相当长一段时间都没有得到回应。当他终于见到城中的回复信号时，他欣喜若狂。埃伯斯博特领主在 7 英里外注意到了城外的火光信号，也收到了史密斯发出的信息。这条讯息被史密斯记录在日记中："星期四夜间我会从东面进攻，收到警报后你立刻突围。"埃伯斯博特领主打出了同意的信号。

颇具创造力的史密斯随后又为这次联合攻击做了一个新设想。他将数以千计的火把用长绳拴在一起，布置在远离部队实际集结地的位置，而后使用少

◎ 约翰·史密斯，这位英格兰雇佣兵军官曾在匈牙利对抗奥斯曼帝国，而后前往美洲，完成了他一生中最著名的冒险行动

量火药引燃。奥斯曼军队部署在河流两侧，当解围部队在和埃伯斯博特领主约定好的时间发起进攻时，河另一侧的奥斯曼军队不敢前来支援，因为他们把史密斯布置的火炬当成了另一支大规模部队。结果让 2000 援军突入城中。见援军入城，奥斯曼军队随即撤围离开。

史密斯的火龙

在卡尼萨围攻战中的出色表现，让史密斯得以指挥 250 名骑兵。史密斯随后率领这支部队参与了梅尔克尔公爵于 1601 年组织的围攻，目标是奥斯曼帝国控制的塞克什白堡。奥斯曼守军对围城者发动了三次猛烈突袭，第一次导致 500 名德意志士兵阵亡，第二次导致 500 名匈牙利士兵阵亡，第三次则是被法国士兵击退，哈布斯堡王朝雇佣军的混杂可见一斑。而后，一些从城中逃出的人带来了一个重要情报，他们指出了奥斯曼军队在城中军力最强的区域。消息传到了约翰·史密斯耳中，他请求再试验一个新奇的手段。史密斯准备祭出所谓的"恶龙"，这并不是一个全新的设计，而是一种使用延时引信的炸弹。这种炸弹使用颇为原始的投石机投入城中，其中填充了大量的弹丸和破片，用于杀伤人员。然而对 1600 年的匈牙利而言，这依然是个新奇的武器，史密斯如此描述其效果：

> 午夜时分，看着点燃短引信的弹丸投向空中，心中难免忧虑。不过，随后传来了被炮弹杀伤的奥斯曼人的惨叫声，实在令人欣慰。

除爆炸本身和弹药破片造成的人员损失之外（杀伤或许并不算多），这些炮弹还在城中引发了大火。如果此时发起进攻，或许能够攻破该城。但事实上，围城者等待了一段时间，直到塞克什白堡的守军投降。在此之前，史密斯还参与了与一支奥斯曼解围军队的决战。梅尔克尔公爵低估了他面对的部队的规模，史密斯和他的部下在开战后不久便被"半月形的奥斯曼军阵"包围，相信大势已去。然而经过一番奋战之后，他们突破了奥斯曼军队的封锁，一路上，"惊恐地看着躺在地上的士兵和马匹"。史密斯的直接上级，梅尔德里奇伯爵（Earl Meldritch）称赞道："他的勇气所散发出的光辉，比他那沾满奥斯曼人鲜血的盔甲折射出的光芒更加耀眼。"他麾下部队阵亡过半。史密斯身受重伤，坐骑也被杀死，但不久之后他就获得了另一匹马，正如他在记载中提到的那样，"战场上有许多无主的马匹"。这场大战之后，史密斯和他的同伴巩固了对塞克什白堡的控制，接着赶去冬季宿营。

勇士史密斯

接下来我们要听到的关于这位英雄的光辉事迹发生在 1603 年，一个史密斯称为"雷格尔"（Reigall）的地方，它很可能就是鲁达利（Rudaly），一座位于今罗马尼亚锡吉什瓦拉（Sighisoara）附近的小堡垒。1601 年，支持奥斯曼帝国的博奇考伊·伊什特万（Stefan Bocksai）成为特兰西瓦尼亚大公，他的支持让奥斯曼帝国最后一次占据上风。1603 年，他们夺回了格兰、维谢格拉德和维斯普雷姆。在特兰西瓦尼亚，战局则依然保持着均势。在这期间，雇佣兵军官约翰·史密斯参与了其中一场战斗。

鲁达利围攻战，对城中的奥斯曼驻军和城外的攻城者而言，都可谓冗长而无趣，值得记录的只有一次骑士竞技。这种竞技在中世纪颇为常见，但在詹姆斯一世的时代显然是严重过时了。竞技以公平的方式进行，围攻者派出一名勇士，和一名奥斯曼勇士一对一格斗。勇士人选通过抽签决定，被选出的人正是史密斯。我们的主角，在这一瞬间从一个唯利是图的老雇佣兵，变成了侠义骑士。

无论成为决斗者能够带来何种风光，决斗终究是要以死相拼的。决斗的过程颇为短暂，在第一次二马相交时，史密斯的长枪便刺穿了那个奥斯曼勇士的头盔和头颅，让他当场坠马身亡。史密斯随后颇不必要地割下了此人的首级，场面相当血腥，他带着这个战利品返回了营地。死者的一名战友随后前来挑战史密斯，为他的朋友报仇。史密斯接受了挑战，然而这一次他的长枪在首次冲击时就折断了。奥斯曼士兵险些坠马，却还是保持住了平衡。决斗场景随即"快进"到了 17 世纪，双方拔出手枪展开对射。奥斯曼士兵的子弹打中了史密斯，但没有给他造成致命伤，史密斯的子弹则打穿了奥斯曼士兵握住缰绳的手。对方无法控马，摔在了地上。由于双方许诺死斗，史密斯随即将坠马的对手杀死。

这场颇为正式的交锋就此血腥地结束了，这与许多围观者期待的骑士竞技大不相同。随着解围战的继续，史密斯又经历了一次决斗。这一次，他面对的奥斯曼勇士将武器选定为手枪和战斧。两人的手枪都没有击中目标，因此双方开始使用战斧在马上格斗。一番拼杀之后，史密斯坠马并扔掉了战斧。他的对手以为他已经死亡，便准备离开，岂料史密斯拔出佩剑，将他刺死。鲁达利最终还是被攻破了，但史密斯的胜利给他带来了个人利益，他获得了刻有"三枚奥斯曼人首级"的纹章。史密斯随后转往邻近的瓦拉几亚冒险，在那里他再度运用起了他的计谋：

> ……将两三百根燃烧着的木材像骑枪一样拎着，趁夜冲向敌军，点起大火。大火不但惊吓了他们的马匹，也烫伤了他们的脚与他们战马的马蹄，火焰的威势迫使他们调头后退。

然而这一次，史密斯的花招没有起到什么效果，奥斯曼军队取得了胜利并歼灭了他们的对手。濒死的史密斯和其他重伤者被扔在战场上自生自灭。当奥斯曼营地的随从前来搜寻战利品时，他仍有一丝气息，不可谓不幸运。他的那身精良盔甲意味着此人可以换取赎金，因此他被带离战场医治。在恢复健康，并经历了一段不那么光彩的冒险之后，他最终返回了英格兰。

史密斯与奥斯曼帝国的战斗就此结束了，而那场战争也没有持续多久，因为双方都准备停战和谈。1606 年，双方签署《席特瓦托洛克（Zsitva‑Torok）条约》，终结了血腥的"十三年战争"，关闭了"人类屠宰场"。

"新奇招数"

17 世纪头十年里，欧洲一系列漫长的战争先后告一段落。1606 年，随着《席特瓦托洛克条约》的签署，神圣罗马帝国与奥斯曼帝国之间的"十三年战争"最终结束；1609 年，荷兰共和国与西班牙签署为期 12 年的停战协议，"八十年战争"战争宣告中止。但和平来得很勉强，战争还会在未来继续。[1]

新的导火索来自布拉格。1617 年，神圣罗马帝国皇帝马蒂亚斯（Matthias）立皇储斐迪南为波希米亚国王。斐迪南虽然是坚定的天主教徒，但他选择无视幕僚们的恳求，没有颁布针对新教徒的禁令。尽管君主态度仁慈，1618 年 5 月，一批新教徒还是闯进了布拉格的赫拉萨尼（Hradcany，意为"城堡区"）城堡，将斐迪南的幕僚扔出窗外。布拉格的"第二次扔出窗外事件"——1419 年胡斯派爆发叛乱时就发生过类似的事件——引来了"三十年战争"。

这场漫长而血腥的战争，往往被视作军事发展的转折点。在决胜关头，变革几乎成了唯一的选择：任何成功的指挥官都必须熟悉军事上的一系列新变化，但和 16 世纪时一样，许多"革新"都不过是在此前已有的基础上进行的。荷兰创立的欧洲步兵轮射体系，就是绝佳范例。瑞典已经体验了一次"错误的开始"，并在基希霍尔姆之战中遭遇惨败。事实上，这一体系的效率将在 20 年之后，瑞典国王古斯塔夫·阿道夫，即古斯塔夫二世执政时期，得以体现，而他改进后的体系展现出了惊人的威力。对许多军事研究者而言，这就是所谓"军事改革"的核心。[2]

不过，瑞典并不是唯一一个从荷兰共和国得到经验与帮助的政权。荷兰的军事顾问，也在勃兰登堡、巴登和萨克森任职。[3] 此外，尽管各方对荷兰的军事体系怀有敬意，却也清楚这一体系成功的前提条件，是高质量的兵员和优秀的指挥官。低质量的部队，无论是无法整训，还是无力整训，在"三十年战争"中依然使用西班牙大方阵式的组织。这可以说是无奈之举，不过也应指出，西班牙大方阵的部队规模自 16 世纪 80 年代以来有所缩减，而且这种笨拙的阵形，在面对侧翼的进攻时，并不需要与荷兰体系一样，依靠接受复杂训练的兵员进行机动。[4] 另外，他们还可以"强行前进肉搏，尽管需要小步行进"。[5]

在 1626 年的梅维（Mewe，今波兰格涅夫）之战中，古斯塔夫二世的步兵与他甚为敬佩的波兰骑兵交上了手，并在三天的战斗中击退了对方四次冲锋。波兰人发起的骑兵进攻仅取得了一次成功，而那一次冲击是在瑞典人完成第一轮齐射之后发起的，他们的火枪手还没来得及完成装弹。瑞典人的成功，部分源自训练，部分源自他们的重型火绳枪日渐增加的威力（尽管事实上波兰翼骑兵的阵亡人数相当少），一定程度上还源自古斯塔夫二世坚定地迫使波兰骑兵在对他们不利的地形上作战。不利地形可以通过预设的战场工事制造出来，这样的手段早在切里尼奥拉之战中便出现了。[6]

传统上认为，古斯塔夫二世是骑兵进攻的复兴者，他要求骑兵进行冲锋，射击手枪之后拔出马刀，并认为他组织骑兵冲锋的灵感来自波兰翼骑兵。[7] 不过，这样的英勇冲锋，并不是瑞典骑兵作战的常态。古斯塔夫二世依然使用半回旋战术，而他进行的骑兵冲锋往往没有那么悍猛：前排骑兵率先使用手枪射击，后排则直接持刀冲锋，目的是把手枪子弹留到混战中使用。[8] 考虑到这些问题，此前罗伯茨对古斯塔夫二世及其军事改革的论述，难免遭到了一些批评。但一些批评者忽视了一个事实，那就是罗伯茨也注意到了这些问题，并在著作之中进行了大量论述。[9]

虽然有着种种顾虑，但确定无疑的是，17 世纪 20 年代的战争，与 1453 年时截然不同。那一年，火药带来了一场在当时广为人知的，或许也是最为重大的胜利。通常认为，这一创新——火药，独力摧毁了封建时代，夷平了城堡的高墙，消灭了侠义骑士，在爆炸声中终结了浪漫的中世纪。[10] 显然，从"蒙斯梅格"炮，到查理八世的火炮，再到棱堡、簧轮手枪、荷兰步兵操典，这一系列的进步，已经让 17 世纪的头十年充满了硝烟。

然而同样显而易见的是，在古斯塔夫二世的时代，早已听不到对火药应用于战场的抱怨了。这个虽然细微，却依然有力的注解，说明了同时代人对军事改革的态度。此时的情况与一个世纪之前截然不同了，那时还有许多被火器所伤的人写下负面评论。对他们而言，火药是恶魔的爪牙，是异族、异端或者其他进行黑魔法研究的邪恶者。而且，火器那默默无闻的"怯懦"操纵者，足以击杀高贵的骑士，因此这种批评也隐含了几分势利。

如前文所述，火绳枪的子弹夺走了侠义骑士巴亚尔、兹里尼·米克洛什与弗朗索瓦·德·拉·努埃的生命，过早地结束了他们光辉的军事生涯。不过，在为他们的逝去感到遗憾时，我们也要感谢 1571 年勒班陀海战中，那颗击伤米格尔·德·塞万提斯的子弹。塞万提斯虽然因此一只手落下了残疾，却至少活了下来，并为我们创作出了那位虚构的骑士——堂吉诃德，他超过了一切真实存在的范例，成为骑士阶层衰颓的最佳象征。就算是文采出众的加斯科涅人布莱斯·德·蒙吕克，对打掉他半张脸的邪恶发明的谴责，[11] 也不及塞万提斯笔下那位荒诞骑士对火器的厌恶：

> 没有凶恶火器的年代该是多么幸福啊，对于这些火器的发明者，我看他们的罪恶发明正在地狱里等着要惩罚他们呢。这种发明使一些无耻的胆小鬼可以夺取一个勇士的生命。一个意气风发、豪情满怀的战士，可能在转瞬间就被一颗流弹糊里糊涂地夺走了思想和生命，他本来应该活得更久。至于那个射击的家伙，可能早已被这个可恶的东西发射时发出的火光吓跑了。[12]

谁都不愿以自己的名义说出这段虚构的谴责，却又无法反驳，因而这段话在现实世界中引起了不小的反响。1537 年，万诺奇奥·比林古乔（Vanuccio Biringuccio）写下了对火器的第一篇详细论述，但他所设想的情景太过恐怖，让他决定烧毁手稿。不过，当奥斯曼苏丹苏莱曼大帝进军维也纳的消息传来时，他迅速重新完成了著作，并送给印刷厂出版。他的著作——《论火器》（*De la Pirotechnia*），于 1540 年在威尼斯出版。[13]

这篇火器使用方面的经典著作，向来是堂吉诃德观点的有力回击，任何一位军官都无法忽视火器的潜力。结论往往是，如果奥斯曼人、新教徒或者海盗之类的敌人拥有火器，那么我们，身为正义的一方，若是不能以枪还枪、以炮还炮，就无法惩罚对方。若是存在道义上的顾虑，那么可以借助教义的教诲，尤其是允许火器使用者们选择自己的守护神。他们选择了圣巴巴拉，因为她在殉道那一刻，谴责她的父亲而被雷击倒。为此，炮手们在装弹时默念圣巴巴拉的名字，也有人在盔甲上画上圣巴巴拉的形象，认定圣人庇佑的子弹不会飞向圣人庇佑的人。[14]

火器或许是懦夫的武器，射击者不假思索，不做瞄准，也没有任何可敬的意图；不过，更远的有效射程让火绳枪不像箭矢那样方便隐匿和随时使用。但这样的论断并不会影响武器的使用。成功的军官就算在公开场合批评火器，也会在战场上坚持使用。毕竟早在 1502 年，巴尔塞克（Balsac）的罗贝尔就建议领主们，出征的第一考虑是这一战是否正义，第二考虑便是有没有足够的火器。[15] 神圣罗马帝国皇帝查理五世的格拉纳达宫殿，外墙的浮雕之上便刻上了火炮，使其与科林斯头盔、罗马式标枪之类的古典时代符号并列。而查理五世的死敌，法国国王弗朗索瓦一世，在圣但尼大教堂的墓地浮雕中也留下了火炮，火炮旁边还有瑞士长枪兵、火绳枪手以及全身披甲的骑士。弗朗索瓦这样的统帅，清楚旧时代与新时代各种军事技术的优势与劣势，因此往往会带着这些部队与火炮一同行动。对决策者而言，军事改革的关键在于有效使用己方的资源，让对手无法窥测自己的意图。改革的到来无法预料，自然也就无法预料它将带来胜利还是失败。

法国国王对军事改革的接受，是环境变化、技术进步与人的本性使然，老练的指挥官会将这些改革为己所用，而其他人也没有忽视这一点。本书的结尾部分，或许最恰当的引述便是克日什托夫·拉济维尔（Krzystof Radziwill）的话语。除去率领悍勇的骑兵为祖国波兰作战之外，他也亲身体验了西欧的战争，见证了 1603 年拿骚的莫里斯围攻斯海尔托亨博斯。1622 年，他对自己的国王说道：

> 古人留下了可敬的美德，这在处理内政时效果极佳，但用在军事上却并不实用：每个世纪的士兵都会学到一些新奇的招数，每一场战斗都会有新的发现，每一个军事学派都有自己的手段。[16]

1453—1618 年这 165 年的时光，见证了一系列的"新奇"，而在未来，还会有更多的"招数"。

注释

引言 文艺复兴与革命

[1].A. Vasiliev, 'Pero Tafur, A Spanish Traveller of the Fifteenth Century and His Visit to Constantinople, Trebizond and Italy', *Byzantion*, 7 (1932), pp. 75 – 122.

[2]. Vasiliev, pp. 115 – 16.

[3]. J. R. Hale, *Artists and Warfare in the Renaissance*, Yale, 1990.

[4]. J. R. Hale, *War and Society in Renaissance Europe 1450 – 1620*, London, 1985.

[5]. Stephen Turnbull, *The Knight Triumphant*, London, 2001.

[6]. Hale, *War and Society*, p. 13.

[7]. Michael Roberts, *Essays in Swedish History,* London, 1967, pp. 56 – 81.

[8]. Geoffrey Parker, *The Military Revolution: Military Innovation and the Rise of the West 1500 – 1800*, Cambridge, 1988.

[9]. Jeremy Black, *European Warfare, 1494 – 1660*, London, 2002, p. 57.

第一章 双城记

[1]. 1422 年的围攻，见 N. H. Baynes, 'The Supernatural Defenders of Constantinople' in N. H. Baynes, *Byzantine Studies and Other Essays,* London, 1955. D. M. Nicol, *The Last Centuries of Byzantium*, London, 1972. E. Pinto (trans. and ed.), *Giovanni Cananos: De Constantinopolis Obsidieone*, Naples, 1968.

[2]. Franz Babinger, *Mehmed the Conqueror and His Time*, Princeton, 1978.

[3]. Dorothy M. Vaughan, *Europe and the Turk: A Pattern of Alliances 1350 – 1700*, Liverpool, 1954, p. 53.

[4]. Edwin Pears, *The Destruction of the Greek Empire and the Story of the Capture of Constantinople by the Turks*, London, 1903, p. 176.

[5]. Richard Vaughan, *Philip the Good: The Apogee of Burgundy*, Harlow, 1970.

[6]. Dorothy M. Vaughan, p.45.

[7]. Stephen Turnbull, *The Walls of Constantinople AD 324 – 1453*, Oxford, 2004.

[8]. Babinger, p. 75.

[9]. 完整的论述，见 Kelly de Vries, 'Gunpowder Weapons at the Siege of Constantinople, 1453' in Yaacov Lev, *War and Society in the Eastern Mediterranean, Seventh to Fifteenth Centuries*, Leiden, 1997. 另见 Gabor Agoston, 'Ottoman Warfare in Europe 1453 – 1826' in Jeremy Black (ed.), *European Warfare 1453 – 1815*, Basingstoke, 1999.

[10]. De Vries, p. 356.

[11]. De Vries, p. 356.

[12]. De Vries, p. 357.

[13]. Babinger, p. 86.

[14]. Steven Runciman, *The Fall of Constantinople 1453*, Cambridge, 1965, p. 133.

[15]. Dorothy M. Vaughan, p. 70.

[16]. Richard Vaughan, p. 121.

[17]. R. N. Bain, 'The Siege of Belgrade by Muhammad Ⅱ, July 1 - 23, 1456', *English Historical Review*, Ⅶ (1892), pp. 235 - 52. Camil Mureşanu, *John Hunyadi: Defender of Christendom*, Iasi, 2001. Joseph Held, *Hunyadi: Legend and Reality*, New York, 1985.

[18]. Konstantin Mihailovic, *Memoirs of a Janissary* (translated by Benjamin Stolz; historical commentary and notes by Svat Soucek), Ann Arbor, 1975.

[19]. Bain, pp. 243 - 24.

[20]. Mihailovic, p. 107.

[21]. Mihailovic, p. 107.

[22]. Held, p. 159.

[23]. Mureşanu, p. 196.

[24]. Mihailovic, p. 108.

第二章 火药与长枪

[1]. Robert D. Smith and Ruth Rhynas Brown, *Bombards: Mons Meg and Her Sisters*, Royal Armouries Monograph 1, London, 1989.

[2]. 这一论述，见 Kelly de Vries, *Medieval Military Technology*, Peterborough, Ontario, 1992, p. 145. 很遗憾，奥德鲁伊克的位置目前尚未确知。

[3]. Richard Vaughan, *Philip the Good: The Apogee of Burgundy*, Harlow, 1970, p. 34.

[4]. De Vries, p. 148.

[5]. Richard Vaughan, *Charles the Bold: The Last Valois Duke of Burgundy*, London, 1973, pp. 300 - 01.

[6]. Smith and Brown, p. 5.

[7]. Vaughan, *Charles the Bold*, p. 76.

[8]. Kelly de Vries, 'Gunpowder Weaponry and the Rise of the Early Modern State', *War in History*, 5 (1998), p. 138.

[9]. Benjamin Geiger, *Les Guerres de Bourgogne: La Bataille de Grandson, 1476, La Bataille de Morat, 1476*, Bern, 1996.

[10]. Geiger, pp. 12 - 16.

[11]. Vaughan, *Charles the Bold*, p. 375.

[12]. Vaughan, *Charles the Bold*, pp. 377 - 8.

[13]. Vaughan, *Charles the Bold*, p. 389.

[14]. Geiger, pp. 17 - 24.

[15]. Vaughan, *Charles the Bold*, p. 403.

第三章 格拉纳达的火炮

[1]. William H. Prescott, *The Art of War in Spain: The Conquest of Granada 1481 - 1492* (edited by Albert D. McJoynt), London, 1995.

[2]. Gerald de Gaury, *The Grand Captain: Gonzalo de Cordoba*, London, 1955.

[3]. Bert S. Hall, *Weapons and Warfare in Renaissance Europe: Gunpowder, Technology and Tactics*, Baltimore, 1997, pp. 123 - 30.

[4]. Prescott, p. 140.

[5]. Prescott, p. 142.

[6]. De Gaury, p. 19.

[7]. Hall, pp. 125 - 6.

[8]. Quoted in Hall, pp. 125 - 6.

[9]. Prescott, pp. 197 - 214.

[10]. Hall, p. 127.

[11]. Prescott, pp. 234 - 52.

[12]. De Gaury, pp. 34 - 5.

第四章 打破方阵

[1]. Charles Oman, *A History of the Art of War in the Middle Ages, Volume Two 1278 - 1485*, London, 1924, p. 274.

[2]. Frederick Taylor, *The Art of War in Italy 1494 - 1529*, Cambridge, 1921. Charles Oman, *A History of the Art of War in the Sixteenth Century*, London, 1937, pp. 105 - 207. J. R. Hale, 'War and Public Opinion in Renaissance Italy' in J. R. Hale (ed.), *Renaissance War Studies*, London, 1983, pp. 359 - 87. Jeremy Black, *European Warfare, 1494 - 1660, London*, 2002, pp. 71 - 80.

[3]. Simon Pepper, 'Castles and Cannon in the Naples Campaign of 1494 - 95' in D. Abulafia (ed.), *The French Descent into Renaissance Italy, 1494 - 95: Antecedents and Effects*, Aldershot, 1995, pp. 263 - 93.

[4]. Black, p. 71.

[5]. Hale, p. 359.

[6]. Gerald de Gaury, *The Grand Captain: Gonzalo de Cordoba*, London, 1955.

[7]. Taylor, p. 37.

[8]. Charles Oman, *A History of the Art of War in the Sixteenth Century*, London, 1937, p. 53. Taylor, pp. 44 - 5.

[9]. Oman, *A History of the Art of War in the Sixteenth Century*, pp. 53 - 4.

[10]. Black, p. 72.

[11]. Oman, *A History of the Art of War in the Sixteenth Century*, pp. 130 - 50.

[12]. Blaise de Monluc, *Commentaires 1521 - 1576* (edited by Jean Giono and Paul CourtrJault), Paris, 1964, p. 158.

[13]. Black, p. 74.

[14]. Oman, *A History of the Art of War in the Sixteenth Century*, p. 168.

[15]. Oman, *A History of the Art of War in the Sixteenth Century*, pp. 173 - 16. David Eltis,*The Military Revolution in Sixteenth—Century Europe*, London, 1995, p. 52.

[16]. Oman, *A History of the Art of War in the Sixteenth Century*, p. 44.

[17]. Michael Roberts, *Essays in Swedish History*, London, 1967, p. 58.

[18]. Ian Roy (trans. and ed.), *Blaise de Monluc*, London, 1971, pp. 104 - 17. Oman, *A History of the Art of War in the Sixteenth Century*, pp. 231 - 40.

第五章 攻城战试验场

[1]. David Eltis, *The Military Revolution in Sixteenth—Century Europe*, London, 1995, p. 77.

[2]. Kelly de Vries, *Medieval Military Technology,* Peterborough, Ontario, 1992. A. Curry and M. Hughes (eds.), *Arms, Armies and Fortifications in the Hundred Years' War*, Woodbridge, 1994. J. R. Hale, 'Gunpowder and the Renaissance: An Essay in the History of Ideas' in J. R. Hale (ed.), *Renaissance War*

Studies, London, 1983, pp. 389 – 420. Volker Schmidtchen, 'Castles, Cannon and Casemates', *Fortress*, 3 (1992), pp. 3 – 10.

[3]. Simon Pepper, 'Castles and Cannon in the Naples Campaign of 1494 – 95' in D. Abulafia (ed.), *The French Descent into Renaissance Italy, 1494 – 95: Antecedents and Effects*, Aldershot, 1995, pp. 263 – 93. Ben Cassidy, 'Machiavelli and the Ideology of the Offensive: Gunpowder Weapons in The Art of War', *Journal of Military History*, 67 (April 2003), pp. 381 – 404.

[4]. Francesco Guicciardini, *The History of Italy* (trans. Chevalier Austin Parke Goddard), Vol. 1, London, 1754, p. 148.

[5]. Guicciardini, p. 148.

[6]. Eric Brockman, *The Two Sieges of Rhodes*, London, 1969. Walter J. Karcheski Jr and Thom Richardson, *The Medieval Armour from Rhodes*, Leeds, 2000. B. H. St. J. O'Neil, 'Rhodes and the Origin of the Bastion', *The Antiquaries Journal*, 45 (1966), pp. 44 – 54. Anna – Maria Kasdagli and Katerina Maoussou – Delta, 'The Defences of Rhodes and the Tower of St John', *Fort*, 24 (1996), pp. 15 – 35. Quentin Hughes and Athanassios Migos, 'Rhodes: The Turkish Siege', *Fort* (1993), pp. 3 – 17. Athanassios Mignos, 'Rhodes: the Knights' Battleground', *Fort*, 18 (1990), pp. 5 – 28.

[7]. O'Neil, p.53.

第六章 争夺海洋

[1]. Andrew C. Hess, 'The Road to Victory: The Significance of Mohacs for Ottoman Expansion' in Janos M. Bak and Bela K. Kiraly (eds.), *From Hunyadi to Rakoczi: War and Society in Late Medieval and Early Modern Hungary*, New York, 1982, pp. 179 – 88.

[2]. Robert Gardiner (ed.), *The Age of the Galley: Mediterranean Oared Vessels Since Pre-Classical Times*, London, 1995. John F. Guilmartin, *Gunpowder and Galleys: Changing Technology and Mediterranean Warfare at Sea 1500 – 1650*, Cambridge, 1974. J. R. Hale, 'Men and Weapons: The Fighting Potential of Sixteenth–Century Renaissance Galleys' in J. R. Hale (ed.), *Renaissance War Studies*, London, 1983, pp. 309 – 31. Gregory Hanlon, *The Twilight of a Military Tradition: Italian Aristocrats and European Conflicts 1560 – 1800*, Halifax, Nova Scotia, 1998.

[3]. Hale, p. 324.

[4]. Hale, p. 323.

[5]. Andrew C. Hess, *The Forgotten Frontier: A History of the Sixteenth–Century Ibero – African Frontier*, Chicago, 1978.

[6]. E. H. Curry, Sea Wolves, London, 1962, p. 159.

[7]. Hale, p. 327.

[8]. Angus Konstam, Lepanto 1571, Oxford, 2003.

第七章 争夺陆地

[1]. Andrew C. Hess, 'The Road to Victory: The Significance of Mohacs for Ottoman Expansion' in Janos M. Bak and Bela K. Kiraly (eds.), *From Hunyadi to Rakoczi: War and Society in Late Medieval and Early Modern Hungary*, New York, 1982, pp. 179 – 88. Laszlo M. Alfoldi, 'The Battle of Mohacs, 1526' in Bak and Kiraly (eds.), pp.190 – 203. Leslie S. Domonkos, 'The Battle of Mohacs as a Cultural Watershed' in Bak and Kiraly (eds.), pp. 204 – 24.

[2]. Roger Bigelow, *Suleiman the Magnificent 1520 – 1566*, London, 1978. André Clot (tr. Matthew J. Reisz), *Suleiman the Magnificent*, London, 2005.

[3]. Bigelow, p. 54.

[4]. Bigelow, p. 91.

[5]. Bigelow, p. 92.

[6]. Bigelow, p. 92.

[7]. Bigelow, p. 93.

[8]. Lajos Ruzsas, 'The Siege of Szigetvar of 1566: Its Significance in Hungarian Social Development' in Bak and Kiraly (eds.), pp. 251 - 60.

第八章 棱堡战争

[1]. R. E. Role, 'Le Mura: Lucca's Fortified Enceinte', *Fort*, 25 (1997), p. 83.

[2]. A. N. Waldron, 'The Problem of the Great Wall of China', *Harvard Journal of Asian Studies*, 43, 2 (1983), p. 659.

[3]. David Parrot, 'The Utility of Fortifications in Early Modern Europe – Italian Princes and Their Citadels 1540 - 1690', *War in History*, 7 (2000), p. 127.

[4]. Jeremy Black, *European Warfare, 1494 - 1660*, London, 2002. p. 95.

[5]. John Childs, *Armies and Warfare in Europe 1648 - 1789*, Manchester, 1982, p. 136.

[6]. John A. Lynn, 'The Trace Italienne and the Growth of Armies: The French Case', *The Journal of Military History*, 55 (July 1991), pp. 297 - 330.

[7]. Christopher Duffy, *Siege Warfare: The Fortress in the Early Modern World 1494 - 1660*, London, 1979, p. 125.

[8]. J. R. Hale, *Renaissance Fortification: Art or Engineering?*, London, 1977. J. R. Hale, 'The Early Development of the Bastion: An Italian Chronology c.1450 - 1534' in J. R. Hale (ed.), *Renaissance War Studies*, London, 1983, pp. 1 - 29.

[9]. Hale, *Renaissance Fortification*, p. 12.

[10]. Hale, 'The Early Development of the Bastion', p. 2.

[11]. Robert I. Frost, *The Northern Wars 1558 - 1721*, London, 2000, p. 23.

[12]. Sir George Hill, *A History of Cyprus, Cambridge*, 1948, is the major source for the account of the Cyprus operations.

[13]. Jeremy Black (ed.), *European Warfare 1453 - 1815*, Basingstoke, 1999, p. 32.

[14]. Hill, p. 998.

[15]. Thomas Arnold, 'War in Sixteenth–Century Europe: Revolution and Renaissance' in Jeremy Black (ed.), *European Warfare 1453 - 1815*, Basingstoke, 1999, p. 33.

第九章 旧骑士与新骑士

[1]. Hans Delbrück, *History of War: Within the Framework of Political History. Volume IV The Modern Era*, London, 1985, p. 117.

[2]. Delbrück, p. 118.

[3]. Charles Oman, *A History of the Art of War in the Sixteenth Century*, London, 1937, p. 146.

[4]. Charles Cruikshank, *Henry VIII and the Invasion of France*, Stroud, 1990. Mark Charles Fissel, *English Warfare 1511 - 1642*, London, 2001.

[5]. A. H. Burne, *The Battlefields of England*, London, 2002, p. 313.

[6]. Oman, p. 295.

[7]. Blaise de Monluc, *Commentaires 1521 - 1576* (edited by Jean Giono and Paul Courtréault), Paris,

1964. Ian Roy (trans. and ed.), *Blaise de Monluc*, London, 1971.

[8]. Roy, p. 53.

[9]. Roy, p. 53.

[10]. Roy, p. 117.

[11]. Oman, p. 347.

[12]. Roy, p. 164.

[13]. Roy, p. 165.

[14]. Roy, pp. 53, 178 – 94.

[15]. John A. Lynn, 'Tactical Evolution in the French Army, 1560 – 1660', *French Historical Studies*, 14 (1985), pp. 176 – 91.

[16]. Roy, p. 208.

[17]. Roy, p. 223.

[18]. J. R. Hale, 'Gunpowder and the Renaissance: An Essay in the History of Ideas' in J. R. Hale (ed.), *Renaissance War Studies*, London, 1983, p. 397.

[19]. François de la Noue, *Discours Politiques et Militaires* (ed. F. E. Sutcliffe), Geneva, 1967.

[20]. Delbr ü ck, p. 123.

[21]. James B. Wood, *The King's Army: Warfare, Soldiers and Society During the Wars of Religion in France, 1562 – 1576*, Cambridge, 1996, pp. 246 – 74.

[22]. François de la Noue, *The Politicke and Militarie Discourses of the Lord de la Noue*, London, 1587.

第十章 黑衫骑兵的邪恶武器

[1]. François de la Noue, *The Politicke and Militarie Discourses of the Lord de la Noue*, London, 1587.

[2]. Bert Hall, *Weapons and Warfare in Renaissance Europe: Gunpowder, Technology and Tactics*, Baltimore, 1997, p. 191.

[3]. Charles Oman, *A History of the Art of War in the Sixteenth Century*, London, 1937, p. 85.

[4]. Michael Roberts, *Essays in Swedish History*, London, 1967, p. 57.

[5]. Quoted in Hall, p. 195.

[6]. Hans Delbrück, *History of War: Within the Framework of Political History*. Volume IV The Modern Era, London, 1985, p. 121.

[7]. See Chapter 14 below and Robert I. Frost, *The Northern Wars 1558 – 1721*, London, 2000, p. 68.

[8]. Hall, p. 196.

[9]. Delbr ü ck, p. 121.

[10]. Hall, p. 197.

[11]. Hall, p. 198.

[12]. Delbr ü ck, p. 124.

[13]. Oman, p. 249.

[14]. William S. Maltby, *Alba: A Biography of Ferdinand Alvarez de Toledo Third Duke of Alba 1507 – 1582*, Berkeley, 1983, p. 61.

[15]. Maltby, p. 62.

[16]. Jeremy Black, *European Warfare, 1494 – 1660*, London, 2002, p. 104.

[17]. Oman, p. 474 – 9.

[18]. Oman, p. 497.

[19]. Black, p. 104.

第十一章 火焰、寒冰与洪水

[1]. Geoffrey Parker, *The Dutch Revolt*, London, 1985. J. H. Elliot, *Imperial Spain 1469 - 1716*, London, 1963. John L. Motley, *The Rise of the Dutch Republic: A History* (New Edition in One Volume), London, 1865.

[2]. Geoffrey Parker, *The Army of Flanders and the Spanish Road 1567 - 1659: The Logistics of Spanish Victory and Defeat in the Low Countries' Wars*, Cambridge, 1972.

[3]. Charles Oman, *A History of the Art of War in the Sixteenth Century*, London, 1937, p. 553.

[4]. Olaf van Nimwegen, 'Maurits van Nassau and Siege Warfare' in Marco van der Hoeven (ed.), *Exercise of Arms: Warfare in the Netherlands (1568 - 1648)*, Leiden, 1998, pp. 113 - 31.

[5]. Motley, p. 495.

[6]. Motley, p. 496.

[7]. Motley, p. 497.

[8]. Motley, p. 499.

[9]. Motley, p. 502.

[10]. Motley, p. 508.

[11]. Motley, p. 515.

[12]. Motley, p. 525.

[13]. Oman, pp. 561 - 3.

第十二章 革新者与他的敌人

[1]. Christopher Duffy, *Siege Warfare: The Fortress in the Early Modern World 1494 - 1660*, London, 1979, p. 68.

[2]. John L. Motley, *The Rise of the Dutch Republic: A History* (New Edition in One Volume), London, 1865, p. 639.

[3]. Duffy, p. 69.

[4]. Motley, p. 742.

[5]. Geoffrey Parker, *The Dutch Revolt*, London, 1985, pp. 193 - 4.

[6]. The source for the Antwerp siege is John L. Motley, *The United Netherlands*, Vol.1, London, 1875, pp. 147 - 245.

[7]. Jeremy Black, *European Warfare, 1494 - 1660,* London, 2002, p. 111.

[8]. Parker, *The Dutch Revolt*, p. 228.

[9]. Parker, *The Dutch Revolt*, p. 228.

[10]. Parker, *The Dutch Revolt*, p. 229.

[11]. Marco van der Hoeven (ed.), *Exercise of Arms: Warfare in the Netherlands (1568 - 1648)*, Leiden, 1998.

[12]. Geoffrey Parker, *The Military Revolution: Military Innovation and the Rise of the West 1500 - 1800*, Cambridge, 1988, p. 19.

[13]. Hans Delbrück, *History of War: Within the Framework of Political History. Volume IV The Modern Era*, London, 1985, p. 157.

[14]. Michael Roberts, *Essays in Swedish History*, London, 1967, p. 60.

[15]. Parker, *The Military Revolution*, p. 20.

[16]. Delbrück, pp. 158, 169.

[17]. Parker, *The Military Revolution*, p. 21.

[18]. Charles Oman, *A History of the Art of War in the Sixteenth Century*, London, 1937, pp. 580 - 2.

第十三章 异域骑兵

[1]. Robert I. Frost, *The Northern Wars 1558 - 1721*, London, 2000, p. 47.

[2]. Norman Davies, *God's Playground: A History of Poland Volume I*, Oxford, 1981, p. 421.

[3]. Frost, p. 17.

[4]. Quote from Michael Roberts, *Essays in Swedish History*, London, 1967, p. 58. See also Michael Roberts, *Gustavus Adolphus, A History of Sweden 1611 - 1632, Vol. 2 1626 - 1632*, London, 1958, p. 180.

[5]. Davies, p. 429.

[6]. Frost, p. 1.

[7]. Frost, p. 23.

[8]. Davies, p. 429.

[9]. Davies, p. 429.

[10]. Alexander Ivanov, *Pskov: Ancient Russian City*, Pskov, 2003, p. 15.

[11]. Davies, p. 430.

[12]. George Vernadsky, *The Tsardom of Moscow 1547 - 1682*, London, 1969, p. 164.

[13]. Frost, p. 52.

[14]. Serge A Zenkoysky (trans.), *Medieval Russia's Epics, Chronicles and Tales*, New York, 1963, pp. 277 - 88.

[15]. Zenkoysky, p. 278.

[16]. Zenkoysky, p. 280.

[17]. Ivanov, p. 44.

[18]. Zenkoysky, p. 282.

[19]. Zenkoysky, p. 285.

[20]. Zenkoysky, p. 288.

[21]. Frost, p. 62.

[22]. Frost, p. 61.

[23]. Frost, p. 60.

[24]. Quoted in Christopher Duffy, *Siege Warfare: The Fortress in the Early Modern World 1494 - 1660*, London, 1979, p. 168.

[25]. Davies, p. 432.

[26]. Vernadsky, p. 165.

第十四章 在新时代冲击

[1]. Michael Roberts, *Gustavus Adolphus, A History of Sweden 1611 - 1632, Vol. 2 1626 - 1632*, London, 1958, p. 196. Michael Roberts, *The Early Vasas: A History of Sweden 1523 - 1611*, Cambridge, 1968, p. 407.

[2]. Robert I. Frost, *The Northern Wars 1558 - 1721*, London, 2000, p. 63.

[3]. Frost, p. 64.

[4]. Stanislaw Zolkiewski, *Expedition to Moscow: A Memoir* (translated from the original Polish by M. W. Stephen; introduction and notes by Jedrzej Giertych; preface by Robert Bruce Lockhart), London, 1959.

[5]. Zolkiewski, p. 62.

[6]. Zolkiewski, p. 64.

[7]. Zolkiewski, p. 72.

[8]. Zolkiewski, pp. 77 - 8.

[9]. Zolkiewski, p. 79.

[10]. Frost, p. 67.

[11]. Zolkiewski, p. 79.

[12]. Quoted by Frost, p. 68.

[13]. Michael Roberts, *Gustavus Adolphus,* p. 180.

[14]. Michael C. Paul, 'The Military Revolution in Russia 1550‐1682', *Journal of Military History*, 68 (2004), pp. 9‐46.

[15]. Norman Davies, *God's Playground: A History of Poland Volume I*, Oxford, 1981, p. 458.

第十五章 雇佣兵与新花样

[1]. Dorothy M. Vaughan, *Europe and the Turk: A Pattern of Alliances 1350‐1700*, Liverpool, 1954, pp. 183‐6.

[2]. Charles Oman, *A History of the Art of War in the Sixteenth Century*, London, 1937, pp. 747‐51.

[3]. A. G. Bradley, *Captain John Smith*, London, 1905.

后记 "新奇招数"

[1]. Ronald G. Asch, 'Warfare in the Age of the Thirty Years' War' in Jeremy Black (ed.), *European Warfare 1453‐1815*, Basingstoke, 1999, p. 45.

[2]. Geoffrey Parker, *The Military Revolution: Military Innovation and the Rise of the West 1500‐1800*, Cambridge, 1988, p. 23.

[3]. John Childs, *Warfare in the Seventeenth Century*, London, 2001, p. 45.

[4]. Michael Roberts, *Essays in Swedish History,* London, 1967, p. 62.

[5]. Michael Roberts, *Gustavus Adolphus, A History of Sweden 1611‐1632, Vol. 2 1626‐1632*, London, 1958, p. 247.

[6]. Robert I. Frost, *The Northern Wars 1558‐1721*, London, 2000, pp. 104‐6.

[7]. Roberts, *Gustavus Adolphus*, pp. 255‐6.

[8]. A. Åberg, 'The Swedish Army from Lutzen to Narva' in M. Roberts (ed.), *Sweden's Age of Greatness, London*, 1973, pp 265‐87. Asch, p. 53.

[9]. Roberts, *Gustavus Adolphus*, pp. 169‐271.

[10]. J. F. C. Fuller, *The Decisive Battles of the Western World and Their Influence Upon History* (2 Vols), London, 1954‐5, Vol I, p. 470.

[11]. Blaise de Monluc, *Commentaires 1521‐1576* (edited by Jean Giono and Paul Courtréault), Paris, 1964.

[12]. Miguel de Cervantes, *Don Quixote* (English translation by J. M. Cohen), London, 1950, p. 344.

[13]. J. R. Hale, 'Gunpowder and the Renaissance: An Essay in the History of Ideas' in J. R. Hale (ed.), *Renaissance War Studies*, London, 1983, p. 399.

[14]. J. R. Hale, 'War and Public Opinion in Renaissance Italy' in Hale (ed.) *Renaissance War Studies*, p. 367.

[15]. From his *Nef des Princes de Batailles* quoted in Hale (ed.), *Renaissance War Studies*, p. 401.

[16]. Frost, p. 107.

参考文献

1. Åberg, A. 'The Swedish Army from Lutzen to Narva' in M. Roberts (ed.), *Sweden's Age of Greatness*, London, 1973, pp. 265 – 87.

2. Abulafia (ed.), D. *The French Descent into Renaissance Italy, 1494 – 95: Antecedents and Effects*, Aldershot, 1995.

3. Agoston, Gabor 'Ottoman Warfare in Europe 1453 – 1826' in Jeremy Black (ed.), *European Warfare 1453 – 1815*, Basingstoke, 1999.

4. Alfoldi, Laszlo M. 'The Battle of Mohacs, 1526' in Janos M. Bak and Bela K. Kiraly (eds.), *From Hunyadi to Rakoczi: War and Society in Late Medieval and Early Modern Hungary*, New York, 1982, pp. 190 – 203.

5. Arnold, Thomas 'War in Sixteenth–Century Europe: Revolution and Renaissance' in Jeremy Black (ed.), *European Warfare 1453 – 1815*, Basingstoke, 1999, pp. 23 – 44.

6. Asch, Ronald G. 'Warfare in the Age of the Thirty Years' War' in Jeremy Black (ed.), *European Warfare 1453 – 1815*, Basingstoke, 1999, pp. 45 – 68.

7. Babinger, Franz, Mehmed the Conqueror and His Time, Princeton, 1978.

8. Bain, R. N. 'The Siege of Belgrade by Muhammad Ⅱ July 1 – 23, 1456', *English Historical Review*, Ⅶ (1892), pp. 235 – 52.

9. Bak, Janos M. and Kiraly, Bela K. (eds.), *From Hunyadi to Rakoczi: War and Society in Late Medieval and Early Modern Hungary*, New York, 1982.

10.Baynes, N. H. 'The Supernatural Defenders of Constantinople' in N. H. Baynes, *Byzantine Studies and Other Essays*, London, 1955.

11. Bigelow, Roger, *Suleiman the Magnificent 1520 – 1566*, London, 1978.

12. Black, Jeremy (ed.), *European Warfare 1453 – 1815*, Basingstoke, 1999.

13. Black, Jeremy, *European Warfare, 1494 – 1660*, London, 2002.

14. Bradley, A. G. *Captain John Smith*, London, 1905.

15. Brockman, Eric, *The Two Sieges of Rhodes*, London, 1969.

16. Burne, A. H. *The Battlefields of England*, London, 2002.

17. Cassidy, Ben 'Machiavelli and the Ideology of the Offensive: Gunpowder Weapons in The Art of War', *Journal of Military History*, 67 (April 2003), pp. 381 – 404.

18. Childs, John, *Armies and Warfare in Europe 1648 – 1789*, Manchester, 1982.

19. Childs, John, *Warfare in the Seventeenth Century*, London, 2001.

20. Clot, André (tr. Matthew J. Reisz), *Suleiman the Magnificent*, London, 2005.

21. Coles, Paul, *The Ottoman Impact on Europe*, London, 1968.

22. Cruikshank, Charles, *Henry Ⅷ and the Invasion of France*, Stroud, 1990.

23. Curry, A. and Hughes, M. (eds.), *Arms, Armies and Fortifications in the Hundred Years' War*, Woodbridge, 1994.

24. Curry, E. H. *Sea Wolves*, London, 1962, p.159.

25. Davies, Norman, *God's Playground: A History of Poland Volume I*, Oxford, 1981.

26. De Cervantes, Miguel, *Don Quixote* (English translation by J. M. Cohen), London, 1950.

27. De Gaury, Gerald, *The Grand Captain: Gonzalo de Cordoba*, London, 1955.

28. De la Noue, François, *Discours Politiques et Militaires* (ed. F. E. Sutcliffe), Geneva, 1967.

29. De la Noue, François, *The Politicke and Militarie Discourses of the Lord de la Noue*, London, 1587.

30. De Monluc, Blaise, *Commentaires 1521 – 1576* (edited by Jean Giono and Paul Courtré ault), Paris, 1964.

31. De Vries, Kelly, *Medieval Military Technology*, Peterborough, Ontario, 1992.

32. De Vries, Kelly, 'Gunpowder Weapons at the Siege of Constantinople, 1453' in Yaacov Lev, *War and Society in the Eastern Mediterranean, Seventh to Fifteenth Centuries*, Leiden, 1997.

33. De Vries, Kelly, 'Gunpowder Weaponry and the Rise of the Early Modern State', *War in History*, 5 (1998), pp. 127 – 47.

34. Delbrück, Hans, *History of War: Within the Framework of Political History. Volume IV The Modern Era*, London, 1985.

35.Domonkos, Leslie S. 'The Battle of Mohacs as a Cultural Watershed' in Janos M. Bak and Bela K. Kiraly (eds.), *From Hunyadi to Rakoczi: War and Society in Late Medieval and Early Modern Hungary*, New York, 1982, pp. 204 – 24.

36. Duffy, Christopher, *Siege Warfare: The Fortress in the Early Modern World 1494 – 1660*, London, 1979.

37. Elliot, JJ. H. *Imperial Spain 1469 – 1716*, London, 1963.

38. Eltis, David. *The Military Revolution in Sixteenth—Century Europe*, London, 1995.

39. Esson, D. M. R. 'The Italian Campaigns of Gonsalvo de Cordoba', *Army Quarterly*, 80 (1959 – 60), pp. 235 – 46.

40. Fissel, Mark Charles, *English Warfare 1511 – 1642*, London, 2001.

41. Frost, Robert I. *The Northern Wars 1558 – 1721*, London, 2000.

42. Fuller, J. F. C. *The Decisive Battles of the Western World and Their Influence Upon History* (2 Vols), London, 1954 – 5.

43. Gardiner, Robert (ed.), *The Age of the Galley: Mediterranean Oared Vessels Since Pre—Classical Times*, London, 1995.

44. Geiger, Benjamin, *Les Guerres de Bourgogne: La Bataille de Grandson, 1476, La Bataille de Morat, 1476*, Bern, 1996.

45. Guicciardini, Francesco, *The History of Italy* (trans. Chevalier Austin Parke Goddard), Vol. 1, London, 1754, p. 148.

46. Guilmartin, John F. *Gunpowder and Galleys: Changing Technology and Mediterranean Warfare at Sea 1500 – 1650*, Cambridge, 1974.

47. Hale, J. R. *Renaissance Fortification: Art or Engineering?*, London, 1977.

48. Hale, J. R. 'The Early Development of the Bastion: An Italian Chronology c.1450 – 1534' in J. R. Hale (ed.), *Renaissance War Studies*, London, 1983, pp. 1 – 29.

49. Hale, J. R. 'Men and Weapons: The Fighting Potential of Sixteenth—Century Renaissance Galleys' in J. R. Hale (ed.), *Renaissance War Studies*, London, 1983, pp.309 – 31.

50. Hale, J. R. 'War and Public Opinion in Renaissance Italy' in J. R. Hale (ed.), *Renaissance War Studies*, London, 1983, pp. 359 – 87.

51. Hale, J. R. 'Gunpowder and the Renaissance: An Essay in the History of Ideas' in J. R. Hale (ed.),

Renaissance War Studies, London, 1983, pp. 389 - 420.

52. Hale, J. R. *War and Society in Renaissance Europe 1450 - 1620*, London, 1985.

53. Hale, J. R. *Artists and Warfare in the Renaissance*, Yale, 1990.

54. Hall, Bert, *Weapons and Warfare in Renaissance Europe: Gunpowder, Technology and Tactics*, Baltimore, 1997.

55. Hanlon, Gregory, *The Twilight of a Military Tradition: Italian Aristocrats and European Conflicts 1560 - 1800*, Halifax, Nova Scotia, 1998.

56. Held, Joseph, *Hunyadi, Legend and Reality*, New York, 1985.

57. Hess, Andrew C. *The Forgotten Frontier: A History of the Sixteenth–Century Ibero–African Frontier*, Chicago, 1978.

58. Hess, Andrew C. 'The Road to Victory: The Significance of Mohacs for Ottoman Expansion' in Janos M. Bak and Bela K. Kiraly (eds.), *From Hunyadi to Rakoczi: War and Society in Late Medieval and Early Modern Hungary*, New York, 1982, pp. 179 - 88.

59. Hill, Sir George, *A History of Cyprus*, Cambridge, 1948.

60. Hughes, Quentin and Migos, Athanassios 'Rhodes: The Turkish Siege', *Fort*, 1993, pp. 3 - 17.

61. Hunczak, Taras, *Russian Imperialism from Ivan the Great to the Revolution*, New Brunswick, NJ, 1974.

62. Ivanov, Alexander, *Pskov: Ancient Russian City*, Pskov, 2003.

63. Karcheski Jr, Walter J. and Richardson, Thom, *The Medieval Armour from Rhodes*, Leeds, 2000.

64. Kasdagli, Anna–Maria and Maoussou–Delta, Katerina 'The Defences of Rhodes and the Tower of St John', *Fort*, 24 (1996), pp. 15 - 35.

65. Konstam, Angus, *Lepanto 1571*, Oxford, 2003.

66. Lynn, John A. 'Tactical Evolution in the French Army, 1560 - 1660', *French Historical Studies*, 14 (1985), pp. 176 - 91.

67. Lynn, John A. 'The Trace Italienne and the Growth of Armies: The French Case', *The Journal of Military History*, 55 (July 1991), pp. 297 - 330.

68. Mallet, Michael, *Mercenaries and Their Masters*, London, 1974.

69. Maltby, William S. *Alba: A Biography of Ferdinand Alvarez de Toledo Third Duke of Alba 1507 - 1582*, Berkeley, 1983.

70. Mignos, Athanassios 'Rhodes: the Knights' Battleground', *Fort*, 18 (1990), pp. 5 - 28.

71. Mihailovic, Konstantin, *Memoirs of a Janissary* (translated by Benjamin Stolz; historical commentary and notes by Svat Soucek), Ann Arbor, 1975.

72. Motley, John L. *The Rise of the Dutch Republic: A History* (New Edition in One Volume), London, 1865.

73. Motley, John L. *The United Netherlands*, Vol. 1, London, 1875.

74. Mureşanu, Camil, *John Hunyadi: Defender of Christendom*, Iasi, 2001.

75. Nicol, D. M. *The Last Centuries of Byzantium*, London, 1972.

76. Oman, Charles, *A History of the Art of War in the Middle Ages Volume Two 1278 - 1485*, London, 1924.

77. Oman, Charles, *A History of the Art of War in the Sixteenth Century*, London, 1937.

78. O'Neil, B. H. St. J. 'Rhodes and the Origin of the Bastion', *The Antiquaries Journal*, 45 (1966), pp. 44 - 54.

79. Parker, Geoffrey, *The Army of Flanders and the Spanish Road 1567 - 1659: The Logistics of*

Spanish Victory and Defeat in the Low Countries' Wars, Cambridge, 1972.

80. Parker, Geoffrey, *The Dutch Revolt*, London, 1985.

81. Parker, Geoffrey, *The Military Revolution: Military Innovation and the Rise of the West 1500 – 1800*, Cambridge, 1988.

82. Parrot, David 'The Utility of Fortifications in Early Modern Europe – Italian Princes and their Citadels 1540 – 1690', *War in History*, 7 (2000), pp. 127 – 53.

83. Paul, Michael C. 'The Military Revolution in Russia 1550 – 1682', *Journal of Military History*, 68 (2004), pp. 9 – 46.

84. Pears, Edwin, *The Destruction of the Greek Empire and the Story of the Capture of Constantinople by the Turks*, London, 1903.

85. Pepper, Simon 'Castles and Cannon in the Naples Campaign of 1494 – 95' in D. Abulafia (ed.), *The French Descent into Renaissance Italy, 1494 – 95: Antecedents and Effects*, Aldershot, 1995, pp. 263 – 93.

86. Pinto, E. (trans. and ed.), *Giovanni Cananos: De Constantinopolis Obsidieone*, Naples, 1968.

87. Prescott, William H. *The Art of War in Spain: The Conquest of Granada 1481 – 1492* (edited by Albert D. McJoynt), London, 1995.

88. Roberts, Michael, *Gustavus Adolphus, A History of Sweden 1611 – 1632 Vol. 1 1611 – 1626*, London, 1953.

89. Roberts, Michael, *Gustavus Adolphus, A History of Sweden 1611 – 1632, Vol. 2 1626 – 1632*, London, 1958.

90. Roberts, Michael, *Essays in Swedish History*, London, 1967.

91. Roberts, Michael, *The Early Vasas: A History of Sweden 1523 – 1611*, Cambridge, 1968.

92. Role, R. E. 'Le Mura: Lucca's Fortified Enceinte', *Fort*, 25 (1997), pp. 83 – 110.

93. Roy, Ian (trans. and ed.), Blaise de Monluc, London, 1971.

94. Runciman, Steven, *The Fall of Constantinople 1453*, Cambridge, 1965.

95. Ruzsas, Lajos 'The Siege of Szigetvar of 1566: Its Significance in Hungarian Social Development' in Janos M. Bak and Bela K. Kiraly (eds.), *From Hunyadi to Rakoczi: War and Society in Late Medieval and Early Modern Hungary*, New York, 1982, pp. 251 – 60.

96. Schmidtchen, Volker 'Castles, Cannon and Casemates', *Fortress*, 3 (1992), pp. 3 – 10.

97. Smith, Robert D. and Rhynas Brown, Ruth, *Bombards: Mons Meg and Her Sisters*, Royal Armouries Monograph 1, London, 1989.

98. Stewart, P. 'The Santa Hernandad and the First Italian Campaign of Gonzalvo de Cordoba, 1495 – 1498', *Renaissance Quarterly*, 28 (1975), pp. 29 – 37.

99. Taylor, Frederick, *The Art of War in Italy 1494 – 1529*, Cambridge, 1921.

100. Turnbull, Stephen, *The Knight Triumphant*, London, 2001.

101. Turnbull, Stephen.*The Walls of Constantinople AD324 – 1453*, Oxford, 2004.

102. Van der Hoeven, Marco (ed.), *Exercise of Arms: Warfare in the Netherlands (1568 – 1648)*, Leiden, 1998.

103. Van Nimwegen, Olaf 'Maurits van Nassau and Siege Warfare' in Marco van der Hoeven (ed.), *Exercise of Arms: Warfare in The Netherlands (1568 – 1648)*, Leiden, 1998, pp. 113 – 31.

104. Vasiliev, A. 'Pero Tafur, A Spanish Traveller of the Fifteenth Century and His Visit to Constantinople, Trebizond and Italy', *Byzantion*, 7 (1932), pp. 75 – 122.

105. Vaughan, Dorothy M. *Europe and the Turk: A Pattern of Alliances 1350 – 1700*, Liverpool, 1954.

221

106. Vaughan, Richard, *Philip the Good: The Apogee of Burgundy*, Harlow, 1970.

107. Vaughan, Richard, *Charles the Bold: The Last Valois Duke of Burgundy*, London, 1973.

108. Vernadsky, George, *The Tsardom of Moscow 1547 – 1682*, London, 1969.

109. Waldron, A. N. 'The Problem of the Great Wall of China' , *Harvard Journal of Asian Studies*, 43, 2 (1983), pp. 643 – 63.

110. Wood, James B. *The King's Army: Warfare, Soldiers and Society During the Wars of Religion in France, 1562 – 1576*, Cambridge, 1996.

111. Zenkoysky, Serge A (trans.) *Medieval Russia's Epics, Chronicles and Tales*, New York, 1963.

112. Zolkiewski, Stanislaw, *Expedition to Moscow: A Memoir* (translated from the original Polish by M. W. Stephen; introduction and notes by Jedrzej Giertych; preface by Robert Bruce Lockhart), London, 1959.

致谢

　　感谢所有帮助我完成本书相关研究,并向我提供插图、彩图的朋友们,尤其要感谢利兹大学历史系的同事们。书中一些内容是我读军事文学史硕士期间的研究成果。利兹皇家兵器博物馆一如既往的慷慨,允许我使用馆藏展品的图片,尤其是帕维亚战役真人比例大小的立体模型图。在此,特别要感谢菲利普·阿伯特以及图书馆的工作人员。

　　实地调研期间,我要感谢代尔夫特军事博物馆、普斯科夫城市堡垒、伊斯坦布尔托普卡匹宫、华沙波兰国家军事博物馆、布达佩斯匈牙利国家博物馆以及贝尔格莱德军事博物馆的工作人员为我提供的帮助。还要感谢杰里米·布莱克、大卫·尼科尔和约翰·蔡尔兹,在本书创作过程中提供的建议。最后的感谢,要留给陪伴本书大部分创作时光的,我过世的妻子。

彩图

◎ **图1** 君士坦丁堡修复程度较低的一段狄奥多西城墙，位于贝尔格莱德门和金门之间

◎ **图2** 贝尔格莱德的中世纪城墙，位于萨瓦河一侧

◎ 图3 跪下祈祷的瑞士联邦士兵，1476 年穆尔滕之战正式打响前［画作藏于穆尔滕白十字旅馆（Hotel Weisses Kreuz）］

◎ 图4 这是塞尔坎比（Sercambi）在叙述卢卡的历史时刻画的雇佣兵领薪酬的场景。穆尔滕之战爆发时，"大胆"查理的雇佣兵就是在忙于领军饷

◎ 图5 托莱多圣胡安皇家修道院（San Juan de los Reyes）外墙，上面有 1492 年攻破格拉纳达之后解救的基督徒身上的镣铐

◎ **图6** 描绘阿卜杜拉在格拉纳达战败后，于 1492 年 1 月 2 日将钥匙交给费尔南多国王和伊莎贝拉女王的油画［普拉迪利亚（Pradilla）的作品，现存于马德里议会宫（Palacio del Senado）］

◎ **图7** 左图为"伟大指挥官"贡萨洛·费尔南德斯·德·科尔多瓦的雕像，他是切里尼奥拉之战与加里利亚诺河之战的胜利者，曾参与格拉纳达战役。照片摄于格拉纳达圣耶柔米修女院

◎ **图8** 右图为法国军官加斯东·德·富瓦的雕像，他于 1512 年在拉文纳之战中身亡。照片摄于其在米兰的墓地

◎ 图9 巴黎圣但尼大教堂的弗朗索瓦一世墓葬浮雕，刻画的是 1515 年的马里尼亚诺之战

◎ 图10 神圣罗马帝国皇帝查理五世在托莱多的雕像

◎ **图 11** 为 1525 年帕维亚之战参战将士制作的真人大小的模型，藏于利兹皇家兵器博物馆。有意为之的灰暗色调，体现了这一战在浓雾之中进行的事实

◎ **图 12** 意大利伊莫拉圆形塔楼。1472年，原有的方形塔楼被完全纳入新建造的"罗卡"风格的圆形塔楼之中，人们可以在新塔楼中绕行旧塔楼一圈。这是中世纪防御建筑为应对火炮而进行的典型改建

◎ **图 13** 早期多边形棱堡——罗德岛的圣乔治塔楼，它已拥有后世棱堡的雏形，其侧面有一道近乎垂直的裂痕，这是 1522 年奥斯曼军队在地道中爆破造成的

◎ **图 14** 描述 1571 年勒班陀海战的画作，这一战，欧洲联合舰队报了塞浦路斯陷落之仇。画作现存于意大利的蒙塔尼亚纳（Montagnana）大教堂

◎ **图 15** 1526 年，匈牙利国王拉约什二世在莫哈奇之战中阵亡

◎ **图 16** 莫哈奇之战后，人们发现了匈牙利国王拉约什二世的遗体

◎ **图 17** 该图描绘了 1552 年奥斯曼帝国进攻埃劳时的巾帼英雄。除了为男人们运输"公牛之血"外，她们也直接参与战斗

◎ 图18 萨尔扎纳一侧的萨尔扎内洛城堡，能够看到它分为两个部分：主体的三角形堡垒，以及1497年添加的世界上第一座半月堡

◎ 图19 萨尔扎内洛的半月堡

◎ 图20 这是爱沙尼亚萨雷马岛上的库雷萨雷（Kuressaare）城堡，它展现了防御工事发展的三个阶段。左后方是坚实高耸的中世纪城墙，由利沃尼亚骑士团建造。右后方是15世纪晚期建造的圆形火炮塔。照片是在环绕这一堡垒的某个棱堡之上拍摄的

◎ 图21 塞浦路斯法马古斯塔的圣乔治教堂，墙体上留下了1571年围攻战中火炮造成的破坏

◎ **图 22** 英格兰国王亨利八世的盔甲，约于 1520 年在格林尼治制造。这种护甲从头到脚庇护着使用者，没有无防护的区域

◎ **图 23** 1600 年左右的南安普顿伯爵亨利·赖奥思利（Henry Wriothesley）的四分之三甲。它或许出自法国，每片甲板上都有蚀刻的动物或花朵图案

◎ **图 24** 使用簧轮手枪的重骑兵，盔甲为约翰·斯迈思（John Smythe）爵士的轻型护甲，该护甲可能是 1585 年在德意志的奥格斯堡（Augsburg）或英格兰的格林尼治制造的

◎ **图 25** 描绘黑衫骑兵使用手枪作战的油画，作者为扬·范·许赫滕贝赫（Jan van Huchtenburg，1647—1733）

◎ 图26 在冬季的冰雪覆盖之下，可以看到爱沙尼亚库雷萨雷城堡的护城河中间，有一座分离式的土质半月堡。同时代的荷兰半月堡外形与此颇为类似

◎ 图27 纳尔登的"西班牙之屋"正门绘画——洗劫纳尔登

◎ 图28 1574 年莱登围城战期间，指挥官宣称愿意让饥饿的市民以自己的肉为食

◎ 图29 莱登解围，船只通过最后的障碍

◎ *图30* 河畔的普斯科夫城市堡垒城墙，摄于
2004—2005 年的冬季

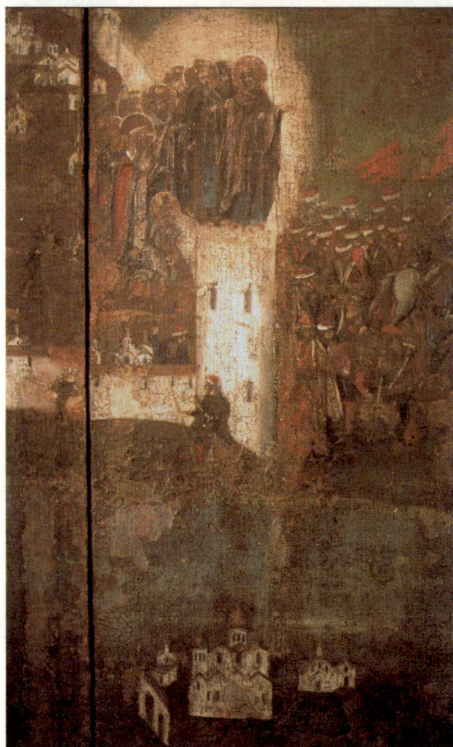

◎ *图31* 庆祝 *1581* 年击败斯特凡·巴托里的
《*普斯科夫圣像画*》，图中可以看到，圣母玛利
亚出现在了以她为名的塔楼之上

◎图32 克卢希诺之战的胜利者——统帅茹乌凯夫斯基,他阵亡于1620年的图托拉之战

◎图33 1612年,俄国军队夺回克里姆林宫,结束了"混乱时代"

◎ 图34 在1596年的凯赖斯泰什之战中，奥斯曼帝国大败奥地利的哈布斯堡王朝

◎ 图35 1600年的卡尼萨围攻战。佣兵军官约翰·史密斯在回忆录中记录了自己在这一战中的经历。这幅相关作品为匈牙利萨尔瓦尔（Sarvar）城堡的天花板绘画